선교 매트릭스

다양한 선교 지형을 위한 선교신학

The Mission Matrix

Mission Theologies for Diverse Mission Landscapes

Originally published by Regnum Books as *The Mission Matrix: Mission Theologies for Diverse Mission Landscapes* by Kirk Franklin & Paul Bendor-Samuel with Deborah Crough, translated and printed by permission of Regnum Books International, St Philip and St James' Church, Oxford, OX2 6HR, UK.
www.regnumbooks.net

선교
매트릭스

다양한 선교 지형을 위한 선교신학

커크 프랭클린 • 폴 벤더-사무엘 • 드보라 크로프 지음
정민영 번역

한국해외선교회출판부

추천사

『선교 매트릭스』는 독자에게 선교의 신학과 실제에 대해 알려준다. 이 책은 저자나 다른 학자의 특정 선교신학을 일방적으로 제시하기보다, 현장과 학문을 아우르는 포괄적 지침을 제공한다.

마리나 응우르상젤리 베헤라, 연구 교수, OCMS의 철학석사 과정 리더 겸 『트랜스포메이션』 편집자

『선교 매트릭스』는 선교에 대한 우리의 이론적, 실천적 접근의 재고를 강력히 요청한다. 이 책은 2000여 년의 선교역사를 성찰하고 반응한 수많은 선교신학자들의 공헌을 인정하는 동시에, 급변하는 글로벌 선교의 현 상황이 교회와 선교 실무자들에게 던지는 새로운 질문들에 주목한다. 『선교 매트릭스』는 삼위 하나님과 그분의 말씀을 중심으로 선교신학을 재평가하고, 그에 따라 우리의 이론과 실천을 조정할 다학제적 방도를 제시한다.

스티븐 코어쯔 박사, 국제위클리프 대표

이 책은 최근 선교의 신학적 사고에 대해 접근 가능한 입문서를 제공하려는 시도의 중요한 결과물이다.

윌리엄 더니스 박사, 풀러신학교 명예학장 겸 석좌교수

이 책은 성서 본문부터 선교적 독서와 삼위일체적 접근에 이르기까지 선교신학의 풍부한 정보를 폭넓게 맛볼 수 있는 입문서다. 개신교 선교신학으로 자리매김되는 이 책은 다양한 대륙과 전통을 포함한 전 세계 교회로부터 배울 수 있는 길을 열어준다. 하나님의 선교에 참여하기 위해 진정성, 창의성, 개방성, 호기심을 포용하는 성찰적 실천가에게 이보다 더 좋은 출발점을 제공하는 책은 없다고 생각한다.

커스틴 김 박사, 풀러신학교 폴 피어슨 세계기독교학 교수 겸
선교학연구센터 부학장

우리는 선교의 큰 변화의 계절을 살고 있다. 양질의 선교신학은 매우 중요하다. 낡은 패러다임은 더 이상 유효하지 않다. 새로운 패러다임을 만들려면 우리가 어디에서 왔고 지금 어디에 있는지 이해해야 한다. 이 책은 독자에게 시대를 분별하는 데 도움이 되는 중요한 관점을 제공할 뿐 아니라, 선교의 신학적 토대를 구축할 수 있도록 도와준다. 이런 유형의 책들이 더 많이 필요하다.

하비 퀴야니 박사, 영국 글로벌 커넥션 CEO

틈새를 주의하라! 파편화된 세상에서 하나님의 선교에 대한 이해의 간극을 파악하려면 어떤 도구가 필요할까? 『선교 매트릭스』는 역사, 패러다임, 선교신학, 인간의 노력, 그리고 우리를 놀라게 하는 하나님과의 파트너십을 아우르고 성찰하는 여정이다. 이 책은 실패, 선교적 해석학, 그리고 글로벌 교회로부터 배우도록 우리를 초대한다. 선교를 재검토하고 재조정하며, 선교에 참여할 새로운 도구를 발견할 준비와 영감을 얻으라.

다이앤 마샬 박사, 리더십 멘토, 전 국제 SIM 지역 개발 글로벌 디렉터

선교 커뮤니티는 점점 더 다양해지는 글로벌 교회와 협력하여 급변하는 세상을 더 잘 헤쳐 나갈 수 있도록 돕는 신학적 도식이 절실히 필요하다. 방법론은 너무 빨리 경직되지만, 상황에 따라 유연하게 조정할 수 있는 매트릭스는 강력하고 민첩한 도구가 된다. 『선교 매트릭스』가 정확히 그것인데, 이 책은 하나님의 선교에 자신과 다른 사람들의 참여를 강화하고자 하는 모든 성찰적 선교 실천가에게 필수적인, 상황에 민감한 도구를 제공한다.

제이 마텡아 박사, 세계 복음주의연맹 선교분과 대표

『선교 매트릭스』는 현대의 글로벌 지형에서 선교신학에 대한 접근성 높은 탐구를 제공한다. 저명한 학자이자 실천가인 폴 벤더-사무엘과 커크 프랭클린은 교회 역사에서 선교신학의 발전 과정을 추적한다. 그런 다음 그들은 역동적이고 점점 더 복잡해지는 글로벌 세계에서 선교신학이 갖는 중요성을 강조한다. 이 책은 현대 선교학에 대한 훌륭한 입문서다.

그레그 오케슨 박사, 『공공 선교학: 지역 교회가 복합적인 세상에게 증거하는 방법』 저자

『선교 매트릭스』에서 폴 벤더-사무엘과 커크 프랭클린은 선교 이론가와 실천가에게 깔끔한 참고자료와 도구를 제공한다. 이 책의 작은 크기에 속지 말라. 이 두 명의 '제3문화 자녀'(TCK)—역자 주: 선교사 자녀(MK)를 일컫는 다른 표현—는 정보에 입각한 깊은 성찰과 주제에 대한 풀뿌리적 친숙함으로 선교 역사, 신학적 관점, 선교신학적 전략이라는 엄청난 폭을 간결하고 창의적으로 엮어내서, 탁월하고 참신하게 적절한 선교 참여의 틀을 제시한다. 이 책은 선교를 공부하는 학생들뿐 아니라 그리스도의 선교 방식을 따르고자 하는 모든 신자들에게 귀중한 자료이자 필독서다.

이반 사탸브라타 박사, 월드비전 국제이사회 의장

선교의 역사, 선교의 성공과 몰락, 선교 패러다임 이면의 신학이 이 귀중한 작은 책에 모두 담겨 있다! 저자들은 삼위 하나님의 삶에 순종하는, 반응적 선교신학을 형성하는 데 필요한 모든 도구를 교회에게 참된 선물로 제공하고 있다.

뮈르토 테오카루스 박사, 히브리어 및 구약학 교수, 그리스 성경 대학

역자 서문

역자는 영어 서적을 우리말로 옮기는 전문 번역가는 아니지만, 이 책을 한국 교계와 선교계에 꼭 소개하고 싶다는 열망으로 번역을 자원했다. 급변하는 글로벌 선교 상황이라는 '변수'를 인식하고 선교적으로 대응할 필요에 모두가 공감하지만, 그 대응의 근거가 '상수', 즉 불변하는 성경적 본질이라는 원칙과 실천이 의외로 자주 무시되는 현실에서 이 책이 상당한 해답과 대안을 제시한다고 판단했기 때문이다.

장기간 두 저자와 친분을 쌓고 동역 관계를 유지해온 입장에서, 특정 용어나 문구를 선택하는 행간의 뜻을 감지하고 그 함의 및 뉘앙스를 담아내기 위해 나름 노력한 부분이 더러 있음을 밝힌다. 대표적인 예로, 유사한 두 영어 단어 'world'와 'global'의 경우, 전자는 '세계'로 번역했지만 후자는 음가 그대로 '글로벌'로 옮겼다. 이는 후자가 단순히 지리적, 물리적 세계의 의미를 넘어—물론 그것을 포함하지만—20세기 후반까지 대부분 예상치 못했던, 기존의 국제 질서 및 체제의 격변적 부침(浮沈)과 재편으로 말미암아 선교의 글로벌 지형도 가히 '불연속적 변화'라 할 만큼 달라진 복합적 현실을 반영하는 단어이기 때문이다.

라틴어 문구 '미시오 데이'(*missio Dei*)는 '하나님의 선교'로 옮기기도 했지만, 문맥에 따라 원어 그대로 표기하기도 했다. 이 용어 역시 근현대 선교신학에서 다양한 관점으로 사용되고 수많은 논쟁을 거치면서 매우 복합적 함의를 지니게 되었기 때문이다. 또한 역사적 인물이나 장소의 명칭은 라틴어를 포함한 원어의 음가 대신 두 저자가 선택한 영어식 발음을 따랐는데,

'아우구스티누스' 대신 '어거스틴'으로 표기한 게 그 사례다.

이 책이 인용하는 성경구절의 번역은 주로 개역개정이나 표준새번역을 차용했고, 저자의 의도에 따라 다양한 영어 역본들이 사용되는 점을 감안해서 특정 의미에 가장 근접하게 여겨지는 한글 역본을 선택했다. 그게 여의치 않은 경우, 역자가 직접 번역한 경우도 더러 있다. 따라서, 매번 굳이 어떤 역본인지는 표시하지 않았다.

문학작품이 아닌 만큼, 전반적으로 원문을 있는 그대로 옮기는 데 큰 고충은 없었다. 다만, 영어와 한글 두 언어의 형태적, 구문론적 차이뿐 아니라 그 이면의 문화적, 어의(語義)적 차이로 인한 '의미 중심적'(meaning-based) 번역이 불가피했고, 굳이 피할 이유도 없었다. 특히 두 저자—미국과 호주 이중국적을 가진 커크와 영국인 폴—가 무의식적으로 전제하는 '생략된 정보'는 한글 역본을 읽는 독자를 위해 사족처럼 부연하는 '친절'을 베풀기도 했다. 물론 그런 경우마다 '역자 주(註)'를 덧붙이려 노력했는데, 역자의 판단에 따라 원문에 없는 추가정보를 첨가해도 된다는 저자의 사전 허락을 받았음을 밝힌다.

영문 원서는 참고문헌이나 추가설명을 포함한 연관된 정보를 각주로 처리했는데, 한글 역본은 가독성을 높이기 위해 각 장(章)의 말미에 싣는 미주 형식을 취했다. 우리말로 번역되지 않은 참고문헌이 다수이기도 하고, 무엇보다 인용한 내용의 위치(쪽수)나 인터넷 스트링 등 출처의 정확도를 위해 미주의 내용은 굳이 번역하지 않고 대부분 원문 그대로 실었다.

목차

2부 선교신학

약어

AACC	All Africa Conference of Churches
BAM	Business as Mission
CMS	Church Missionary Society
COMIBAM	Cooperación Misionera Iberoamericana
CWME	Commission on World Mission and Evangelism
FBO	Faith-based Organisations
IMC	International Mission Council
LCWE	Lausanne Congress on Worldwide Evangelization
LMS	London Missionary Society
NGO	Non-Governmental Organizations
OCMS	Oxford Centre for Mission Studies
TCK	Third Culture Kid
UBS	United Bible Societies
UUPG	Unengaged, Unreached People Groups
WCC	World Council of Churches
WWI	World War I
WWII	World War II

서론

선교신학에 관한 많은 책이 있지만, 이 책은 급변하는 선교 상황에서 신학과 실천의 연결에 초점을 맞춘다. 여기서 우리는 주로 개신교 선교 운동의 관점에서 선교신학의 광범위한 영역을 탐구하는데, 용어를 분석하고 하나님의 선교(*missio Dei*)와 연관된 심오한 함의를 분별한다. 뒤이어 선교 역사와 끊임없이 진화하는 현대 선교 상황의 지형에 대한 간략한 여정을 시작한다. 이 책은 복합적 이슈들과 다양한 상황에 선교신학의 틀을 적용하는 데 필요한 도구를 갖추도록 돕고, 독자 특유의 사역을 해석하고 그 영역에서 선교학적이고 비판적인 사고 능력을 강화하는 것을 목표로 한다.

이런 노력을 통해 선교 영역에서 진정성, 창의성, 개방성, 호기심 같은 자질을 함양하고 성찰적 실천가로서 성장하도록 돕고자 한다. 자신의 선교신학을 형성해 온 요소들을 면밀히 살펴볼 수 있는 개인적 탐구의 여정에 당신을 초대한다. 당신의 성경 묵상, 고유 상황, 사역 경험, 개인적 통찰을 배경으로 진행되는 이 성찰의 여정은 당신을 변화시키는 경험이 될 것이다. 우리의 궁극적인 열망은 이 책이 당신을 준비시키고 정보를 제공할 뿐 아니라, 선교신학을 통해 하나님의 선교의 심오한 세계를 더 깊이 파고들고자 하는 열정에 불을 지피는 것이다. 이 책을 통해 선교 영역의 지식과 지혜를 지속적으로 추구하려는 소원을 품게 되기 바란다.

이 책은 옥스퍼드 선교연구센터(OCMS)의 오리엔테이션 프로그램에서 선교신학의 기초가 필요한 박사과정 학생들과 함께 일하는 가운데 태어났다. 폴이 2021년 초에 이 내용을 가르치기 시작했는데, 2022년부터 교수팀이 그 자료를 바탕으로 국제 선교단체 지도자들을 위한 통합 선교 지도자 전문성 개발 과목에 활용하기 시작했다. 동시에 커크는 멜버른 신학교의 선교 지도력 석사과정에서 그가 개발하고 가르친 강의에 일부 자료를 사용했다. 이 프로그램 참가자들과 교류하고 긍정적인 반응을 들으면서 선교단체와 교회 지도자 및 실무자 모두에게 도움을 줄 수 있는 책이 필요하다는 확신을 갖게 되었다.

제3문화 자녀(TCK)라는 우리 두 사람(커크와 폴)의 배경이 선교신학에 대한 접근 방식을 형성했다. 우리 부모는 모두 위클리프 성경번역선교회(WBT)와 언어학 기관인 국제 SIL에서 사역했다. 하지만 어린 시절에는 서로 만나지 못했고, 훗날 폴이 국제 인터서브의 대표로 섬기고 커크가 국제 위클리프의 대표로 섬기던 2008년 선교 지도자로서 처음 만나게 되었다.

커크는 파푸아뉴기니에서 태어나고 자랐다. 선교사로 헌신해서 초기에는 선교단체 미디어 커뮤니케이션 분야에서 일했고, 후에는 호주와 전 세계에서 선교 지도자로 섬겼다. 지난 10년 동안 그는 선교학 분야에서 몇몇 학위를 취득했다. 커크의 관심 분야에는 선교학, 선교 지도력 개발, 글로벌 지도력 주제들, 사역 지도자 멘토링, 그리고 지역교회 사역 등이 포함된다.

폴은 가정의학 및 공중보건의학 전문 교육을 통해 탐구 정신과 성찰적 실천을 익혔다. 그와 그의 가족은 튀니지에서 12년 동안 개발 단체를 이끌며 사역했고, 이후 12년 동안 아시아와 중동에 초점을 맞춘 초교파 국제 선교기관인 인터서브를 이끌었다. 그의 관심 분야에는 기독교 조직의 영성과 개발, 변화하는 교차문화 선교 패러다임, 제자도로서의 선교, 지도력 개발 등이 포함된다.

우리 두 사람은 선교신학을 추상적 주제나 순수 학문적 관점이 아니라 생생한 경험의 렌즈를 통해 접근한다. 과거에 우리가 다양한 선교 사역을 시작하고 섬길 때 우리의 선교 여정을 준비하는 데 도움이 되는 이런 책이 있었다면 정말 좋았을 것이다.

이 책을 읽다 보면 선교라는 말이 얼마나 다양한 의미를 지닌 미묘한 단어인지 깨닫게 될 것이다. 개신교 복음주의와 오순절 세계에서는 선교에 대한 개념과 가정이 18세기 후반에 발생해서 19세기와 20세기에 번성한 교차문화 운동에 의해 깊이 형성된 당시 모습 그대로 남아 있다. 그 한계와 혼란에도 불구하고, 하나님께서 선교에 대한 그 정도의 이해와 실천을 사용하셨다는 사실은 감사와 경배의 이유가 된다. 오늘의 교회는 윌리엄 캐리, 허드슨 테일러, 카메론 타운센드 같은 선교의 사절(使節)들이 사역하던 시대와는 매우 다른 세상에서 섬기고 있다. 그리고 교회 자체도 변화했다.

언어적, 문화적, 신학적 다양성으로 점철된, 수없이 다른 상황들에 처한 교회가 글로벌 현실로 급격하게 변화하면서 오늘날 하나님의 궁극적인 목적에 대한 신실한 증언과 참여가 어떤 모습일지 다시 살펴볼 것이 요구되고 있다. 우리는 불평등, 기후 변화, 민족주의의 부상, 정치와 경제의 불안정, 대규모 인구 이동, 인공 지능 등과 같은 글로벌 이슈의 복잡성과 도전을 인식한다. 모든 상황적 현실이 비판적인 선교신학적 성찰과 실천적 참여를 요구하지만, 새로운 선교신학적 성찰을 자극하는 가장 중요한 요인은 글로벌 교회의 인구 변화와 역동적 다양성이다. 이 책은 선교 사상가이자 실천가인 독자를 돕기 원하는데, 생명을 주시고 새롭게 하시며 화해시키는 하나님의 선교에 더욱 온전하고 충실하게 참여하는 데 필요한 신학적 도구의 개발에 도움이 되는 책이 되기 바란다.

책 제목에 사용된 '매트릭스'에 대해 한마디: 우리는 "선교의 목회적 실천(praxis)"의 체계로서 "선교신학이 주도하는 교회론적 범주들의 격자"로 구성된 '선교 매트릭스'에 대한 리처드 블리제의 저널 기사를 발견했다.[1] 그의 격자를 사용하지는 않지만, 우리는 선교신학을 매트릭스로 설명하는 것이 "다른 어떤 것이 시작되고 형성되며 발전하는 장소나 지점을 구성"하기 때문에 그 가치를 인정한다.[2] 이것이 우리가 하나님의 선교에 참여하면서 형성되었고 계속 형성되고 있는 선교신학적 지형 탐색의 여정에서 우리의 선교 매트릭스가 추구하는 바이다.[3] 이것은 또한 우리가 책을 쓰는 방식의 상호적이고 순환적인 특성인데, 일단 주제를 소개한 다음 그것을 재방문하거나 다른 각도로 바라보는 방식이다. 선교신학은 가정들과 상황들, 그리고 실전 경험을 끊임없이 재검토하는 방식으로 발전한다.

각 장의 말미에 나오는 성찰 질문은 그 장에 기술한 내용의 영향에 대해 숙고하도록 돕고, 그것을 독자의 경험과 연결할 출발점을 제공한다. 바로 이 지점에서 진정한 성장이 이루어진다. 더 자세히 읽고 싶은 독자를 위해 참고 문헌을 제공한다.

마지막으로, 편집팀의 일원으로 수고한 드보라 크로프에게 감사드린다. 그녀는 수년 전 소천한 남편 데이브와 함께 커크의 첫 번째 저서 『글로벌 선교 지도력을 향하여』(2017)의 집필을 도왔고, 수잔 밴 와이넨 및 커크를 도와 『선교 지도력의 역사』(2022) 집필에 공헌했다. 또한 편집 제안을 통해 책의 수준 향상에 기여한 수잔에게도 감사드린다. 또한 마리나 베헤라와 스티븐 코어쯔의 편집 제안, 그리고 이 책의 재구성에 대해 세심하게 조언해준 윌리엄 더니스에게도 감사의 마음을 전한다.

미주

1 Richard Bliese, “The Mission Matrix: Mapping out the Complexities of a Missional Ecclesiology,” *Word & World* 26, no. 3 (2006): 238.

2 https://www.dictionary.com/browse/matrix.

3 이 책의 목적에 따라 ChatGPT에 제목 추천을 요청한 결과, ‘선교 매트릭스: 오늘날 선교 여정의 신학적 지형도 탐색하기’를 추천받았다.

제 1 부

선교 지형들

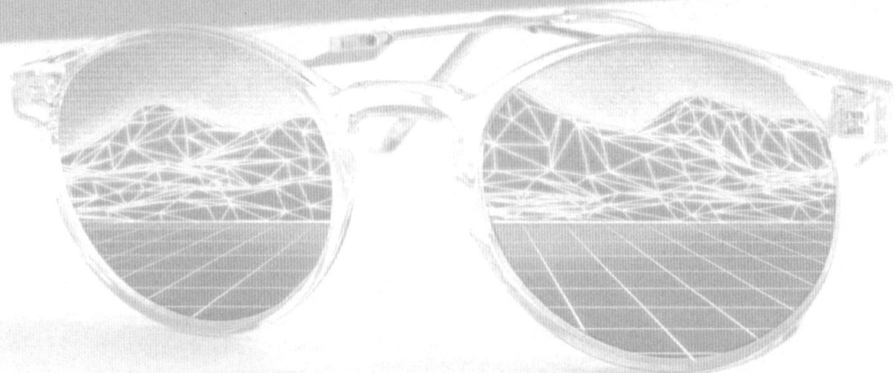

1

하나님의 주도권 드러내기

서론

이 장에서는 *missio Dei*, 즉 '하나님의 선교' 개념과 그것이 기독교 선교에 대한 우리의 이해에 미치는 영향에 대해 살핀다. 선교신학은 여러 세기에 걸쳐 발전해 왔는데, *missio Dei*의 적실성이 부각된 것은 비교적 최근의 일이다. 예를 들어, 초기 교회의 교부 성 어거스틴(354-430)은 "교회와 신자들이 참여하는 하나님의 일"을 설명하기 위해 *missio Dei*를 사용한 것으로 알려져 있다.[1] 하지만 성 어거스틴이나 초기 교회 교부들이 지금 우리가 이해하는 선교와 관련하여 이 용어를 사용했다는 증거는 아직 없다. 16세기에 기스베르투스 보에티우스는 선교를 하나님의 마음에서 흘러나오는 것으로 묘사했다. 1991년, 데이비드 보쉬는 *missio Dei*가 16세기 삼위일체 교리와 어떻게 연관되어 있는지 관찰했다. 1952년 이래 '하나님의 선교' 개념은 신학에서 통용되는 일반 문구가 되었는데, 초기에는 주로 에큐메니칼 진영에서 사용되다가 지난 25년간 복음주의 진영에서도 널리 사용되었다.[2]

하나님의 선교에 대한 우리의 이해는 계속 발전하는 중이다. 하나님은 불변하시지만 상황은 변하기 때문에, 하나님의 선교에 대한 우리의 관점과 참여 방식이 달라진다. 신학적 격자를 통한 다양한 구성과 틀 및 적용은 *missio Dei* 해석에 지속적인 도전을 던진다. 이는 선교를 "탄력적 개념"[3]으로 만드는데, 우리가 재고하고 통합해야 할 이슈들이 지속적으로 제시됨에 따라 실천적 시사점이 가중된다. 예컨대, 최근 몇 년 동안 창조세계 돌보기가 선교의 관심사가 되었다. 우리의 경제 모델과 활동에 의해 영향을 받는 자연 환경의 파괴에 대한 인식이 높아지면서, 이 세상에서 이 세상을 위한 하나님의 구속적 의도에 대한 깨달음이 깊어진다.

*Missio Dei*의 전개를 더 잘 이해하려면 근현대 역사 중 다음의 핵심 지표들을 살펴보는 것이 유익할 것이다.

서구의 정복으로서 선교(1800 년대-1910 년)

앤드류 월스는 19세기 기독교 신앙의 확장에 기여한 두 가지 선교적 충동 또는 접근 방식을 통해 그 시대 하나님 백성의 영적 동기를 파악한다:

1) 일부 선교사들은 '십자군 모드'를 통해 본의 아니게 식민적 기독교왕국 정권에 영합했다. 그들은 군사적 언어를 사용하여 그들의 활동을 설명했고, 하나님의 선교를 영토를 확장하는 정복에 견주었다. 기독교 선교는 새로운 땅을 점령하는 것이었는데, 이는 세계의 일부 지역만 복음화되었고 다른 지역은 그렇지 않았기 때문이다. 거기에는 서구에서 구현된 기독교가 우월한 문화를 창출했다는 가정이 깔려 있었다. 따라서 모든 종족을 기독교로 개종시켜야 할 필요성이 복음에 함의되어 있는 셈이었다. 마이클 스트루프는 "선교의 대리자들은 기독교의 이름으로 [현지 문화를] 정복하고, 강요하고, 파괴했다"고 기록한다.[4] 이러한 '식민적 선교'는 미국과 영국에서 사람들이 해외로 파송되는 것을 의미했는데, 이는 그 이전에 일어난 스페인과 네덜란

드의 선교 활동을 모방한 것이었다. 십자군 모드 중에도 선교사들은 도움이 필요한 곳에 서양 의술을 도입하며 선행에 힘썼다. 또 다른 형태의 확장은 영어 또는 현지 언어를 사용한 서양 교육이었다.

2) '선교적 모드'는 기독교 선교사들이 성실하고 진실되게 복음을 선포하고 제자 삼을 새로운 추종자를 찾던 상황을 가리킬 수 있다.[5] 예를 들어, 로버트 우드베리는 과거 개신교 선교사들이 많이 활동했던 지역에서 "오늘날 평균적으로 경제가 더 발전했고 상대적으로 건강이 양호하며, 유아 사망률과 부패지수가 낮고 문해율이 높으며, 교육 (특히 여성의 경우) 성취도와 비정부기구 참여도가 높다"는 사실을 발견했다.[6]

앤드류 커크는 십자군 전쟁과 '명징한 숙명'(manifest destiny: 하나님이 선택하신 나라에게 더 나은 세상을 만들 책임을 맡겼다는 믿음)을 하나로 엮어서, 유럽 문명과 복음의 형태로 포장한 기독교를 설득력 있게 판매하는 사업으로 선교를 견주는 또 다른 비유를 제시한다.[7]

1910년 에딘버러 세계선교대회에서 로버트 스피어는 선교의 개념을 '정복'으로 정의했다.[8] 대회 막바지에 존 모트 회장은 땅끝까지 정복하는 것이 우리 세대에 세계를 복음화하는 결과를 가져올 것이라고 담대하게 선포했다. 땅끝까지 이르는 세계 선교를 향한 집중적인 노력이 시작된 것이다. 사실 에큐메니칼주의와 교차문화 관계성으로 잘 알려진 모트가 실제로 승리주의적 선교를 내세운 것은 아닐 수 있다.

'우리 세대에 세계 복음화'라는 슬로건은, 기독교가 한 세기 동안 확장되어 세계 인구의 약 34%가 기독교인으로 분류되는 정점을 찍은 순간의 자신감 넘치는 기독교의 모습을 표현한다. 그러나 그 이후 그 수치를 넘어선 적은 없었다. 한때 수많은 서양인들이 (기독교 영향을 받은 다른 이들과 마찬가지로) '이교도' 또는 다른 주요 세계종교의 추종자와 자신을 구별하기 위해 스스로 '기독교인'이라고 주장했다. 서양인이 된다는 것은, 그가 실제로 기독교와 최소한의 연관이 있는지 여부와 무관하게 곧 '기독교인'이 된다는 것이었다. 지나 줄로는 기독교를 "네 가지 주요 기독교 전통, 즉 (1) 가톨릭, (2) 정교회(동방교회 및 정교회), (3) 개신교(성공회 포함), (4) 독립교회—스스로를 기독교로 규정하지만 역사적 기독교와 분리된 교회 또는 운동"으로 분류하면서, 독립교회에는 자신을 처음 세 범주에 포함시키지 않는 교회와 교파가 포함된다고 설명한다.[9]

19세기 말부터 20세기 초에 걸친 교회와 선교의 위대한 확장기의 그리스도인들은 선교의 목적과 노력이 어떤 형태로든 완수되리라 확신한 듯하다. 모트는 모든 가용 기독교 자원이 이러한 진보를 지원하는 데 신속하게 배치될 것이 당연하다고 믿었다. 세계선교대회 참석자들은 가까운 미래에 온 세계가 완전히 '장악될'(reached) 포괄적 복음화 계획의 착수를 책임져야 할 상황이었다.[10]

이러한 사례는 데이비드 보쉬 같은 선교학자들이 "유럽 식민 세력의 확장과 교회의 전진 사이의 분명하고 실질적인 연관성"을 발견하고, 우리가 '근대 계몽주의 선교 패러다임'이라 정의할 근거를 제공했다.[11] 결과적으로 *missio Dei*와 연관된 선교 어휘는 역사적으로 식민지 시대와 구별할 수 없을 정도로 연루되었고, 선교는 세상의 왕권이 위임한 과업이 되었다.[12]

에딘버러 대회가 열린 지 불과 4년 만에 발발한 제1차 세계대전(1914-1918), 그 뒤를 이은 스페인 독감 대유행(1918), 대공황(1929-1933), 제2차 세계대전(1939-1945) 등 범세계적 주요 사건들로 인해 낙관적이고 자신감 넘치던 선교 열기가 순식간에 식었다. 예를 들어, 제1차 세계대전에서 유럽의 기독교 국가들이 서로를 파괴하며 4년 동안 지속된 분쟁으로 900만 명 이상의 군인과 1,300만 명(기근과 질병으로 사망한 600만 명 포함)의 민간인이 희생되었고, 2,300만 명의 부상자가 발생했다. 설상가상으로 제2차 세계대전을 거치며 복음에 대한 신뢰는 황폐화되었고 선교의 낙관적 수사는 사라졌다.

선교는 이 시대에 등장한 네 가지 요소에 의해 재형성되었다:

1. 유럽 제국들의 붕괴는 식민주의를 통한 영향력 상실을 의미했다.
2. 계몽주의에서 비롯된 과신은 인류가 "세상을 바꿀 수 있다"는 잘못된 생각을 낳았다.[13]
3. 서구의 기독교 지도자들은 교회가 유럽과 북미보다 서구 바깥에서 더 빠르게 성장하고 있다는 사실을 깨달았다.
4. 선교에 대한 겸손한 접근은 죄악된 인간의 타락과 하나님으로부터 분리된 상태를 깨달은 자의 특징이다.[14]

선교신학의 긴장(1928-1950)

지난 세기, 선교와 선교신학에 대한 이해는 국제선교협의회(IMC)가 주최한 세계선교대회라는 일련의 모임들을 통해 발전했다. 이 회의에는 1910년 에딘버러 대회가 물려준 것을 넘겨받으려는 선교계 핵심 지도자들이 참석했다. IMC 회의들을 통해 우리는 *missio Dei*와 선교신학에 대한 사고의 발전과정을 추적할 수 있다.

1928년 예루살렘에서 열린 세계선교대회에서 *missio Dei*를 오직 선포를 통한 전도로만 생각하는 사람들과 복음의 사회적 함의에 초점을 맞춘 것으로 보는 사람들 사이에 의견 차이가 발생했다. 제2차 세계대전 직후 이 문제를 둘러싸고 세계 선교운동에 긴장이 고조되기 시작했음을 알 수 있다.

1932년 독일 브란덴부르크에서 열린 회의에서 신학자 칼 바르트는 선교에 대한 개신교의 성찰을 '하나님의 활동'으로 소개했다. 선교는 세상과 모든 인류에게 하나님의 행위와 활동에 대해 '증인'이 되는 일이며[15] 삼위 하나님의 마음에서 흘러나오는 그리스도의 은혜에 전적으로 의존한다. 교회는 성령의 능력을 받아 모든 피조물에 초점을 맞춘 하나님의 선교에 참여하는 선교적 존재다. 바르트는 선교가 교회의 인간적 활동이 아닌 하나님의 활동에서 발현하는 일로 보고, 선교의 소유권을 교회로부터 하나님께 옮기는 중심축 전환을 통해 신학 발전에 광범위한 영향을 미쳤다. 바르트를 통해 "*missio Dei*라는 문구는 하나님에 의해 시작되고 유지되는 선교 활동으로 재구성되었는데 … 선교의 구별됨과 신성함,"[16] 즉 선교는 하나님 사랑의 발현이므로 신성한 것이다.

1938년 인도 탐바람에서 열린 회의에서는 기독교 선교와 다른 세계종교와의 관계에 관한 신학적 긴장이 더욱 고조되었다. W. E. 호킹은 타종교인을 세속주의라는 공동의 적에 대항하는 동맹으로 보고, 기독교인과 그들 사이의 협력 부재에 대한 문제를 제기했다. 반면에 헨드릭 크래머는 선교가 우선적으로 복음의 선포임을 강조했다. 오늘날에도 1930년대와 동일한 긴장이 존재한다.

제2차 세계대전이 끝나고 1947년 캐나다 휘트비에서 열린 회의에서는 겸손한 선교의 동역자로서 하나님께 순종하는 분위기가 조성되었다. 전쟁 후 세계는 깊은 분열로부터 치유되고 있었고, 회의에 참석한 112명의 참가자들은 전쟁이 선교 활동에 어떤 부정적 영향을 미쳤는지 평가하는 데 집중했다. '교회의 증거'를 구현하는 방식과 선교 파트너십을 드러내는 방법에 대한 논의가 이루어졌는데,[17] 두 가지 이슈가 집중적으로 논의되었다:

1. 전쟁 이후 처음으로 과거의 적들이 선교적 동역을 위해 만났는데 … 어떻게 할 것인가?
2. 서구 선교 단체들과 젊은 비서구 독립교회들의 동역. 따라서 이 모임의 의의는 "이 관계, 즉 선교대회의 모토인 '순종하는 파트너십'의 본질을 포착하는 신학적 손잡이"를 제공한 데 있다.[18]

IMC가 주최한 이러한 대회들은 오늘날에도 우리가 여전히 당면하고 있는 선교의 이슈들을 조명하기 시작했다. 중요한 것은, 하나님에 의해 시작되고 하나님께 속한 선교라는 개념이 중심적 위치를 차지하기 시작했다는 점이다.

Missio Dei 의 신학적 발전(1950–1965)

1952년 독일 빌링겐에서 열린 세계선교대회에서 칼 하르텐슈타인은 바르트의 영향을 받아 "선교는 하나님의 속성[이므로] … 삼위 하나님의 수고",[19] 즉 하나님의 본성에서 비롯되고 흘러나오는 것으로 보았다. 그는 "하나님은 선교이시므로" 선교는 삼위 하나님의 포괄적 구원 계획 안에서 발생한다고 말했다.[20] 이 회의에서 *missio Dei*라는 용어가 등장하여 개신교, 복음주의, 로마 가톨릭 운동을 포함한 교계에서 널리 사용되기에 이른다. 하르텐슈타인은 선교를 단순히 교회의 책임이 아니라 "삼위 하나님의 대의(cause)"로 자리매김했는데, 이는 중대한 변화를 뜻한다.[21] 바르트가 먼저 이 개념을 도입했지만, 이제 비로소 탄력을 받기 시작한 것이다. 선교는 교회에서 비롯되거나 교회 중심적인 일이 아니라, 선교를 시작하시고 교회가 온전한 복음을 가지고 온 세상으로 나아가도록 힘을 주시는 하나님의 마음에서 흘러나오는 것이다. 프란시스 오보르지는 "하나님의 선교가 있기 때문에 교회가 존재한다"고 말한다.[22] 비록 하나님의 선교는 교회 자체의 선교 활동보다 더 크지만, 선교에서 교회의 역할은 무시되지 않는다. 교회의 역할은 모든 인류를 위한 "하나님의 사랑의 운동에서 선교의 도구"가 되는 것이다.[23]

빌링겐 대회 이후 선교 지도자들의 저술과 연설에서 *missio Dei*가 종종 언급되었지만, 1958년 게오르그 비체돔이 선교계에 큰 영향을 미친 『하나님의 선교』(독일어 원문을 1964년 영어로 번역)를 출간한 후에 비로소 널리 사용되었다. 비체돔은 삼위 하나님을 선교의 모델로 제시함으로써 선교와 삼위 하나님의 관계를 더욱 명확하게 설명했는데, 그것은 선교의 정신과 행위

또는 활동에 영향을 미쳤다. 하나님의 사랑의 뜻과 본성은 선교의 원천과 근거를 제시하며, 교회는 바로 그 선교의 도구다.

IMC는 1961년 세계교회협의회(WCC)와 합병하면서 '세계선교와 전도위원회'(CWME)로 명칭이 변경되었다. 1963년 멕시코시티에서 열린 CWME 대회에서, 과거 사회정의 이슈나 선교의 선포적 측면 중심의 편향성에 따라 분리되어 있던 선교와 전도가 하나로 통합되었다. 선교는 더 이상 '서구에서 나머지 지역으로'라는 유명한 슬로건처럼 일방향적 활동이 아니라, 모든 방향에서 이루어지고 있었다. 1963년에 개신교 선교운동에 참여한 사람들은, 선교가 더 이상 교회가 타문화권 선교사를 해외로 파송하는 데 국한되지 않고 더 이상 지리적 기반이 아니라는 것을 이해하기 시작했다. 대신, 선교는 교회가 하나님으로부터 파송받은 사명 전반에 대한 "믿음, 확신, 헌신"에 기초한 것이었다.[24] 하나님의 부르심에 대한 응답자가 교회였다.

Missio Dei 의 영향력 확산(1966-1990)

신학자 J. C. 호켄다이크는 *missio Dei*를 "세상을 사랑하시는 하나님으로서 자기 계시"에 기초한 것으로 이해했다.[25] 하나님은 세상 안에서 그리고 세상과 함께 일하시며, 교회를 "시간과 장소 또는 특정한 필요에 대한 응답"이라는 구체적인 방법을 통해 참여하도록 초대하신다.[26] 선교에서 교회의 역할은 "세상적 **샬롬**을 위한 하나님의 사역적 기능"으로 제한되었다.[27] 교회는 세속화되었고, 초월적 목적은 제거되고 있었다.[28]

호켄다이크의 입장이 인기를 얻는 동안, 다른 사람들은 *missio Dei*에서 교회의 역할을 세속적 의미가 아니라 하나님의 구속이 세상에서 이루어지는 우선적 통로로 보았다. 교회 안에서보다 세상에서 일어나는 하나님의 사역이 더 중요하다는 생각은 타종교를 포함하여 교회 밖에서 하나님이 어떻게 일하시는지에 대한 화두를 열었고, 교회가 다른 종교와 더불어 그분의 사역에 참여할 수 있는지 여부와 방법에 대한 질문을 던졌다.

CWME는 1989년 샌 안토니오에서 열린 '세계선교와 전도' 대회에서 더 폭넓은 그룹을 구성하기 시작했다. 주류 개신교와 동방 정교회 및 로마 가톨릭을 뛰어넘어 일부 복음주의자들도 *missio Dei*를 부분적으로 수용하기 시작했다. 이 즈음, 선교에서 삼위 하나님의 역할을 강조하는 레슬리 뉴비긴의 관점이 널리 수용되고 있었다. 뉴비긴은 하나님이 만유의 주재이시므로 교회는 "만유 위의" 하나님 나라를 담대히 선포하도록 부름 받았다고 말했다.[29] 뉴비긴의 주장은 삼위일체의 모든 구성원이 *missio Dei*에 관여함을 의미한다: 성부는 왕국을 선포하시고, 성자는 새 생명을 제공하시며, 성령은 삼위 하나님의 활동을 증거하시는데, 성령을 통해 교회는 복음을 선포하고 드러낼 "선교적 권위"를 갖는다.[30] 권위 이슈는 중요하다. 기독교왕국의 영향 아래서, 선교에 대한 성경적 삼위 하나님의 권위는 "문화적, 제도적, 실용적 권위로 대체"되었고, "기독교왕국의 붕괴"와 함께 그러한 권위는 이제 "완전히 불신"되었다.[31] 삼위일체적 선교학에 대한 뉴비긴의 호소는, 기독교왕국 교회의 젠체하는 선교적 권위가 아닌 삼위 하나님의 선교적 권위로 돌아가자는 통찰력 있는 요청이었다.

데이비드 보쉬와 *missio Dei*

*Missio Dei*에 대한 이해를 정교하게 다듬은 신학자 데이비드 보쉬의 업적은 매우 중요하고 지속적인 의미를 지닌다. 그의 책 『변화하는 선교』는 이 주제에 대해 계속해서 광범위하게 인용되고 있다. 보쉬는 선교를 차원과 의도 관점으로 구분한다. 차원적으로, 선교의 본질은 신학적, 역사적, 종말론적이다.[32] 의도적으로, 선교는 "전도 및 정의와 평화를 위한 활동 등 사회

에 직접적으로 관여하는 일"이다.[33]

보쉬는 선교 역사를 통해 *missio Dei*가 해석되어 온 몇몇 방식들을 관찰했다:

1. 구원론 관점에서, "개인을 영원한 형벌에서 구원하는 것"
2. 문화적 측면에서, 이른바 "기독교 서구의 축복'을 비서구인들에게 가져다주는 것
3. 교회론적으로, 교회 또는 교단의 물리적 성장
4. 구속사적으로, 세상은 '하나님의 나라로 변화될 것"[34]

역사의 여러 시대와 교회의 다양한 구성에 따라 *missio Dei*에 대한 이 네 가지 특성이 다른 조합으로 강조되었다.

보쉬는 *missio Dei*와 교회의 선교적 역할이 삼위 하나님을 반영하라는 교회의 부르심에 의해 하나로 묶여 있다고 본다. 보쉬는 "선교의 가장 깊은 원천"인 삼위 하나님의 마음에서만 선교가 발원한다고 말한다.[35] 교회가 선교적인 이유는 하나님의 선교에 보냄 받기 위한 존재이기 때문이다. 흡사 경고하듯, 보쉬는 교회가 선교적일 수 있는 것은 교회가 "보냄 받은 공동체"[36]로서 세상 안에 존재하면서 예언자적 "대조 공동체"[37]로 세상과 다르게 행동할 때뿐이라고 말한다. 하나님의 선교의 최종 결과는 하나님의 "보편적 화해와 평화"가 만물을 다스리는 **샬롬**의 상태일 것이다.[38]

복음주의

'세계복음화를 위한 로잔위원회'(LCWE)는 1974년 제1차 대회를 개최했는데, 서구의 목소리와 비서구 신학자들 및 그리스도인들 중심으로 격렬한 이념적 토론이 벌어졌다. 그 맥락은, "20세기 초반의 극단적 자유주의가 정

의한 선교가 … 복음화를 희생시키면서 사회 정의를 강조한" 정황이었다.[39] 서구에서 온 참석자들은 선포로서의 선교에 초점을 맞춘 반면, 비서구 참석자들은 하나님의 선교를 세상에서 일어나는 하나님의 총체적 활동으로 해석했는데, 이는 예수를 주님으로 고백하는 자들의 개인 구원뿐 아니라 불의한 구조와 제도화된 죄의 변혁을 아우르는 개념이다. 따라서 이어지는 논쟁은 사회 정의와 전도의 역학 관계에 관한 "복음주의자들의 근시안적 관점"[40]을 바로잡는 일이었다. 그 결과, 로잔언약은 "정도의 차이는 있지만, 사회적 관심이 선교의 신학과 실천의 통전적 위치"로 자리매김되었다.[41]

로잔언약은 보편적 교회—제도 아닌 공동체로서—가 하나님의 선교의 중심에 있으며 복음을 선포하는 하나님의 수단임을 인정했다. 후에 로잔의 신학실무그룹은 '총체적 교회'를 "하나의 거룩하고 보편적이며 사도적인 교회"라는 니케아 신조와 동기화했다.[42] 이 '신조적 공식화'는 *missio Dei*에 참여하는 의미에 대한 로잔의 공식입장이 되었다.[43]

이후 로잔의 마닐라 선언문(1989)은 선교가 구속된 공동체를 위한 하나님의 '해방 계획'을 통해 이 땅에 하나님 나라를 세우는 '총체적 복음'을 포함한다고 명시했다.[44]

세계복음화를 위한 로잔위원회(LCWE)는 '로잔운동'으로 변모했다. 케이프타운 서약(2010)은 의도적으로 로잔언약을 기반으로 *missio Dei* 이해의 범위를 넓혔고, 예수 그리스도를 통한 창조세계 전체의 구속을 모든 민족을 변화시키려는 하나님 나라 건설의 초점으로 제시했다. 따라서 선교는 복음 전도와 '헌신적 참여'와 세상에서 복음 드러내기의 통합이다. 복음 선포는 사람들이 '사랑과 회개'로 부름 받을 때 발생하는 사회적 결과를 낳고, 사회 참여는 교회가 그리스도의 '변화시키는 은혜'를 증거할 때 유발하는 복음적 함의를 갖는다. 하나님은 창조세계 전반에 대한 구속 계획을 가지고 계시므로, 케이프타운 서약은 지구 자원의 낭비와 그에 따른 만연한 소비주의로 인해 그리스도인들을 향한 엄중하고 "예언자적이며 생태학적인 책임"을 촉구한다.[45] 이 두 흐름이 한 곳에서 만나면서, *missio Dei*를 해석하는 방법과 관련하여 복음주의 운동 전반에서 둘 사이의 긴장이 계속되고 있다.

에드 스테처와 필 네이션은 *missio Dei*에서 삼위 하나님의 영화(glorification)를 강조하는데, "성부께서 이 구속을 이루시기 위해 성자를 보내신 것처럼 성령을 보내심으로 이 구속을 남자와 여자의 마음에 적용하신다"고 말한다.[46] 하나님은 '증거와 섬김'을 위해 그분의 선교에 참여하는 교회에 능력을 주신다.[47] 구속 운동은 삼위 하나님에게서 발원하여 교회를 통해 세상으로 흐르는데, "모든 종족과 언어와 나라의 사람들이 평생 하나님을 경배하는 결과"를 지향한다.[48] *Missio Dei*는 "하나님이 새 하늘과 새 땅을 창조"하실 때 그 절정에 달한다.[49]

에녹 완은 선교를 "그리스도인(개인)과 교회(기관)가 삼위 하나님의 *missio Dei*에 참여하는 것"으로 정의한다.[50] 이 선교에는 "영혼 구원과 더불어 하나님의 창조세계의 구속, 화해, 변화를 위한 샬롬의 도래"라는 두 가지 측면이 있다.[51]

마이클 고먼은 *missio Dei*를 "하나님이 세상에서 의도하시는 일 … 한마디로 구원", 곧 만물의 총체적 구원이라고 말한다.[52] 선교의 본질에 대한 복음주의 내의 다양한 입장에도 불구하고, 최소한 이론적으로는 *missio Dei*라는 개념이 전반적으로 받아들여지고 있다.

에큐메니칼 관점

세계교회협의회(WCC)의 2012년 대회 주제 '생명을 향한 동행'은 선교가 "교회를 확장하는 프로젝트가 아니라"[53] 삼위 하나님의 마음에서 비롯된다고 명시한다. 하나님은 선교적 존재이시며 그의 백성을 부르시고 희망의 공동체가 되게 하신다. 복음은 모든 피조물에 적용되는 좋은 소식이며, 삶과 공동체의 모든 부분에 영향을 미친다. 성령의 능력을 통해 이 공동체는 모든 "생명을 파괴하는 세력"을 물리치고 변화시킨다.[54]

1910년 에딘버러 세계선교대회 100주년을 되돌아보면, 한 세기 동안 선교신학이 발전하는 과정에서 드러난 뚜렷한 대조를 엿볼 수 있다. 1910년 대회의 초점은 "교회의 선교 [또는] 교회 중심 선교"에 맞춰졌다.[55] 그런데 2010년에 이르면, 그리스도인들이 선교에 참여하면서 "교회를 넘어선 선교적 협력"을 추구하는 *missio Dei*—선교 중심적 교회—로 초점이 이동했다.[56] 1910년에도 선교의 다양성에 대한 어느 정도의 인식이 있었는데, 100년이 지나자 선교는 "증거, 선포, 교리 교육, 예배, 종교 간 대화"를 포함하는 다면적 의미로 분명하게 정의되었다.[57] *Missio Dei*의 기초에 대한 이해는 '교회론과 구원론'에서 삼위일체적 관점으로 발전해 왔다.[58] 에큐메니칼 운동 내에서 그런 변화들이 일어나고 있지만, 그 중심에는 *missio Dei*, 즉 "정의, 평화, 화해를 통한 온 세상의 충만한 생명"을 위해, 구체적 상황들 가운데 "역사와 창조세계 안에서 행하시는" 하나님이 계시고,[59] 그분은 교회가 "선포와 … 정의와 해방"을 통해 그분의 선교에 참여하게 하신다.[60]

*Missio Dei*에는 (1) "성부, 성자, 성령의 협력적 행동"(요 14:26)과 (2) "인간을 참여하도록 초청하시는 신적 행동"(요 20:21)이라는 이중적 개념이 담겨 있다. 인간의 도구성이 필요하지 않은 하나님은 사회적, 신학적 입장이 다른 첫 제자들을 동역자로 임명하시는 일로부터 시작하여 "위험한 동역의 길을 선택하신다."[61] 복음주의자들은 종종 왕이신 하나님과 개인적인 관계에만 집중하는 경향이 있는 반면, WCC 내의 사람들은 왕국에만 집중하는 위험에 빠지곤 하는데, 그렇게 함으로써 양쪽 모두 왕과 왕국을 분리시키고 만다. *Missio Dei*에 대한 진정한 총체적 인식은 오히려 이 둘을 하나로 묶어줄

것이다. 레슬리 뉴비긴은 왕국이 이제 인간의 얼굴, 즉 예수 그리스도의 얼굴을 갖게 되었다고 말함으로써 그 개념을 설명했다.

로마 가톨릭 관점

제2차 바티칸공의회(1962-1965)에서 *missio Dei* 개념이 공인되었는데, 로마 가톨릭 교회가 본질상 선교적이라는 점을 인정하면서 그 기원을 성부 하나님의 명령에 부합한 성자와 성령의 선교에서 찾았다.

로마 가톨릭 선교학자 스티븐 베반스와 로저 슈뢰더는 선교를 다음과 같은 상호의존적 요소들로 구성된 조합으로 정의한다: "증거와 선포, 전례와 기도와 관상, 정의와 평화와 창조세계의 보전, 종교 간 대화, 상황화/토착화, 화해."[62]

제2차 바티칸공의회에서는 교회와 타종교의 관계에 대해 많은 고민이 있었고, 사람들이 자신의 종교 안에서 그리스도를 찾을 수 있다는 견해가 인기를 얻었다. 2013년, 프란치스코 교황은 "복음의 기쁨"(*Evangelii Gaudium*)이라는 사도적 권고 문서를 발표했다.[63] 프란치스코 교황은 "선교적 아웃리치"를 교회의 모범적 활동으로 회복할 것을 촉구했다.[64] 교회는 가서 제자 삼으라는 예수님의 명령에 순종하며 살아간다. 교회는 "복음화 공동체로서 사람들의 일상생활에 말과 행동으로 참여하고 간격을 좁히며, 필요하다면 기꺼이 자신을 낮추고 인간의 삶을 포용하며, 타자 안에 계시는 고통받는 그리스도의 육신을 만진다."[65] '기쁨의 복음화'는 전례적인데, 이는 "교회가 세상을 복음화할 뿐 아니라 전례의 아름다움을 통해 자신을 복음화하기 때문이며, 그것은 복음화 과업의 축하와 동시에 새롭게 자신을 내어주는 원천이 된다."[66] 교회가 '복음화의 열정'을 추구할 때, 새로운 교회 기관과 공동체와 운동이 생겨나고 "지역 교구와 관계를 유지하면서 특정 교회의 전반적인 사목 활동에 기꺼이 참여하는" 혜택을 누릴 수 있다.[67]

동방 정교회 접근법

동방 정교회에서 선교는 '역사에 대한 하나님의 섭리적 개입'으로 간주된다. "선교는 한 세대에서 다른 세대로 전승되는 신앙과 더불어 여러 세기에 걸친 교회의 연속성"과 동일시된다.[68] 선교는 처음에 유럽과 북미의 파송 공동체에 의해 주도되었고, 현시대 아시아와 아프리카 및 남미의 독립 기독교 운동에 영향을 미쳤다. 교회의 선교적 초점은 "하나님 안에서 친교하는 삶 … 사람들을 성삼위 하나님과 친교로 끌어들이는 일"이다.[69]

정교회는 복음 선포를 통해 기독교 신앙을 지리적으로 확장하는 데 관심을 두기보다 "수 세기에 걸쳐 참된 신앙을 살아내는 연속성을 보존하려 노력해 왔기 때문에, 아직 교회에 속하지 않은 사람들보다 교회를 떠나는 사람들에게 초점을 맞추려는 유혹을 받는다."[70] 사람들은 전례와 변혁적 만남을 통해 하나님께 이끌리고 돌아서야 한다. 선교에 대한 이러한 이해는, 교회가 오랫동안 존재해 온 문화권에서 확립된 전통에 부분적으로 기인한다. 선교는 "성령 안에서 성자와 인류를 향한 성부의 사랑에서 볼 수 있듯이, 성삼위 하나님의 친교에 깊이 뿌리를 두고 있다."[71] 선교는 오직 "우주의 성화가 일어나는 장소인 … 교회를 통해서, 그리고 교회를 위해" 발생한다.[72] 다시 말해, 선교는 교회의 직무가 아니라 교회의 특성이다.

견해들 비교

2017년, 케네스 로스는 로잔의 "케이프타운 서약"과 WCC의 "생명을 향한 동행", 그리고 바티칸의 "복음의 기쁨"을 비교했다. 그는 *missio Dei*에 대한 복음주의, 에큐메니칼, 로마 가톨릭의 입장을 대표하는 이 세 문서를 통해 표현된 기독교의 뚜렷한 흐름들 사이에 본질적 유사성이 있음을 깨달았다. 로스는 창조, 정의, 전도, 이주, 종교적 다원성, 지도력의 "주제적 수렴"을 발견했다.[73] 세 문서 모두에서 그가 주목한 원칙적 공통점은 다음과 같다:

- "선교의 주체는 인간이 아니라 하나님이시다."[74]
- "선교는 전문가들이 아닌 제자들의 관심사다."[75]
- "선교의 우선적 시행자는 개인이 아닌 교회다."[76]
- "머리로부터의" 정통(orthodoxy)이나 "손으로부터의" 정행(orthopraxy)보다, "삶의 정서적 차원 … 가슴으로부터의 정심(orthopathy)이라는 새로운 방점"을 찍는다.[77]

요약

*Missio Dei*의 신학적 발전을 개관하면서 우리는 1800년대 이후 신학적 정립 과정이 어떻게 전개되어 왔는지 살폈다. 신학자들과 선교학자들이 하나님의 선교를 이해하고 표현하는 방식에 다양한 요인들이 작동했다. 문화적, 상황적 이슈들이 정립 과정에 영향을 미쳤고, 지역 단위나 범세계 차원의 대회들에서 진행된 토론들이 *missio Dei*에 대한 현대적 이해를 형성했다. 교회의 신학적 입장이 지속적으로 적응해 가는 모습을 통해 우리는 시

간이 흐르면서 그 입장들이 어떻게 변화하며 다양한 사건들과 사람들을 통해 어떤 영향을 받는지 통찰하게 되었다. 동시에, 우리는 초기 교회가 이해한 선교와 딱히 *missio Dei*와 연관되지 않은 '선교'라는 용어의 재등장 사이의 불연속성에 주목한다. 이는 *missio Dei* 이해의 발전 여정이 결코 연속적이지 않았음을 시사한다. 이 용어에 대한 연구를 통해 우리는 이 개념의 깊이와 풍성함 및 복잡성을 음미하는 법을 배울 수 있다. 이제 우리는 이러한 이해를 선교 실천에 적용할 수 있게 되었다.

성찰 질문

- *Missio Dei*의 역사와 신학적 해석의 개관을 통해 하나님의 선교와 관련해서 당신의 생각을 사로잡는 개념은 무엇인가?

- *Missio Dei*에 대한 이해를 당신이 처한 상황에 어떻게 적용할 수 있을까?

미주

1 Thomas Kemper, "The *Missio Dei* in Contemporary Context," *International Bulletin of Missionary Research* 38, no. 4 (2014): 188.

2 Kemper, 188.

3 Gary Tyra, *A Missional Orthodoxy: Theology and Ministry in a Post-Christian Context* (Downers Grove: IVP Academic, 2013), 310.

4 Michael Stroope, *Transcending Mission: The Eclipse of a Modern Tradition* (London: Apollos, 2017), xiv.

5 Andrew Walls, "Afterword: Christian Mission in a Five Hundred Year Context," in *Mission in the 21st Century*, ed. Andrew Walls and Cathy Ross (Maryknoll: Orbis Books, 2008), 196.

6 Andrea Palpant Dilley, "The World the Missionaries Made," *Christianity Today*, 2014.

7 Andrew Kirk, *What Is Mission?* (Minneapolis: Fortress Press, 2000), 23.

8 Mark Noll, *Turning Points: Decisive Moments in the History of Christianity*, Third ed. (Grand Rapids: Baker Academic, 2012), 262.

9 Gina Zurlo, *Global Christianity: A Guide to the World's Largest Religion from Afghanistan to Zimbabwe* (Grand Rapids, MI: Zondervan Academic, 2022), xvii-xviii.

10 Noll, 264.

11 Stroope, xvi.

12 Stroope, xvii.

13 Keith Whitfield, "The Triune God: The God of Mission," in *Theology and Practice of Mission: God, the Church, and the Nations*, ed. Bruce R. Ashford (Nashville: B & H Publishing Group, 2011), 18.

14 Kirsteen Kim, *Joining in with the Spirit: Connecting World Church and Local Mission* (London: Epworth, 2009), 23.

15 Francis Anekwe Oborji, *Concepts of Mission: The Evolution of Contemporary Missiology* (Maryknoll: Orbis Books, 2006), 134.

16 Stroope, xv.

17 Henning Wrogemann, *Theologies of Mission*, trans. Karl E. Bohmer, *Intercultural Theology Vol. 2* (Downers Grove: IVP Academic, 2018), 64.

18 Wrogemann, 64.

19 Oborji, 134.

20 Stephen Bevans, and Roger Schroeder, *Constants in Context: A Theology for Mission Today* (Maryknoll: Orbis, 2004), 57.

21 Oborji, 134.

22 Oborji, 135.

23 Oborji, 135.

24 Kirk, 24.

25 Oborji, 144.

26 Oborji, 144.

27 Oborji, 144.

28 David Bosch, *Transforming Mission: Paradigm Shifts in Theology of Mission* (Maryknoll: Orbis, 1991), 326.

29 Lesslie Newbigin, *The Open Secret: An Introduction to the Theology of Mission, Revised* (Grand Rapids: Wm. B. Eerdmans, 1995), 29.

30 Timothy Tennent, *Invitation to World Missions: A Trinitarian Missiology of the Twenty-First Century* (Grand Rapids: Kregel Academic & Professional, 2010), 67.

31 Tennent, 67.

32 Bosch, 498.

33 Bosch, 373.

34 Bosch, 389.

35 Bevans, and Schroeder, 303.

36 Stanley Skreslet, *Comprehending Mission: The Questions, Methods, Themes, Problems and Prospects of Missiology* (Maryknoll: Orbis, 2012), 32.

37 Heleen Zorgdrager, "Moral Guardian or Kenotic Servant? A Theological View of the Role of Churches in Empowering Civil Society in Ukraine," *Occasional Papers on Religion in Eastern Europe* 32, no. 4 (2012): 27.

38 Oborji, 134.

39 Al Tizon, *Transformation after Lausanne: Radical Evangelical Mission in Global-Local Perspective* (Oxford: Regnum Books, 2008), 4.

40 Tizon, 4.

41 Tizon, 4.

42 Justin Thacker, "'The Whole Church': Statement of the Lausanne Theology Working Gro- up," *Evangelical Review of Theology* 34, no. 1 (2010): 4.

43 Daryl Balia, and Kirsteen Kim, *Witnessing to Christ Today* (Oxford: Regnum, 2010), 213.

44 Lausanne Committee for World Evangelization, *Manila Manifesto*, http://www.lausanne.org/en/documents/manila-manifesto.html.

45 Lausanne Movement, *Cape Town Commitment*, http://www.lausanne.org/en/documents/ctcommitment.html.

46 Ed Stetzer, and Phil Nation, *The Mission of God: Essays and Letters* (Nashville: LifeWay Press, 2015), 8.

47 Stetzer, and Nation, 8.

48 Stetzer, and Nation, 8.

49 Stetzer, and Nation, 8.

50 Enoch Wan, "The Trinitarian Nature of the Mission of God," in *The Mission of God: Essays and Letters*, ed. Ed Stetzer and Phil Nation (Nashville: LifeWay Press, 2015), 35.

51 Wan, in *The Mission of God: Essays and Letters*, 35.

52 Stroope, 18.

53 Jooseop Keum, *Together Towards Life: Mission and Evangelism in Changing Landscapes* (Geneva: WCC Publications, 2013), 60.

54 Keum, 4.
55 Balia, and Kim, 11.
56 Balia, and Kim, 11.
57 Balia, and Kim, 11.
58 Balia, and Kim, 23.
59 Keum, 17.
60 Balia, and Kim, 15.
61 Balia, and Kim, 128.
62 Bevans, and Schroeder, 4.
63 Pope Francis, *Apostolic Exhortation Evangelii Gaudium* (The Vatican: Vatican Press, 2013), 3.
64 Francis, 19.
65 Francis, 22.
66 Francis, 23.
67 Francis, 27.
68 Cristian Sonea, "*Missio Dei* – the Contemporary Missionary Paradigm and Its Reception in the Eastern Orthodox Missionary Theology," *Review of Ecumenical Studies* 9, no. 1 (2017): 77, https://dx.doi.org/10.1515/ress-2017-0006.
69 Sonea, 90.
70 Sonea, 77.
71 Sonea, 79.
72 Sonea, 81.
73 Kenneth R. Ross, "Understanding Mission Today: Points of Convergence?," *Transformation* 34, no. 4 (2017): 263-65.
74 Ross, 261.
75 Ross, 261.
76 Ross, 262.
77 Ross, 263.

2

선교의 경계 파악하기

서론

과거와 현재의 선교를 관찰하는 것은 선교신학에 대한 우리의 이해를 돕는다. 2장에서 우리는 교회가 하나님의 선교를 인식하고 참여하는 방식의 변화를 파악하고 해석하는 방법인 패러다임 개념을 살펴본다.

1991년에 출간된 데이비드 보쉬의 저서 『변화하는 선교』는, 교회 역사에서 선교 발전의 다른 단계를 언급할 때 '패러다임'이라는 단어가 대중적으로 사용되는 데 기여했다. 보쉬는 패러다임의 출현에는 긴 시간, 심지어 수 세기까지 걸린다고 지적했다. 패러다임이란 본질적으로 고정된 게 아니므로 조정의 과정, 즉 '패러다임 전환'의 과정을 거치게 된다. 패러다임의 변화는 새로운 이해 방식이 기존 방식을 대체하는 현저한 변화가 일어날 때 발생한다.

보쉬는 변화하는 패러다임들 사이에서 선교를 수행하고 있는 현대 교회가 깊은 불확실성과 혼란의 시대를 살아가고 있음을 분명히 깨달았다. 그의 책이 출간된 지 30년이 지난 지금도 우리는 어떤 패러다임의 선교를 경험하고 있는지에 대한 인식과 관련하여 여전히 불확실성과 혼란 속에 살고 있다. 따라서 교회와 선교의 역사적 이정표들을 파악하고 그것이 선교의 미래에 어떤 영향을 미치는지 배울 필요가 있다.

패러다임 정의

패러다임이란 정확히 무엇인가? 미국의 물리학자이자 철학자인 토마스 쿤의 『과학혁명의 구조』는 패러다임과 패러다임 전환에 관한 이론의 권위로 꼽힌다. 쿤은 패러다임을 두 가지 방식으로 정의한다: (1) 그것은 "특정 커뮤니티가 가지고 있는 신념, 가치, 기술 등의 완전한 집합"이며, (2) 새로운 해결책이나 발견의 근거로서 이전에 가지고 있던 규칙을 대체할 수 있는 그 집합의 한 '요소'를 제시한다.[1] 신학자 티모시 라니악은 패러다임과 등가의 용어로 문화 체계 또는 모델, 정신 모델, 스키마, 프레임, 프리즘, 이미지 또는 상징, 암묵적 이론, 표상, 인지 지도, 가정 등을 제시한다.[2] 한 공동체가 특정한 사고방식, 방법론, 틀 또는 기본 세계관을 받아들일 때 패러다임이 발생한다.

패러다임이 개발되면 인간의 관점들을 파악하는 일이나, 사람들이 현실을 인식하고 반응하는 데 영향을 미치는 경험, 신념, 가치관을 설명하는 데 유용한 도구가 된다. 이 책의 취지와 연관된 선교의 패러다임은 다음과 같다:

- 특정 주제에 대한 사고방식의 구성을 위한 준거틀
- 새로운 현실을 관찰하는 렌즈
- 해묵은 주제에 새로운 관점을 부여하는 도구
- 기술, 방법, 절차와 관련된 활동에서 새로운 정의를 내릴 수 있는 학문적 장치

- 선교 역사에서 우리의 위치가 어딘지, 그리고 어떤 선교 관행이 도움이 되거나 변화가 필요한지 경계를 해석하는 데 도움이 되는 렌즈

패러다임 전환

패러다임 전환이란 특정 상황의 기본 개념, 관행, 신념, 방법의 근본적 변화를 의미한다. 패러다임 전환은 중대한 변화나 위기가 발생할 때 시작된다. 기존의 사고방식은 더 이상 유효하지 않고, 현실을 인식하는 새로운 방식이 등장하여 기존의 것을 대체하면서 공동체를 위해 더 합리적인 해결책을 제시한다. 패러다임은 본질적으로 고정된 것이 아니며, 시간이 흐르면서 새로운 이론들이 검증됨에 따라 변화할 수 있다. 새로운 패러다임 안에도 과거의 잔재가 지속될 수 있으므로, 변화의 과정에는 항상 어느 정도의 불확실성과 무질서가 존재하기 마련이다. 패러다임 전환은 수 년 또는 수십 년에 걸쳐 점진적으로 일어나거나, 경우에 따라서는 순식간에 일어날 수도 있다. 쿤은 주로 과학계에 초점을 맞췄지만, 최근에는 패러다임 개념이 인간 경험의 모든 영역을 포괄할 만큼 확장되었다.

『변화하는 선교』를 집필할 당시, 보쉬는 교회가 위기의 시기에 접어들었다고 말했는데, 이는 과거에 이해하던 기존의 기독교왕국(Christendom) 모델이 그가 설명한 새로운 에큐메니칼 모델에 자리를 내어주고 있었기 때문이다. 그는 이 문제가 해결되려면 수십 년이 걸릴 것으로 예측했다. 보쉬는 "이 시대가 당면한 도전의 규모는 거의 20세기에 걸친 교회 역사를 배경으로 바라볼 때만 제대로 이해할 수 있다"고 말했다.[3] 현재의 패러다임은 새로운 패러다임에 대한 질문과 도전을 제기할 수 있으며, 공동체가 새로운 패러다임을 받아들일 때까지 불확실성과 혼란의 시기를 겪을 수 있다.

새로운 패러다임의 신뢰도는 기존 패러다임이 야기한 문제를 해결할 수 있고 새로운 이슈들에 도움이 되는 것으로 검증되면서 발전한다. 새로운 패러다임은 공동체가 그것을 활용하면서 새로운 통찰력을 얻고, 새로운 가능성을 발견하며, 장벽을 극복할 수 있는 잠재력을 확인하게 되면서 신뢰와 인기를 얻게 된다. 새로운 패러다임은 진로 수정의 기회로 간주될 수 있고, 어떤 상황에서는 완전히 방향을 바꿀 수도 있다.

기독교 역사상 패러다임 전환

어느 신학자나 선교학자, 또는 선교단체든 홀로 새로운 패러다임을 만들 수는 없다. 긴 시간이 흐르면서 새로운 패러다임이 등장하고 발전하며 성숙한다. 새로운 패러다임이 신뢰할 만한 것으로 수용되고 기존의 패러다임을 대체하기 전까지는 격렬한 감정적 반발의 대상이 된다. 공동체가 한 패러다임을 거부하고 새로운 패러다임을 받아들이는 근거는 두 패러다임에 대한 비교에 있다.

한스 큉은 패러다임이 "다양한 사회적, 정치적, 교회적, 신학적 요인들의 비범한 복합성 안에서" 어떻게 형성되는지 주목한다. 패러다임은 거기서 자라나고 그 안에서 숙성된다.[4] 교회와 기독교 역사에서 패러다임의 전환기에는 전통에 대한 충성과 미래의 변화에 참여하는 대담함을 특징으로 하는, 연속성과 변화의 동시적 영향력이 작동한다. 거기에는 계속 옛 방식대로 활동하는 참여자들이 있다. 오늘날 그들은 계몽주의 범주 안에서 성장했지만, 동시에 포스트모던 패러다임에서 역할하는 현대의 신학자들일 수 있다. 그 결과, 새로운 패러다임에 대한 이해가 더 명확해질 때까지 기독교왕국 선교 모델을 계속 유지하는, 일종의 "신학적 정신분열증"[5]에 빠진다.

새로운 패러다임이 등장하고 정착해서 표준으로 인식되기까지는 수 세기까지 시간이 걸린다. 그 과정에 큰 불확실성과 혼란의 시기가 뒤따를 수 있다. 기존의 패러다임이 어떻게 변화하기 시작하는지 배우는 것은 선교의 역사와 실천을 해석하는 데 도움이 된다.

선교에 참여하는 교회의 역사적 패러다임들

교회 역사에서 패러다임의 변화가 어떻게 일어났는지 이해하기 위해 예수님, 바울, 초기 교회부터 21세기 초까지 선교의 시대들을 살펴본다. 이러한 역사적 탐구를 위해 사용할 수 있는 옵션에는 연대순으로 추적하는 방법이 포함된다. 다나 로버트는 다음의 세 시대로 분류한다: (1) "그리스도로부터 기독교왕국까지," (2) "지역 언어들과 자원봉사자들, 1450년부터," (3) "열방을 위한 글로벌 네트워킹, 1910년부터."[6] 스티븐 니일은 그리스도의 탄생부터 '1914년 이후'까지 12 시대로 구분한다.[7] 다른 학자들은 주제별 접근 방식을 따른다. 예를 들어, 앤드류 월스는 기독교 신앙의 전승을 문화적 주제를 따라 분류한다.[8] 루스 터커는 핵심 인물들의 발자취를 추적하고,[9] 존 마크 테리와 로버트 갤러거는 선교와 교회의 구조와 운동 중심으로 기술한다.[10]

이러한 방법들도 유효하지만, 우리는 신학자 한스 큉과 데이비드 보쉬가 기독교의 2,000년 역사를 6개의 주요 패러다임으로 나눈 분류를 따르기로 한다.[11] 각 패러다임의 교리적, 교회론적, 사회학적, 정치적, 문화적 요소는 그 시대를 특징지으면서, 기독교가 이해되고 실천되는 방식에 영향을 미쳤다. 또한 보쉬의 패러다임과 겹치는 에드워드 스미더의 여섯 시대를 종종 참고할 것이다.[12] 이러한 패러다임 또는 역사적 형성에 대한 우리의 분류는 예루살렘에서 그리스와 로마를 거쳐 북유럽으로, 그리고 그곳에서 세계의 다른 곳들로 이어지는 서구 중심적 경로를 따른다. 이것이 보쉬가 제시하는 방식이기도 하다.

(1) 초기 기독교 종말론 패러다임(30-100)

초기 유대 기독교 패러다임의 탄생은 신약성경보다 앞선다. 이는 로마 제국과 헬레니즘 문화의 흥왕기, 1세기 기독교, 그리고 예루살렘과 팔레스타인과 메소포타미아에서 유대 기독교가 시작되던 시기에 발생했다. 성경에 기록된 초기 단계에는 주로 예수님과 사도들, 그리고 나중에 바울과 그의 선교단이 이끄는 유대인 종파로서 교회가 시작되었다. 교회는 모든 종족 집단이 그리스도 안에서 길을 찾을 수 있는 통로로 빠르게 확산되었는데, 이는 하나님의 백성이 되고 그 의미를 이해하는 데 놀라운 돌파구가 되었다.

바울은 타문화권 선교 또는 선교사의 훌륭한 본보기를 제시한다. 그의 접근 방식은 매우 뛰어나다. 그는 최소한 이중 문화의 사람인데, 유대인으로서 헬라인들 사이에서 자라면서 히브리어와 헬라어, 그리고 아마도 라틴어까지 구사하는 로마 시민이었다. 그는 도심과 회당, 그리고 하나님을 경외하는 사람들을 대상으로 소수민족인 유대인과 주류 이방인 문화 사이의 가교 역할을 감당했다. 바울의 의도가 전략적이었다기보다, 그의 동족인 유대인을 먼저 만나고 이어서 이방인에게 다가가려는 신학적 접근이었을 것으로 보인다. 다른 사례들도 있다:

- 사도행전 13:49에서 우리는 주님의 말씀이 지역에 퍼지게 된 것이 부분적으로는 바울의 사역을 통해서지만, 대부분은 개별 그리스도인들과 가족 집단들이 기존 사회관계망을 통해 연결되면서 널리 퍼진 사실을 알게 된다. 도심에 세워진 작고 연약한 예배 공동체는, 그 지역 전체가 복음을 들었다는 바울의 주장을 뒷받침했다. 도널드 맥가브란은 복음이 기존의 관계망과 연결선을 따라 소통되는 것으로 묘사했다.[13] 마찬가지로, 사회학자 로드니 스타크는 로마 제

국 전역에 교회가 존재했던 처음 몇 세기를 설명하면서, 교회와 대규모 유대인 디아스포라 사회가 공존한 사실을 밝혔다.[14]

- 로마서 1:8과 데살로니가전서 1:8은 신자들의 믿음이 알려진 세계 곳곳에 어떻게 전해졌는지 설명한다. 신약시대에 복음은 주로 사도행전 13장의 파송 모델이 아닌 다른 방법을 통해 전파되었다. 먼저 유대인에게, 그 다음에 이방인에게 복음을 전하는 바울의 접근은 근대적 전략 개발 관점이 아니라 복음이 먼저 유대인에게 전해진 다음 이방인에게 전해진다는 신학적 패러다임에 따른 것이다. 1세기와 그 이후도 복음은 사회관계망을 통해 확산되었다.
- 사도행전 8:1, 8:4, 11:19-20에 따르면, 디아스포라 유대인들과 하나님을 경외하는 사람들은 여러 지역에 "두루 돌아다니면서 말씀을 전하였다."(8:4, 새번역) 오순절에 선포된 말씀을 듣고 약 3천 명의 사람들이 구원을 받았는데(행 2장), 그들 중 많은 사람들이 복음을 들고 로마 제국 전역의 고향으로 돌아갔을 것이다.
- 성령의 강력한 역사는 하나님의 백성을 감동시켰는데, 그 일은 핍박을 통해서도 일어났다. 사도행전 8:1은 핍박으로 인해 사도들을 제외한 모든 성도가 흩어졌다고 기록한다. 사도행전 16장에 등장하는 바울과 그의 동료들은 모두 '재배치'되었다. 윌리 제임스 제닝스는 사도행전의 이야기가 "항상 … 제자들이 결코 공간이나 식사나 삶을 함께 나누고 싶지 않은 사람들에게 가도록 압박하시는" 성령의 이야기라고 말한다.[15] 타문화 선교를 위한 인간의 조직적 전략은 부재했다.
- 이 시대의 그리스도인들은 자기네 생전에 그리스도의 재림과 종말이 곧 임할 것이라 생각했다. 이는 계시록에 나오는 요한의 환상에서도 분명하게 드러난다: "이것은 예수 그리스도의 계시입니다. 이 계시는 곧 일어나야 할 일들을 그 종들에게 보이시려고 하나님께서 그리스도에게 주신 것입니다. 그런데 그리스도께서는 자기의 천사를 보내셔서 자기의 종 요한에게 이것을 알려 주셨습니다."(계 1:1, 새번역)

우리는 종종 사도행전에 기록된 사도 바울의 사역과 가르침을 통한 과업에 초점을 맞추곤 한다. 여기서 우리는 복음의 본질과 바울의 서신들, 그리고 교회가 하나님의 유대인 백성으로부터 모든 민족을 위한 교회로 언제 어떻게 변화하는지에 대한 핵심적 통찰력을 얻게 된다.

(2) **초기 교회 헬레니즘 패러다임**(1-7세기)

이 시기는 그리스 정교회와 비잔틴 제국 기간과 일치한다. 기독교가 발생지의 경계를 뛰어넘어 확산되고 그 중심이 예루살렘에서 로마로 이동하면서, 기독교는 급속히 '헬레니즘화'되고 '탈유대화'되었다. 매튜 버든은 "지중해 세계는 이런 것을 본 적이 없었다"고 말하는데, 이는 그곳의 특징이 다신론 지역이었기 때문이다.[16] 사람들은 "자기 백성뿐 아니라 모든 사람에게 전적이고 배타적인 충성을 요구하는 신앙"에 직면하게 되었다.[17]

이 두 번째 패러다임은 주교의—궁극적으로는 황제의—통치를 통한 교회의 위계질서를 가져왔다. 또한 기독교 신학을 그리스 철학에 종속시켰는데, 특히 초기 교회 공의회에서 삼위일체와 기독론에 대한 일치된 정의를 내린 것이 가장 대표적인 사례다. 초기 교회가 당면한 도전은 단순한 생존이 아니라 성장이었다.

1세기와 2세기에는 교부들의 **파라도시스**(가르침의 전통)와 초기 공교회, 영지주의(개인의 영적 지식—정통적 가르침보다 우위에 있는 그노시스)의 발흥과 박해가 공존했다.

이집트 알렉산드리아 태생인 오리겐(185-254)과 키프리안(200-258, 카르타고의 주교)을 비롯한 그리스와 라틴 교부들이 당시 지도자로 활동했다. 키프리안은 "우리는 위대한 것을 말하는 것이 아니라 그것을 실천한다"는 기독교 윤리의 기초를 세운 것으로 유명하다. 그는 또한 120개의 교훈이 담긴 교리문서 **아드 퀴리니움** 제3권(240) 저술을 통해 구별된 신앙 공동체를 형성해서 새로운 결신자들의 성경 암기를 통한 교리 교육을 도왔고, 회심의 핵심 범주—믿음, 소속, 행동—를 다뤘다. 거기에는 또한 비폭력, 병자 돌보기, 진정성, 서약 거부, 평등, 평화의 입맞춤(예컨대, 교훈 1: 선행과 자비의 혜택) 등의 주제가 포함됐는데, 각 교훈은 성경 구절로 뒷받침되었다.[18]

터툴리안(155-220)은 초기 기독교 신학에서 중요한 인물이었다. 키프리안처럼 그는 북아프리카 출신으로 "가장 훌륭한 라틴 기독교 신학을 탄생시킨" 인물이었다.[19] 북아프리카 교회의 지도자였던 터툴리안은 가장 일찍 라틴어를 사용한 기독교 작가들 중 한 사람이었다. 그의 글들은 서로마 제국에 기독교 사상을 전파하는 데 기여했고, 신학 분야에서 라틴어의 영향력을 확대했다.

대(大) 안토니우스(251-356)는 이집트의 수도승이자 사막 교부들 중 한 사람이었다. 사막 교부들은 북아프리카의 여러 지역과 광야에서 엄격한 금욕적 생활방식을 고수한 수도원의 한 형태를 구현했다. 일부 수도사들은 인근 지역과 그 너머로 진출하여 "누비아, 수단, 에티오피아에서 아프리카 선교의 성공을 견인했다."[20]

다른 지도자들로 아타나시우스(296-373)와 카파도키아 교부들인 가이사랴의 바실(330-379)과 니사의 그레고리(335-395), 나지안주스의 그레고리(329-389) 등이 있다. 카파도키아 지역(현재 터키)은 사도 바울의 선교사역 당시 초기 기독교 활동의 현장이었다. 카파도키아 교부들은 삼위일체론을 비롯한 초기 기독교 신학을 발전시켰고, 서방 교회와 동방 교회 모두에게 존경받았다.

어거스틴(354-430)도 초기 지도자 중 한 사람이다. 그는 로마 제국이 관할하던 북아프리카(현재 알제리)에서 태어나 카르타고에서 수사학을 공부하는 등 아프리카에서 초기 교육을 받았다. 터툴리안, 어거스틴, 키프리안, 오리겐은 모두 초기 기독교 시대의 서로 다른 시기에 북아프리카에서 살았다.

이 시대의 또 다른 지도자로 그레고리 1세(540-604)가 있다. 그는 영국의 이교도 앵글로색슨족을 기독교로 개종시키기 위해 그레고리안 선교라고도 불리는 로마 최초의 대규모 선교를 이끌었다.

기독교의 확산이 가속화되면서 이 현상에 대한 정치적 관심이 고조되었다. 4세기 중반에 이르러, 로마 황제 콘스탄티누스는 기독교를 국교로 선포했다. 로드니 스타크는 그 무렵 로마 제국 인구의 10%가 기독교인이 되었을 것으로 추정하는데, 교회의 규모가 놀라울 정도로 성장한 셈이다.[21] 콘스탄티누스 대제(재위: 306-337)는 로마 제국에서 기독교에 대한 관용을 선언한 밀라노 칙령(313)의 선포에 큰 영향력을 발휘했다. 그는 325년 제1차 니케아 공의회를 소집하여, 성자 하나님의 신성과 성부 하나님과의 관계를 정립하기 위한 기독교 신앙고백(니케아 신조)을 만들었다. 그의 명령에 따라 예수의 무덤으로 추정되는 예루살렘의 장소에 성묘 교회가 세워져 기독교 세계에서 가장 성스러운 곳이 되었다. 콘스탄티누스는 역사상 '최초의 기독교 황제'로 불렸는데, 실제로 그는 교회를 우대하여 제왕적 권력과 연대를 부여함으로써 교회와 그 구성원들의 특별한 지위를 가리키는 '기독교왕국'이라는 용어가 생겨났다. 그는 임종 직전에 기독교로 개종했다.

로마 제국 역사가 램지 맥멀런은 교회의 비범한 성장을 검토하면서 콘스탄티누스가 개종하기 전까지 능력은 주로 기적에 있었다고 말한다.[22] 초기 기독교인들은 기적을 통해 하나님의 임재를 보여주었고, 그것이 사람들의 관심을 끌었다. 세속 역사가로서 맥멀런은 20세기(현재 21세기) 관점으로 과거를 판단하지 말고 당시의 세계관을 받아들여야 한다고 경고한다. 이어서 그는 기적의 힘이 국가의 힘으로 바뀌면서 5세기부터 9세기까지 국가가 기독교를 강요한 문제를 언급한다.

마이클 그린은 이 개념을 탐구하면서 전도와 변증을 핵심 요소로 보았다. 초기 교회는 적극적으로 신앙을 전하면서, 그리스도를 따르는 것이 왜 옳은지 설명하고 교회에 대한 비난을 반박하는 변증 자료를 만들어 제공했다는 것이다. 그러나 앨런 크라이더는 그의 저서 『초기 교회와 인내의 발효』에서 첫 4세기의 교회 문서에서 전도와 변증이 교회 성장의 전략이었다는 어떤 논거나 주장도 찾아볼 수 없고, 실제 상황은 매우 달랐다고 지적한다.[23] 다소 아이러니하게도, 그는 초기 교회의 전도와 변증에 관해 알려진 최초의 논거는 20세기에 나온 마이클 그린의 논문이라고 말한다. 그렇다면, 크라이더는 자신의 연구를 통해 초기 교회의 극적인 확산을 어떻게 설명하는가? 그것은 모두 제자도의 질로 귀결된다. 당시 그리스도인들은 달랐다. 그들은 반문화 공동체로서 다르게 살았는데, 그게 얼마나 강력하고 매력적이었던지 뚜렷한 성장 전략의 부재에도 불구하고 신실한 제자도를 통해 교회가 성장했다.

동방 교회의 이야기는 서방 교회의 경우와 다르다. 기독교가 3-4세기에 페르시아, 아르메니아, 조지아 등 동쪽으로 확장되면서 수도사 선교사와 이주민 등 다양한 요소들이 등장했다. 교회가 파송한 경우도 더러 있었지만 대부분 이주민들이었는데, 노예로 끌려가 새로운 땅에 복음이 확산된 사례들도 있었다. 또한 성경을 토착언어들로 번역한 것도 큰 의미가 있었다. 3세기 중반, 이집트인을 위한 콥트어 번역본이 제작되었다. 이집트의 다른 지역에서도 성경이 번역되었는데, 콥트어 방언인 사히드어(Sahidic)와 보해르어(Bohairic) 번역본이 그것이다. 여러 학자들에 의해 아르메니아어로 번역된 사본들을 5세기 초에 집대성한 메스로프 마슈토츠는 아르메니아어 성경 번역자로 인정받았다. 9세기 후반, 메쏘디우스와 키릴은 슬라브 언어들로 성경을 번역하는 작업을 했다.

마이클 그린은, "광활한 로마 제국의 변방에 머물던 소수의 남녀 무리가 불과 몇 세대만에 세계적인 신앙집단"으로 성장할 만큼 초기 교회는 전도를 강조했다고 주장한다.[24] 앨런 크라이더는 초기 신자들이 예수님의 '제자로 부르심'을 진지하게 받아들였다고 지적한다.[25] 여기에는 사도 바울도 포함되는데, 그는 "죄악된 생활 방식에 대해 죽는 것을 수반하는 회심의 대가와 더불어, 새 주인 아래서 '의에게 종'(롬 6:18)이 되는 거듭난 삶의 보상을 극적으로 묘사했다. 회심은 변화를 의미했다."[26] 그리스도를 닮는 '다른 삶'의 모습에 세상 사람들은 "그리스도인들의 행동에 동기를 부여하는 하나님을 … 기이하게 여겼다."[27]

기독교가 어떻게 인도에 전파되었는지는 불분명한 면이 있지만, 아마도 3세기 사산조(Sassanid) 페르시아 통치자들의 박해를 피해 기독교 신자들이 복음을 들고 인도로 건너간 것으로 추정된다. 그 이전인 1세기 초, 사도 도마가 인도 서부 해안의 말라바에 가서 복음을 전해 교회가 설립되었다. 1600년대 초 포르투갈인들이 인도에 도착했을 때, 56년 토마스에 뿌리를 둔 '말라카라 마르 토마(Malankara Mar Thoma) 시리아 교회'라는 기독교인 집단을 발견했다.

성서 시대 이후 기독교가 에티오피아에 전해진 것은 페니시아 출신 프루멘티우스와 에데수스 두 형제의 난파선 사건 때문이었다. 이들은 난파되어 동아프리카 해안에서 투옥되었지만, 신앙을 나누면서 이내 현지 왕의 총애를 받았다. 그 후 그들은 기독 상인단을 조직하고 기독교 공동체를 시작했다. 프루멘티우스는 325년경 악숨에서 초대 주교를 지냈는데, 지금도 에티오피아 정교회의 중심 인물로 여겨지고 있다.

300-500년 켈트 시대에는 수도원과 수도사들이 초기 교회와 유사한 초점의 기독교 공동체를 형성했다. 이 시기에 수도원은 복음 전파에 매우 중요한 역할을 했다. 수도사들은 다른 수도사들을 파송했는데, 이들은 새로운 기독교 수도원 공동체 설립을 위해 고향을 떠나 새로운 땅으로 이주했다. 학자들은 켈트족 운동이 선교나 복음화만큼 내려놓는 행위였다고 지적한다.[28] 스트루프는 현대 선교의 관점으로 당시 켈트족이 했던 일을 읽어낼 수 없다고 말한다.[29] 그들의 공동체는 학습, 훈련, 기도, 제자도, 치유, 지역사회 섬김과 차세대 파송 집단 양성의 장소로 만들어졌다. 그 공동체는 사람들이 기독교 신앙을 접하고 그리스도를 따르기 시작하는 매력적인 장소가 되었는데, 정교회 선교와 유사한 점이 있었다. 예를 들어, 동방 정교회

공동체의 창시자 중 하나인 요한 크리소스톰은 선교와 수도원은 반드시 함께 가야 한다고 말했다. 수도원과 선교의 강력한 한 쌍은 선교가 공동체를 매체로 진행되어야 한다는 교훈을 준다.

에드워드 스미더는 이 시대가 "무명의 순회 전도자들이 문화를 뛰어넘어 복음을 전하도록" 보냄 받은 것이 특징인 '초기 교회의 선교'라고 일컫는다.[30] 앨런 크라이더는 이러한 초기 교회의 성장을 "양조 중이지만 어느 누구의 통제 아래에도 있지 않은" 하나님의 '인내의 발효'였다고 설명한다. "그것은 기획-조정되지 않았고, 예측할 수 없었으며, 멈출 수 없어 보였다." 초기 그리스도인들의 신앙은 "해묵은 문화적, 종교적 관습에 불만인 사람들에게 매력적이었고, 그들을 그리스도 안의 새로운 삶으로 끌어들였다."[31] 카를로스 카르도자-오를란디와 후스토 곤살레스도 이 패러다임의 선교 방식은 특별한 공식적 선교 전략을 보여주지 않는다고 지적한다:

> 이러한 방법은 다양한 정황과 장소에서 믿음을 나누려는 진지한 관심을 드러내는데, 주로 각 집단이나 사회의 문화적, 사회적 구조를 소통의 통로로 활용한다. 이 시대의 가장 주목할 만한 특징 중 하나는 '선교사', 즉 교회가 다른 곳에서 신앙을 가르치기 위해 파송한 사람이 거의 없다는 사실이다… 아마도 위의 모든 것은, 진정한 선교적 교회는 선교사의 어깨에 선교적 책임을 전가하거나 선교 활동을 특정 시점으로 제한하기보다 스스로를 선교적 부르심의 도구로 이해했음을 보여주는 사례일 것이다.[32]

설교와 예배는 회심의 주요 방편이 아니었다. 이 시대에는 오늘날과 같은 공식적 선교 전략이 없었다. 한두 가지 예외를 제외하면, 기성 교회는 선교적 확산과 거의 관련이 없었다.

(3) 중세 로마 가톨릭 패러다임(8-15세기)

중세라고도 알려진 이 시대의 특징은 기독교의 라틴화다. 에드워드 스미더는 이때를 "중세 교회의 선교" 시대로 불렀다.[33] 성경이 기독교 언어이던 그리스어에서 라틴어로 번역되면서 교회에 영향을 미쳤다. 이 시대에 복음이 "스칸디나비아, 동유럽과 러시아, 중동, 북아프리카, 중앙아시아 등 새로운 지역에 도달하면서 서유럽의 나머지 지역으로" 확장되었다.[34]

교황 그레고리 7세의 '그레고리 개혁'(1050-1080)의 결과, 교회의 지도력이 교황과 교황청으로 중앙집권화되었다. 로마의 주교는 다른 모든 주교들이나 황제보다 우위를 점하게 되었다. 이로 인해 교황 이노슨트 3세(1198-1216)는 가장 강력하고 영향력 있는 중세 교황들 중 하나로서 유럽의 기독교 국가들에 대한 권위를 행사하고 유럽의 모든 왕들 위에 군림했다. 중세 시대 내내 라틴 교회는 지배적 형태의 기독교로 부상했다. 히포의 어거스틴은 이 시대를 대표하는 인물이며, 토마스 아퀴나스도 큰 영향력을 미쳤다. 이들을 포함한 당시 교회 지도자들은 "기독교 문명을 창조하고, 성경의 가르침과 일치하는 법을 제정하며, 왕과 황제를 기독교 제자도의 명백한 의무 아래 두려" 노력했다.[35] 북아프리카는 로마 제국 서부에서 가장 큰 기독교 공동체들 중 하나였다. 그러나 불과 2세기 만에 그곳의 기독교는 "무슬림의 침략으로 … 쇠퇴하고 거의 대부분 사라졌다."[36]

십자군 전쟁은 이 시대와 관련된 역사의 주요 부분이다. 교황 우르반 2세는 1095년 클레르몽 공의회에서 셀주크 투르크의 예루살렘 점령에 맞서기 위해 비잔틴 황제 알렉시오스를 군사적으로 지원하려는 첫 번째 십자군 원정을 주문했다. 1099년 7월 15일, "라틴 서부 전역에서 소집된 수많은 전사들"이 순례자들에게 익숙한 길을 따라 예루살렘에 도착하여 "성벽을 공격했다. 도시는 그들의 것이었다." 톰 홀랜드는 그들이 "그리스도의 무덤에 모여 믿기지 않는 기쁨으로 하나님께 찬양을 올렸다. 수 세기에 걸친 사라

센의 통치 끝에 마침내 예루살렘은 다시 기독교 도성이 되었다"고 말한다.[37] 유럽과 성지의 종교 전쟁인 십자군 전쟁은 참전 용사들에게 죄사함 받는 참회의 기회를 제공하는 등의 종교적 동기부터 기독교왕국의 영토 확장을 포함한 정치적 동기까지 다양한 동인으로 사실상 1699년까지 계속되었다.

* * *

역자 주: 일반적으로 십자군 전쟁은 11세기 말부터 13세기 말까지 약 200년간 7회 또는 8회에 걸쳐 진행된 것으로 알려져 있는데, 이 책의 저자 커크 프랭클린은 17세기 말까지 지속되었다는 학설을 택했다. 역자의 요청에 따라, 그는 근거를 다음과 같이 부연했다.

- 많은 현대 역사가들은 십자군 전쟁이 17세기까지 연장되었고, 1699년쯤에야 실효적으로 끝났다는 데 동의한다. 십자군 전쟁에 관한 대표적 역사학자인 조나단 라일리-스미스는 십자군 전쟁이 '17세기에 감소'되기 시작하여 1684-1699년의 신성동맹(Holy League)이 '마지막 십자군 동맹'이었다고 말한다.
- 유사하게, 후기 십자군 전쟁 역사가인 노먼 하우슬리는 교황청에 의한 십자군적 선전과 맹세 및 면벌부가 1600년대까지 지속된 자료를 제시하면서, 그 사례로 크레타 섬을 둘러싼 오스만-베네치아 전쟁과 1683년의 비엔나 침공, 그리고 1684-1697년의 신성동맹을 든다. 하우슬리는 '그 이후 지속되는 역사'에서도 십자군적 사고방식과 수사의 사례를 추적할 수 있겠지만, 18세기 초에 이르러 그 운동성은 명을 다했다고 강조한다. 다시 말해서, 1699년은 십자군 시대를 종결하는 의미 있는 이정표라는 데 학자들이 동의한다.
- 카를로비츠 조약 이후 십자군 운동은 시대착오적 개념이 되었다. 오스만의 '위협'은 더 이상 기독교왕국을 선동할 만큼 심각하지 않았고, 유럽의 전쟁은 갈수록 범기독교적 이상 때문이 아니라 세속 국가의 이해관계로 발발했다.
- 1699년 이후에도 십자군 전쟁의 메아리—예를 들면, 후기 오스만-베네치아 전쟁(1714-1718) 중 교황 클레멘트 11세가 추구한 신성동맹, 또는 후대에 갈등이 발생할 때마다 회자된 십자군 수사—가 종종 울려 퍼진 사실을 기억할 필요는 있다. 그러나 18세기 이래 어떤 시도도 실제 십자군 전쟁을 방불하는 교황청의 재가나 범기독교계 연합을 일궈내지는 못했다.

- 18세기에 이르러 계몽주의 시대의 도래와 정치적 현실의 변화로 십자군의 운동성이 종료되었다. 정리하자면, 교황청의 재가를 받은 고전적 십자군 전쟁은 사실상 17세기 말까지 지속되었고, 오스만과 전쟁에서 신성동맹이 승리한 1699년에 실효적으로 끝났다는 게 학계의 정설이다. 한 역사가의 말대로, "1684년부터 1697년까지 진행된 신성동맹이 마지막 대규모 십자군 동맹"으로, 1096년 첫 십자군 원정으로 시작된 해묵은 전통을 마감했다. 라일리-스미스, 하우슬리, 타이어만 등 역사학자들의 주장과 역사적 문서들은 이 시간표, 즉 1699년에 이르러 600년 이상 지속된 십자군 전쟁이 대단원의 막을 내렸다는 사실과 일치한다.

* * *

1054년의 '동서 교회 대분열'은 이전 수 세기에 걸쳐 켜켜이 쌓인 신학적, 정치적 차이가 절정에 달하면서 지금의 로마 가톨릭 교회와 동방 정교회 간의 하나됨이 깨진 사건이었다. 이 중대 변화는 이후 수 세기와 현재에 이르기까지 백성들과 국가들 및 정치권 형성에 영향을 미치게 된다.

권력과 통제에 대한 중세 가톨릭 교회의 열정과 욕망은 역사적 악명을 떨친 12세기 종교재판으로 이어졌다. 프랑스에서 시작된 종교재판은 가톨릭 교회 산하기관의 주도 아래 교회 내 이단 척결을 목표로 진행되었다. 이단으로 지목된 사람들의 자백을 이끌어내기 위해 고문과 폭력이 사용되었다.

르네상스는 14세기부터 17세기까지 유럽에서 일어났다. 476년 로마의 멸망 이후 문화, 예술, 경제의 새로운 탄생을 꿈꾸며 예술과 문학에 대한 높은 관심을 드러낸 이 운동은 16세기까지 이어진 중세 시대의 시작을 알렸다. "더 낫고 유망하며 희망적인 것을 위해 낡은 방식과 신념은 버려지고 파기되었다… 중세의 상징적 인물들을 대체한 실제 인물들의 초상 … 교회를 포함한 문화의 모든 부분이 바뀌었다."[38]

스콜라 철학은 기독교 수도원과 밀접한 관련이 있는 중세 철학의 한 형태로 등장하여 초기 유럽 대학의 기초가 되었다. 중세 최고의 철학자로 꼽히며 철학과 신학을 통합한 저서들을 남긴 보나벤츄어(1221-1274)가 초기 스콜라 철학을 주도했다.

이 시대를 암흑기라고도 하는데, 특히 서기 1000년까지를 가리킨다. 그렇게 불린 이유는, 로마 제국의 붕괴와 더불어 "야만적이고 미개한 무리로 여겨지던 고트족, 무슬림, 그리고 후에 바이킹의 침략이 빈번해졌기 때문이다."[39] 이 시기 선교의 특징은 일부 통치자들이 백성에게 기독교를 강요한 무질서였는데, 동시에 성경적 선교의 동기에 충실한 선교사들도 있었다. 이 헌신적인 하나님의 종들은 중세 시대에 교회의 일부를 건강하게 지키는 데 결정적 역할을 감당했다.

주후 1500년 이전의 역사를 탐구한 제후 한실스는, 기독교가 주로 "이주자들, 즉 이국 땅에서 이방인과 외부자로 살아가던 개인들 및 공동체의 역할과 활동을 통해" 성장했다고 결론짓는다.[40]

(4) **종교개혁 개신교 패러다임**(16세기)

이 시기까지 지속되던 **파드로아도**(*Padroado*) 이념, 즉 교황청과 포르투갈 간의 협정은 포르투갈을 기점으로 "기독교 확산의 방식을 형성한 십자가와 왕관 사이의 친밀한 관계"를 통해 15-18세기 유럽의 식민지 확장의 기초가 되었다.[41]

16세기 서구 교회에서 일어난 하나님의 말씀과 무오성에 대한 분열은 종교개혁으로 이어지는 전환점이 되었다. 종교개혁 정통성의 다섯 기둥은 오직 성경(*sola Scriptura*), 오직 은혜(*sola gratia*), 오직 믿음(*sola fide*), 오직 그리스도(*solus Christus*), 오직 하나님께 영광(*soli Deo gloria*)이었는데, 그중 오직 믿음으로만 의롭게 된다는 교리를 드러내는 선언이 오직 믿음(*sola fide*)이었다. 개인의 경건과 덕스러운 그리스도인의 삶을 강조하는 성경 교리 및 개혁주의 신학과 실천에 초점을 맞춘 경건주의가 태동했다.

개신교 종교개혁에 대응하기 위해 로마 가톨릭 교회는 1545-63년 세 차례에 걸쳐 트렌트 공의회를 열었다. 교황 바오로 3세가 주도한 이 회의는 '역(逆) 종교개혁'으로 알려지게 되었다. 공의회는 개신교 지지자들이 저지른 이단을 규정하고, 성경과 라틴 벌게이트 역본을 공식 텍스트로 지정한 정경, 성스러운 전통, 원죄, 칭의, 구원, 성례, 미사, 성인 숭배 등 교회의 교리와 가르침을 정리했다.

종교개혁 시대의 지도자로는 마르틴 루터, 울리히 츠빙글리, 요한 칼뱅, 토마스 크랜머, 토마스 크롬웰 등이 있다. 크랜머는 영국 교회가 교황청과 분리된 원인 중 하나인 헨리 8세와 캐서린의 결혼을 무효화하기 위한 소송의 제기에 도움을 주었다. 크롬웰은 왕이 자기 통치권에 속한 교회의 주권자로 간주되는 왕권주의를 지지했다.

개혁자들은 "전통과 그 제도적 권위를 성경의 수준으로 끌어올린" 성직자들에 맞서 싸웠다.[42] 마르틴 루터와 개혁자들의 결단은 "오직 하나님의 영광을 위한 올바른 이유로 올바른 일을 하려는" 열정으로 특징지을 수 있다.[43]

개신교의 출현은 "지속 가능한 세계 선교 운동으로 이어지지는 못했다."[44] 개신교 선교는 1700년대 모라비안들을 통해 시작되었다. 원래 보헤미아 왕국(체코 왕국) 출신인 그들은 전쟁과 박해와 고통을 경험하면서 진젠도르프 백작의 영지인 헤른후트에서 피난처를 찾았다. 그들의 영적 지도자가 된 진젠도르프 백작은 경건주의의 영향을 받아 그리스도에 대한 깊은 체험이 있었다. 1732년, 모라비안들은 자비량 선교사로 산지사방으로 흩어지기 시작했다. 에드워드 스미더는 "약 60명 당 한 명에 해당하는 높은 비율의 모라비안들이 타문화 선교사로 섬겼다"고 말한다.[45]

(5) 계몽주의 근대 패러다임(17-19세기)

'이성의 시대'라고도 불리는 17-18세기는 이상주의와 인본주의로 인식되는 18세기 계몽주의 시대를 열었다. 계몽주의는 지식의 핵심 원천인 이성, 그리고 감각의 증거에 중점을 두었다. 그 비전은 자유, 진보, 관용, 입헌 정부, 정교 분리의 이상을 발전시키는 것이었다.

인간의 노력에 한계가 있다는 생각은 사라지고 낙관론이 지배했다. "담대하게 온 땅을 점령하고 정복할 수 있다"는 생각이 퍼졌다.[46] 스티븐 니일이 관찰했듯, "기독교는 서구의 명성과 힘의 물결을 타고 전진했다."[47] 이것은 하나님이 세상을 더 나은 곳으로 만드는 책임을 선택된 민족에게 맡겼다는 '명징한 숙명'(Manifest Destiny) 관점으로 이어졌다. 그 결과, 보쉬는 "때가 되면 민족주의 정신이 선교 이데올로기에 흡수되어 특정 국가의 기독교인들이 선교 사업을 통해 하나님 나라의 진보에 특별한 역할을 수행한다는 확신으로 이어질 것을 예측할 수밖에 없었다"고 말했다.[48]

'명징한 숙명' 개념의 부상은 "하나님이 세상에서 자신의 목적을 달성하기 위해 특정 (앵글로색슨) 백성을 그들의 독특성이나 우수한 자질 때문에 선택하셨다는 믿음"을 갖게 했고, 그 결과 인종적 우월성과 영토 침략 또는 식민지 확장의 강력한 조합이 뒤따르게 되었다.[49] 마찬가지로, 자국의 해외 "영토 소유가 하나님의 섭리와 목적을 반영한다"고 믿었던 19세기 영국 복음주의자들의 '신적 섭리' 개념도 있었다.[50] 이와 관련된 '백인의 부담' 사상으로 근대 서구 문화가 세계의 문화가 되어야 한다고 주장했는데, 이는 전자가 "후자의 유익을 위해 그들에 대한 지배권을 행사할 운명"이었기 때문이다.[51] 오랜 세월 동안 이러한 이론들은 교회와 선교에서 때로는 노골적으로, 때로는 무의식적으로 큰 영향을 미쳤다. 그러나 교회가 서구 기독교왕국 바깥에서 더 빠르게 성장하고, "아프리카 종교 문화와 중국 유교 문화 속으로 진입한 후 각 맥락에서 현지 문화가 재구성되면서" 이러한 이념도 흔들

리게 된다.[52]

이 시대에 새로운 아이디어가 번성하기에 적합한 분위기가 조성되었다. 급진적이고 창의적이며 독립적인 사고는 군주제와 교회의 권위를 약화시키기 시작했고, 역사적으로 가장 주목할 만한 두 가지 혁명을 포함한 정치 혁명의 길을 열었다. 미국 혁명은 대영제국에 대한 식민지 반란에서 비롯되어 연방 정부를 갖춘 새로운 국가를 탄생시켰다. 군주제를 전복하고 최초의 프랑스 공화국을 세운 프랑스 혁명은 지속적인 혼란의 결과 나폴레옹의 독재로 이어졌다.

르네상스 말기에는 니콜라우스 코페르니쿠스, 갈릴레오 갈릴레이, 크리스티안 후이겐스, 아이작 뉴턴이 이끄는 근대 과학의 출현을 알리는 사건들과 함께 또 다른 유형의 혁명이 진행되었다. 수학, 물리학, 천문학, 생물학, 인체 해부학, 화학 분야의 새로운 발전은 자연에 대한 사회의 관점을 변화시켰다.

또한 산업혁명을 낳은 산업화를 비롯해 민주화, 민족주의, 자유주의, 사회주의도 증가했다. 대규모 제조 및 기술 전문성은 산업혁명에 크게 기여하면서 상업적으로 지속 가능한 결과를 낳았다. 민주화는 모든 사람에게 정치적이고 사회적인 평등을 제공하고자 했다. 민족주의는 자주독립국 형성의 기대감을 높여주었다. 자유주의는 자유, 피지배자의 동의, 법 앞의 평등, 자유시장과 무역, 제한된 정부, 개인의 권리, 자본주의, 민주주의, 언론의 자유를 바탕으로 한 정치적이고 도덕적인 철학이었다. 이와 대조적으로, 사회주의는 경제 및 사회 시스템의 사회적 소유에 관한 것이었다.

에드워드 스미더는 "찰스 다윈의 종의 기원 이론에 영향을 받은 다윈주의와 성경적 고등비평 등 생각의 변화로 많은 그리스도인들이 자유주의 신학을 수용하게 되었다. 그들은 성경의 역사적 가르침과 … 그리스도는 하나님께 이르는 유일한 길이라는 기독교의 배타적 주장을 거부했다"고 말한다.[53] 고등비평의 발전은, 계몽주의와 개신교 기독교를 버무린 독일의 신학자이자 철학자, 성서학자인 프리드리히 슐라이에르마허의 연구에 의해 주도되었다. 그 결과, 그는 해석학 및 자유주의 신학의 아버지로 알려지게 되었다. 선교신학에 미친 영향은 "기독교 선교를 전적으로 인간의 사회적 필요에 초점을 맞춰 재정의하는 것"이었다. "인류의 선함을 강조함으로써 일부 선교사들은 더 이상 믿지 않는 사람들에게 회개하고 복음을 믿으라고 도전하지 않고 온전한 인간성을 추구하게 되었다."[54]

대부분의 학자들은 유럽의 식민지 확장, 문명화, 기독교화가 진행된 이 시대를 오늘날 우리가 이해하는 선교가 발전하기 시작한 시기로 간주한다. 이 시기는 다음과 같은 토대들 위에 세워졌다:

- 1452년과 1455년에 교황 니콜라스 5세가 반포한 칙령—도덕적, 법적 틀—은 포르투갈과 스페인에게 새로운 땅을 정복하고 복음화할 권리와 비기독교인을 노예로 삼을 권한을 부여했다.
- 교황 알렉산더 6세는 1493년에 반포한 칙령을 통해 유럽 밖에서 새로 발견한 땅을 스페인과 포르투갈에 분할했다. 그는 피정복 주민을 개종하는 조건으로 '신세계'에 군대를 보내 식민화할 권한을 승인했다.
- 1540년 로욜라의 이냐시오가 예수회를 창설하면서 로마 가톨릭 역종교개혁 시대의 전도가 시작되었다. 1626년까지 그들은 15,000명의 회원(모두 남성)과 440개의 대학을 보유하게 되었다.
- 기독교 초기부터 선교적 특징으로 이어진 '문화화'는 선교사들이 사역 대상의 언어와 문화, 가치관, 세계관을 습득하도록 장려했다.

개신교회는 종교개혁 이후 약 200년이 지난 시점인 18세기에 비로소 선교에 본격적으로 참여하기 시작했다. 선교의 수단은 1795년 설립된 런던선교회(LMS)와 1799년 시작된 교회선교회(CMS) 등 1780년대부터 본격화된 자발적 선교회였는데, 그 모델은 무역회사 개념이었다.

근대 선교운동—"발명된 전통, 수사적 문구"[55]—의 탄생은 일반적으로 영국의 윌리엄 캐리(1761-1834)와 '이교도 복음 전파를 위한 침례선교회'의 설립으로 알려져 있다. 캐리는 '근대 선교운동의 헌장'으로 여겨지는 "이방인들 사이에서 복음 전파를 위한 수단을 사용하는 기독교인의 의무에 관한 조사"(1792)를 저술했다.[56] 마태복음 28:18-20에 근거한 캐리의 논문은 주님이 제자들에게 주신 위임령이 여전히 구속력이 있는지 확인하고, 선교에서 더 많은 일의 실천 가능성을 검토하며, 그에 대한 그리스도인의 의무를 논하는 것이었다. 이 소책자는 미국과 영국의 기독교인들에게 '대위임령'을 이행하도록 동기를 부여하는 촉매제 역할을 감당했다. 앤드류 월스는 "특정한 목적을 달성하기 위한 효율적 수단, 즉 해외에서 기독교를 선포하고 섬길 목적으로 사람들을 파송하고 준비시키며 그들의 사역에 대한 '국내'의 관심과 지원을 동원하기" 위해 선교단체를 결성하는 일에 캐리의 견해가 어떻게 작동했는지 설명한다.[57]

해외 선교를 위한 '학생 자원자 운동'은 1886년 미국에서 설립되어 빠르게 성장하는 성서 기관 및 비교파적 또는 초교파적 믿음선교단체와 결합했다. 이들은 마태복음 28:18-20을 대위임령의 본문으로 삼고 마태복음 24:14 및 마가복음 16:15의 영향을 받아 복음 선포를 포함한 기독교 신앙의 역사적 유산을 강조했다.

서구 선교의 다른 '위인들'에는 다음 인물들이 포함된다:

- 아도니람 저드슨(1788-1850), 버마
- 로버트 모리슨(1782-1834), 중국
- 로버트 모팻(1795-1883), 남아프리카
- 데이비드 리빙스톤(1813-1873), 아프리카의 '선교 탐험가'와 의료 선교사
- 존 게디(1815-1872), 뉴 헤브리데스(바누아투)
- 헨리 마틴(1781-1812), 중동
- 허드슨 테일러(1832-1905), 중국
- 샬럿 딕스 (로티) 문(1840-1912), 중국

선교 이론가들인 영국 교회선교회의 헨리 벤(1796-1873)과 미국 해외선교 위원회의 루퍼스 앤더슨(1796-1880)은 "선교의 주요 목표와 이를 달성하기 위한 가장 효과적인 수단을 명시하고자 노력했다."[58] 결국 두 사람은 "자급, 자치, 자전하는 '3자' 교회 개척의 필요성"에 동의함으로써 "그들의 생각을 조화시켰다."[59] 존 네비우스(1829-1893)는 중국에서 사역한 경험을 바탕으로 앤더슨과 벤의 연구를 참조하여 네비우스 플랜이라는 원칙을 개발했다. 성공회 외국복음전파선교회(SPGFP) 소속으로 중국에서 활동한 롤랜드 앨런(1868-1947)은 1912년 『바울의 선교방법론』을 저술했다. 네비우스처럼 그는 교회 개척을 위한 다섯 가지 원칙을 제시했는데, 특히 "선교에서 성령의 역할을 일관되게 강조하고, 선교사들에게 성령께서 교회를 발전시키실 것을 믿고 주로 순회 교회 개척에 힘쓰도록 격려한" 점이 돋보인다.[60]

개신교 선교운동은 선교적 대의를 위해 고국을 떠나 비범한 희생을 치른 평범한 사람들이 주도했다. 그 과정에서 그들은 종종 유럽의 식민지 확장과 불편하고 복잡한 관계에 놓이기도 했다. 이 선교사들은 교육과 보건, 농업, 빈곤 퇴치 등 많은 사역을 주도했다. 그들은 문명과 함께 긍휼과 섬김을 제공했다.

허버트 케인과 앤드류 포터는 "비영어권의 덜 알려진 다른 인물들, 즉 [남인도에서 사역한 독일 선교사] 바르톨로모이스 지겐발그(1683-1719)와 하인리히 플뤼차우(1677-1752) 및 모라비안 공동체[1730년대]를 현대 선교 운동의 선두에 세워야 한다"고 주장한다.[61] 비서구 선교의 '위인들' 중에는 나이지리아 출신으로 거기서 활동한 사무엘 (아자이) 크로우더(1807-1891)가 있다. 그 외에도 전 세계에서 온 다른 선교사들이 있는데, 그들 중 상당수는 고국과 그들이 봉사한 나라에 큰 영향을 미쳤다. 영어권 사역자들에 비해 덜 알려졌기 때문에, 그들은 종종 이 중요한 운동의 참여자로 주목받지 못하는 경향이 있다.

(6) 현대 에큐메니칼 패러다임(20-21세기 초)

역사학자 앤드류 월스는 이 시대에 기독교 신앙의 확장에 기여한 두 가지 동시다발적 접근 방식을 "십자군 모드와 선교 모드"로 분류했다.[62] 전자는 하나님의 선교를 군사적 정복과 그에 따른 영토 확장에 비기면서 선교 활동을 식민지 기독교왕국 정권과 연계시켰다. 기독교는 우월한 신앙이므로, 필경 모든 종족집단들이 기독교화될 것으로 여겼다. 후자는 선교사들이 복음을 선포하고 그들의 신앙 안에서 새롭게 제자 삼을 추종자를 성실하고 진실되게 찾을 때 발생했다. 두 접근 방식 사이의 경계는 종종 모호했다. 이 패러다임에 대한 다음 개요는 그 일부가 어떻게 전개되었는지 보여준다.

1) 선교의 국제화를 위한 서구의 선교 지도력

유명한 에딘버러 세계선교대회(1910)와 함께 20세기 선교시대가 열렸다. 강력한 힘을 가진 서구 선교가 부각되면서, 전 세계로 확산하는 기독교의 승리로 인해 다른 세계 종교들이 금명간 사라질 거라는 기대가 이 대회의 분위기를 대변했다. 세계 복음화를 위한 논의와 계획의 현장에는 눈에 띄게 낙관적인 사고가 흐르고 있었다. 대위임령은 "교회와 선교부가 해석하고 수행하는 방식의 자유를 허용하는, 교회의 신앙과 삶의 내적 원리"로 자리잡았다.[63] "기독교는 상승하면서 승승장구하는 것처럼 보였다."[64] 대회 참석자들은 가까운 미래에 전 세계가 '복음화될'(reached) 수 있는 포괄적 계획을 수립하고 시도할 책임이 있었다.[65] 하나님의 선교를 완수하는 것이 세계 정복의 징표가 될 것이라는 지배적 분위기에 따라, 십자군이나 정복, 진격과 같은 군사적 은유를 사용한 용어와 전략, 계획 등 정복적 언어가 대회장 곳곳에 울려 퍼졌다.

그러나 당시의 낙관적 분위기는 이어지는 재난에 직면하면서 오래가지 못했다:

- 제1차 세계대전(1914-1918): 연합국과 중앙 강대국 간의 충돌로 미국을 비롯하여 서방세계의 다른 지역을 포함한 유럽 전역을 휩쓸었다.
- 1917년 러시아 혁명 이후 마르크스주의 공산체제가 급속히 확산되었다.
- 스페인 독감(H1N1 바이러스, 1918)으로 5억 명이 감염되고 최소 1,700만 명에서 최대 5,000만 명의 사망자가 발생했다.
- 1929년 10월 29일의 주식시장 붕괴로 촉발된 대공황(1929-1933)은 이후 10년 동안 다른 서방 국가들로 급속히 퍼져갔다.
- 제2차 세계대전(1939-1945)은 연합국과 추축국이라는 두 개의 대립적 군사집단으로 나뉜 강대국들의 전쟁이었다. 전성기에는 1억 명이 넘는 사람들이 군대에 복무했다. 프랑스, 독일, 일본, 러시아 등의 나라들이 새로운 영토를 정복하면서 일시적으로나마 세계지도가 다시 그려졌다. 제2차 세계대전으로 미국이 세계의 초강대국으로 부상했고, 이내 소련이 강력한 경쟁국이자 세계 평화를 위협하는 존재가 되었다.

1922년, 대영제국은 세계 인구의 5분의 1을 차지하며 정점을 찍었다. "대영제국의 해는 지지 않는다"라는 문구는 당시 영국의 세계적 영향력을 적절히 묘사했다. 그러나 영국의 권력이 쇠퇴하면서, 다른 국가들이 영국과 더불어 선교에 더욱 중요한 역할을 맡게 되었다.

미국과 다른 서구권의 근본주의자들과 후기 복음주의자들은 비기독교 지역에 '예수님을 왕으로' 삼는 대위임령을 완수할 책임이 자기들에게 있다고 생각했다.[66] 많은 사람들이 '믿음 선교' 운동이 발흥하는 데 핵심적 지도력을 발휘했고, 대위임령에 응답하여 초교파 선교단체들이 결성되었다. 거기에는 항공선교회(MAF)나 위클리프 성경번역선교회를 비롯하여 다양한 라디오 사역을 포함한 전문 단체들도 있었다.[67]

이 기간은 "거대한 혁신과 새로운 전략들이 특징인" 시대였고, 선교사들은 "거의 전설적 역할"을 수행하는 인물들이었다.[68] "서구 모델을 본떠서 서구 자금으로 비용을 조달하고 서구 인력에 의해 통제되는" 교회들이 개척되고 교육기관들이 설립되었다.[69]

선교에 '협력과 일치'를 요구하는 에큐메니즘의 비전이 높아지면서 1948년 세계교회협의회(WCC)가 창립되었다.[70] WCC는 현재 동방 앗시리아 교회, 오리엔트 정교회, 대부분의 동방 정교회, 마르 토마 시리아 말라바 교회, 구 가톨릭 교회, 오순절 교회를 포함하며, 성공회와 루터교, 메노나이트 , 감리교, 모라비안, 개혁교회, 침례교회 등 주류 개신교로 구성돼 있다.

제2차 세계대전이나 한국전쟁에 참전한 용사들은 1950년대와 1960년대의 선교단체 지원인력의 거대 공급원이 되었다. 그들과 세계의 많은 사람들에게 익숙해진 군사용어는 선교와 비즈니스에도 신속히 적용되었다. 기지, 표적, 휴가(furlough) 등 군사용어는 당시 선교단체에서 흔히 사용되었고, 오늘날에도 계속되고 있다.

제2차 세계대전 이후, 많은 종속 국가들이 식민 지배국으로부터 독립을 요구하고 쟁취하기 시작했다. 다나 로버트는 "많은 신생 독립국들이 기독교를 식민주의와 밀접하게 연관된 서구 종교로 간주했다"면서, "따라서 그들이 식민 지배에서 벗어나면서 기독교의 영향력을 제한하려고 노력했다"고 말한다.[71] 유럽 제국들의 붕괴로 인해 탈식민적 제국주의 시대가 열렸고, 식민주의의 영향력이 크게 감소하면서 식민지 주민과 그들의 땅에 대한 통제와 착취가 많이 사라졌다.

역사학자 브라이언 스탠리는 20세기 말 많은 서구 교회의 주류 교단들이 "교인 수가 급감하고 안수받은 사역자 지원이 심각하게 부족하다는 명백한 증거에 직면했다"고 지적했다. 사회 정의의 압력으로 인해 일부 교회가 전도를 배제할 정도로 사회적 필요에 편중되자, 많은 사람들이 "전도가 적어도 교회 선교의 핵심적 일부가 되어야 한다는 사실"을 재천명하게 되었다.[72] 동시에, 신학적으로 보수적인 기독교인들은 "예수님이 선포하러 오신 하나님 나라의 복음에는 반드시 하나님 나라의 사회적 가치, 즉 정의의 우선순위에 대한 주장이 포함되어야 한다는 사실을 더 이상 설득할 필요가 없음을 깨닫게 되었다. 기독교 선교는 다시는 예전과 같지 않을 것이었다."[73]

20세기 말에 이르자, 대부분의 기독교인은 서구 바깥에서 살게 되었다. 필립 젠킨스는 "우리 생애에 서구 기독교의 시대는 지나갔고, 남방 기독교의 시대가 열리고 있다"고 말한다.[74] 20세기에 "기독교는 이전 어느 때보다 진정한 세계 종교가 되었다."[75] "이전 어느 세기보다 많은 사람들이 모어(母語)로 기록된 성경을 받았기" 때문에 20세기는 '성경의 세기'였다.[76] 또한 많은 그리스도인들이 대위임령 완수의 책임이 자신들에게 있다고 자각한 세기이기도 하다.[77]

1974년, 세계 복음화를 위한 로잔대회(제1차 로잔대회)를 주최한 빌리 그레이엄은 150개국의 지도자들을 모아놓고 기독교가 비서구 세계로 어떻게 전환되고 있는지 보여주었다. 주목할 만한 발제자로, "미전도 종족을 선교의 우선순위에 두어야 한다"고 주장한 랄프 윈터, 그리고 "선교에 대한 보다 총체적 접근"을 촉구한 레네 빠디야와 사무엘 에스코바르 등이 있다.[78] 대회의 결과물인 **로잔언약**은 미래를 위한 세계 복음주의 선교신학의 방향을 설정했다.

1976년, 윈터는 캘리포니아의 패서디나에 미국 세계선교센터(USCWM)를 설립했다. 그가 "대위임령 완수의 열쇠"라 부른 개념에 주의를 환기시키면서, 그는 국가 단위의 복음화 전략으로부터 '종족집단 대상 사역'으로 초점을 전환시켰다.[79] 윈터는 창세기 12:1-2과 '땅의 족속들(families)'에 대한 언급, 마태복음 28:18-20과 '민족들'(nations) 같은 본문을 '종족-언어적 집단'을 의미하는 것으로 해석하면서, 그것을 "피차 동질성을 공유한다고 인식하는 개인들의 집단"으로 정의했다.[80] 이러한 집단들 대상으로 복음을 전하면 교회가 보다 잘 개척되리라는 것이다.

1987년, 브라질 상파울루에서 세계 선교에 초점을 맞춘 최초의 중남미 선교대회(COMIBAM)가 열렸다. 라틴 아메리카에서 3,000명 이상의 복음주의 지도자들이 모여 주최측이 기대한 대로, "참석자들은 라틴 아메리카가 세계 선교의 적극적 참여자가 되고 있음을 확인했다."[81]

1989년 마닐라에서 열린 제2차 로잔대회는 윈터가 강조한 종족집단 접근을 더욱 강화하는 계기가 되었다. 예를 들어, 루이스 부시는 북아프리카부터 아시아까지 북위 10–40도 지역을 가리키는 '10/40 창'에 거주하는 미전도 종족집단에 주로 초점을 맞추려는 선교 전략을 주도했다.

1989년 말, "폴란드, 헝가리, 동독, 불가리아, 체코슬로바키아, 루마니아의 공산주의 정권을 종식시킨 일련의 대중 혁명"은 1991년 12월 마침내 해체된 구소련 붕괴의 전조 현상이었다.[82] 이 지역의 교회들은 이제 더 자유롭게 세계 선교에 참여할 수 있게 되었다.

2) 선교의 민족주의와 탈식민주의

남아프리카공화국의 분리정책(Apartheid)은 1948년 국민당이 "아프리칸스 언어를 사용하는 백인 그리스도인 대다수가 인종 갈등 문제의 유일한 현실적 해법으로 받아들인" 정책을 만들면서 공식화되었지만, "대부분의 다른 그리스도인들은 차별적이고 부당하다며 거부했다."[83] 이 정치 체제는 "그 나라의 다수인 흑인들로부터 소수인 백인 공동체의 특권을 보호하기 위해" 개발되었다.[84] 분리정책은 나라의 많은 백인 교회에 영향을 주었고, 이 정책에 반대 목소리를 내지 않아 종종 그들이 문제의 일부로 여겨지곤 했다. 불의에 반대하는 입장을 주도한 개별 교회 지도자들이 있었다. 1985년, 영향력 있는 남아공 신학자들 중 주로 흑인들로 구성된 집단이 체제의 부당함을 강조한 "카이로스 문서"를 발표하고 행동에 나설 것을 촉구했다.

1980년대 중반까지 남아공은 분리정책에 항의하는 지역적 폭력이 빈번했다. 정부는 비상사태를 선포하고 경찰에게 흑인 마을의 폭동을 진압할 권한을 부여했다. 이는 전 세계의 주목을 끌었고, 이 부당한 제도를 해체하라는 대정부 압력이 더욱 거세게 일어났다. 1994년 민주 정부의 수립으로 이어진 일련의 조치를 통해 분리정책은 마침내 종식되었다.

다나 로버트는 "1960년대에 지역 및 국제 교회협의회에서 젊은 민족주의자들의 목소리가 커졌는데, 이들은 선교사들의 가부장주의 문제와 교회 지도력 구조를 현지 통제에 충분히 신속하게 넘기지 못했음을 비난했다"고 말한다.[85] 이것과 더불어 다른 요인들이 아프리카에서 외국인의 선교활동 중단(moratorium)을 촉구하는 데 영향을 미쳤다.

1971년, 동아프리카 장로교단 총무로 일하던 케냐의 존 가투는 서구 선교사들과 그들이 개척한 교회들이 아프리카에서 사역하는 방식에 변화를 촉구했다. 뉴욕에서 열린 한 대회에서 그는 "해외 교회가 주는 자선금으로 아프리카에 교회를 세울 수 없다. 제3세계 교회가 계속 가난의 노래를 부르면서 모든 감독, 총무, 총회장, 당회장, 총장, 교장을 선하고 열정적인 거지로 만드는 것은 하나님 나라의 대의를 섬기는 게 아니다"라고 말했다.[86] 가투는 '아프리카 교회와 국가의 자존, 자립, 자결의 원칙'을 옹호했는데, 이는 '모라토리엄 논쟁'으로 온 세계에 알려지게 되었다. 말년에 가투는 "선교사들에 대한 모라토리엄 요청이 … 일부 선교단체들이 변화하는 세계 속에서 자신들의 적실성을 재검토하는 데 어떻게 도움이 되었는지" 돌아보았다.[87] 또한 그는 얼마나 많은 아프리카 지도자들이 해외 선교단체에서 지도자 역할을 맡으면서도 서구 본부와 긴밀한 관계를 유지하며 아프리카 사역에 필요한 모금을 위해 정기적으로 그곳으로 돌아갔는지 회고했다.

이 논쟁의 주요 인물인 리베리아의 캐논 버지스 카는 1974년 모라토리엄을 논의한 아프리카교회협의회(AACC)에 참석했다. 초점 이슈는 아프리카 교회가 "자립의 성취를 향해 신속하게 [나아갈]" 능력이었다.[88] 아프리카에서는 외국 선교사들에 대해 우려되는 문제들이 있었다. 카는 이를 "선교사 파송기관이 '선교 사업'을 위해 할당한 자금의 상당 부분이 자체 인력의 급여와 유지에 지출되는, 현대 선교 사업의 착취적 측면"이라고 말했다.[89] 카는 "아프리카에서 100년의 선교 활동에도 불구하고 교회는 여전히 자립하지 못하고 있다"고 결론지었다.[90]

그 후 1974년, 가투는 세계 복음화를 위한 로잔대회와 겹쳐지는 기간에 언론 브리핑을 열었는데, 거기서 선교사를 받는 교회와 파송하는 교회 간의 관계를 논했다. 마이클 캐시디는 가투가 제시한 네 가지 이슈를 설명한다:

> (1) 보내는 교회와 받는 교회 사이에 존재하는 불확실한 관계, (2) 선교현장에 세워진 교회의 자존과 자립의 필요성, (3) 현지 교회가 자국의 자원과 인력으로 선교를 책임져야 할 필요성, 그리고 (4) 선교현장의 제도적 문제—교회가 원하지 않을 수도 있는 제도, 그 제도의 관리감독, 그리고 그것을 유지하기 위한 자원.[91]

다나 로버트는 또한 "1970년대 초 남태평양, 남아시아, 라틴 아메리카, 아프리카의 기독교협의회 지도자들은 식민지 시대에 형성된 장기적 의존의 패턴을 깨기 위해 해외 선교사 파송에 대한 '모라토리엄'을 요구했다"고 지적한다.[92]

3) 세계화가 선교에 미친 초기 영향

1990년대에 세계화 현상은 전 세계의 사건들에 점진적으로 더 많은 영향을 미치고 있었다. 앤서니 기든스는 세계화를 "지역에서 일어나는 일들이 먼 곳의 사건들에 의해 형성되기도 하고 그 흐름이 반대방향으로 진행되기도 하는, 멀리 떨어진 지역사회들을 연결하는 범세계적 사회 관계의 강화"로 정의했다.[93] 더 이상 다른 세계로부터 쉽게 고립되는 상황은 존재하지 않는다. 이 시기는 산업혁명의 마지막 기간이었다. 다국적 기업들이 글로벌 인력과 시장을 개발할 수 있게 되면서 세계화가 두드러진 현상으로 드러나고 있었다. 글로벌 경제 엔진은 전 세계로 저렴하고 빠르게 이동하는 상품, 글로벌 은행의 성장, 그리고 금융 장벽을 없애는 진보적 정부에 힘입어 새로운 무역 관계들을 열었다. 뉴스, 이념, 영향력, 발전이 더욱 빠르게 확산될 수 있었다. 기술의 발전은 삶의 모든 영역, 특히 커뮤니케이션에 영향을 미쳤다.

1991년, 소비에트사회주의공화국연방(소련)이 붕괴했다. 통신과 세계화의 상호 연결로 인해 전 세계가 이 사건을 빠르게 목격했다. 소련의 몰락으로 1950년경부터 오랜 기간 냉전이라는 이름으로 정치, 군사, 사회경제적으로 대립해 온 소련 블록과 미국 블록의 양극적 세계는 종말을 고했다. 소련의 붕괴가 남긴 공백을 틈타 미국은 순식간에 세계를 지배하는 강대국으로 부상했다. 폭정으로부터 자유는 미국과 서구 우방들이 신식민주의의 한 형태로 세계에 전파하고자 한 가치였다. 미국 기독교인들에게는 "모든 사람은 정치적으로나 경제적으로 자유로워지기 원하며, 하나님은 자유를 향한 갈망으로 인간을 만들었다"는 성경적 근거가 있었다.[94]

요약

이 장에서는 우리가 걸어온 여정을 살펴보았다. 우리는 신약 교회로부터 시작하여 21세기 초 에큐메니칼 패러다임에 이르는, 데이비드 보쉬가 분류한 교회와 선교 역사의 여섯 패러다임을 추적해보았다. 이 탐구를 통해 우리는 대부분의 패러다임 형성과 그 전환에 긴 시간이 걸렸다는 사실을 살폈다. 각 패러다임 안에는 특정한 신학적, 선교학적, 문화적 요소가 작동하고 있었다.

오늘날에도 여전히 선교에 영향을 미치고 있는 많은 시사점들 중 셋을 제시한다: (1) 4세기 중반 콘스탄티누스가 개종하고 기독교를 국교로 채택하면서 기독교왕국이 탄생했다. 이는 교회가 변방에서 벗어나 특권, 물질적 부, 영토, 권력의 자리로 이동했음을 의미한다. (2) 16세기 스페인과 포르투갈의 신대륙 식민지 확장은 교회와 영토가 동의어로 여겨지던 기존 모델을 확장했다. 교황은 정복당한 사람들이 기독교로 개종한다는 조건으로 침략을 승인했다. (3) 종교개혁은 선교의 역동성을 크게 바꾸지 못했다. 개신교는 선교에 더디게 참여했다. 로마 가톨릭이 개신교를 기독교가 아니라고 무시한 이유들 중 하나는 그들이 선교에 참여하지 않았기 때문이다. 그러나 18세기 말부터 19세기와 20세기 초에 걸친 식민 세력의 융성과 5천만 명에 달하는 유럽인들의 이주는 개신교 선교 운동의 발전을 촉진했다.

이 여섯 가지 패러다임 전환을 통해 우리는 기독교 확장의 발자취가 고무적이면서도 두려운 역사였다는 결론을 내릴 수 있다.

성찰 질문

- 이 책에서 지난 2,000년의 기독교 선교를 개관하는 여섯 시대의 각 패러다임에서 적용할 만한 핵심 교훈이 있다면 무엇인가?
- 선교에 대한 과거의 영향력 중 오늘날 선교가 이해되고 실천되는 방식에 여전히 영향을 미치는 것(들)은 여섯 패러다임 중 무엇이라 생각하는가?

미주

1 Thomas Kuhn, *The Structure of Scientific Revolutions*, 50th anniversary ed. (Chicago: University of Chicago Press, 2012), 174.

2 Timothy Laniak, *Shepherds after My Own Heart: Pastoral Traditions and Leadership in the Bible* (Downers Grove: InterVarsity Press, 2006), 35.

3 David Bosch, *Transforming Mission: Paradigm Shifts in Theology of Missio*n (Maryknoll: Orbis Books, 2011), 193.

4 Hans Küng, *Theology for the Third Millennium* (New York: Anchor Books, 1988), 173.

5 Bosch, *Transforming Mission: Paradigm Shifts in Theology of Mission*, 192.

6 Dana Robert, *Christian Mission: How Christianity Became a World Religion* (Chichester, UK: Wiley-Blackwell, 2009), vii.

7 Stephen Neill, *A History of Christian Missions*, 2nd ed. (London: Penguin, 1986).

8 Andrew Walls, *The Missionary Movement in Christian History: Studies in the Transmission of Faith* (Maryknoll: Orbis Books, 1996).

9 Ruth Tucker, *From Jerusalem to Irian Jaya: A Biographical History of Christian Missions*, 2nd ed. (Grand Rapids: Zondervan, 2004).

10 John Mark Terry, and Robert Gallagher, *Encountering the History of Missions: From the Early Church to Today* (Grand Rapids: Baker Academic, 2017).

11 Küng, 128. Bosch, *Transforming Mission: Paradigm Shifts in Theology of Mission*, 185.

12 Edward Smither, *Christian Mission: A Concise Global History* (Bellingham: Lexham Press, 2019).

13 Donald A. McGravan, *Bridges of God: A Study in the Strategy of Missions* (Eugene, OR: Wipf & Stock Publishers, 2005).

14 Rodney Stark, *The Rise of Christianity: A Sociologists Reconsiders History* (Princeton, NJ: Princeton University Press, 1996).

15 Willie James Jennings, *Acts, Belief: A Theological Commentary on the Bible* (Louisville, KY: Westminister John Knox Press, 2017), 11.

16 Matthew Burden, *Missionary Motivations: Challenges from the Early Church* (Littleton, CO: William Carey Publishing, 2023), 1.

17 Burden, 1.

18 Alan Kreider, *The Patient Ferment of the Early Church: The Improbable Rise of Christianity in the Roman Empire* (Grand Rapids: Baker Academic, 2016), 161-70.

19 Miram Adeney, “Algeria,” in *Evangelical Dictionary of World Missions*, ed. A. Scott Moreau (Grand Rapids, MI: Baker, 2000), 53.

20 J. Ray Tallman, “Egypt,” in *Evangelical Dictionary of World Missions*, ed. A. Scott Moreau (Grand Rapids, Mi: Baker Books, 2000), 305.

21 Stark, 7.

22 MacMullen, *Corruption and the Decline of Rome* (New York: Yale University Press, 1988).

23 Kreider.

24 Michael Green, *Evangelism in the Early Church* (Grand Rapids: Wm. B. Eerdmans, 2004), 14.

25 Alan Kreider, *The Change of Conversion and the Origin of Christendom* (Eugene, OR: Wipf & Stock, 1999), 11.

26 Kreider, *The Change of Conversion and the Origin of Christendom*, 11.

27 Kreider, *The Patient Ferment of the Early Church: The Improbable Rise of Christianity in the Roman Empire*, 15.

28 Bosch, *Transforming Mission: Paradigm Shifts in Theology of Mission*, 230-36.

29 Stroope, 111-18.

30 Smither, 39.

31 Kreider, *The Patient Ferment of the Early Church: The Improbable Rise of Christianity in the Roman Empire*, 12.

32 Carlos F. Cardoza-Orlandi, and Justo L. Gonzales, *To All Nations, from All Nations: A History of the Christian Missionary Movement* (Nashville: Abingdon Press, 2013), 67-68.

33 Smither, v.

34 Smither, 49.

35 Bosch, *Transforming Mission: Paradigm Shifts in Theology of Mission*, 237.

36 Burden, 55.

37 Tom Holland, *Dominion: The Making of the Western Mind* (London: Little, Brown, 2019), 217.

38 Reggie McNeal, *Missional Renaissance: Changing the Scorecard for the Church* (San Francisco: Jossey-Bass, 2009), 3.

39 Smither, 49.

40 Jehu Hanciles, *Migration and the Making of Global Christianity* (Grand Rapids, MI: Wm. B. Eerdmans Publishing Co., 2021), 420.

41 Jehu Hanciles, *Beyond Christendom: Globalization, African Migration, and the Transformation of the West* (Maryknoll: Orbis, 2008), 92.

42 David Barrett, *God's Word Alone: The Authority of Scripture* (Grand Rapids: Zondervan, 2016), 21.

43 David Steele, *Bold Reformer: Celebrating Gospel-Centred Convictions of Martin Luther*, Kindle ed. (Houston: Lucid Books, 2016), 158.

44 Smither, 75.

45 Smither, 96.

46 Bosch, *Transforming Mission: Paradigm Shifts in Theology of Mission*, 264.

47 Neill, 414.

48 Bosch, *Transforming Mission: Paradigm Shifts in Theology of Mission*, 299.

49 Hanciles, 165.

50 Hanciles, 164.

51 Hanciles, 170.

52 Scott Sunquist, *The Unexpected Christian Century* (Grand Rapids: Baker Academic, 2015), 151.

53 Smither, 149.

54 Smither, 149.

55 Stroope, 321-22.

56 Leon McBeth, *The Baptist Heritage* (Nashville: Broadman, 1987), 185.

57 Walls, *The Missionary Movement in Christian History: Studies in the Transmission of Faith*, 260.

58 Wilbert Shenk, "Henry Venn," in *Biographical Dictionary of Christian Missions*, ed. G Anderson (Grand Rapids: Eerdmans, 1998), 698.

59 Terry, and Gallagher, 259.

60 Terry, and Gallagher, 261.

61 Stroope, 321-22.

62 Walls, "Afterword: Christian Mission in a Five Hundred Year Context," in *Mission in the 21st Century*, 196.

63 David Hesselgrave, "The Great Commission," in *Evangelical Dictionary of World Missions*, ed. Scott Moreau (Grand Rapids: Baker Books, 2000), 413.

64 Terry, and Gallagher, 273.

65 Noll, 264.

66 Brian Stanley, *Christianity in the Twentieth Century: A World History* (Princeton: Princeton University Press, 2018), 196.

67 Smither, 151.

68 William Svelmoe, *A New Vision for Missions* (Tuscaloosa: University of Alabama Press, 2008), 18.

69 Stanley, 196.

70 David Kerr, and Kenneth Ross, *Edinburgh 2010: Mission Then and Now* (Oxford: Regnum, 2009), 3.

71 Terry, and Gallagher, 279.

72 Stanley, 214.

73 Stanley, 214.

74 Philip Jenkins, *The Next Christendom*, Third ed. (New York: Oxford University Press, 2011), 8.

75 Stanley, 11.

76 Stanley, 9.

77 Charles Gailey, and Howard Culbertson, *Discovering Missions* (Kansas City: Beacon Hill Press, 2007), 14.

78 Smither, 174.

79 Smither, 168.

80 Smither, 168.

81 Todd Hartch, *The Rebirth of Latin American Christianity* (Oxford: Oxford University Press, 2014), 186.

82 Stanley, 218.

83 Kevin Roy, "South Africa," in *Evangelical Dictionary of World Missions*, ed. Scott Moreau (Grand Rapids: Baker Books, 2000), 898.

84 G. Jan van Butselaar, "The Role of Churches in the Peace Process in Africa," in *The Changing Face of Christianity: Africa, the West, and the World*, ed. Lamin Sanneh and Joel Carpenter (Oxford: Oxford University Press, 2005), 108.

85 Robert, 68.

86 John Gatũ, *Fan into Flame: An Autobiography* (Nairobi: Moran Publishers, 2016), 128.

87 Gatũ, 129.

88 Burgess Carr, "The Engagement of Lusaka," *Pro Veritate* June (1974): 8.

89 Carr 8.

90 Carr 8.

91 Michael Cassidy, "The Call to Moratorium: Perspective on an Identity Crisis," *Churchman* 90, no. 4 (1976): 267, accessed 29 August 2020, https://churchsociety.org/docs/churchman/090/Cman_090_4_Cassidy.pdf.

92 Robert, 68.

93 Anthony Giddens, *The Third Way* (Cambridge: Polity Press, 1998), 64.

94 Nicholas Wolterstorff, "Foreword," in *Evangelicals and Empire: Christian Alternatives to the Political Status Quo*, ed. Bruce Benson and Peter Heltzel (Grand Rapids: Brazos Press, 2008), 7.

3
기독교왕국 선교

서론

이제 우리는 기독교왕국 패러다임의 발전과 그것이 현대 선교에 미치는 지속적 영향력을 관찰함으로써, 우리가 현재 선교를 어떻게 이해하고 있는지 살펴볼 것이다.

우리가 교회와 선교 역사에 관심을 갖는 이유는 "역사는 반복되고 또 그럴 수밖에 없는데, 처음에는 아무도 귀를 기울이지 않기 때문이다." 이 말은 스페인 철학자 조지 산타야나의 명언에서 유래했다: "역사에서 배우지 못하는 자들은 그 역사를 반복할 운명에 빠진다."[1] 이 말은 역사 연구의 가치를 일깨워준다. 알리스터 맥그라스는 그의 저서 『역사신학』에서 "역사는 과거의 실수들과 그것이 현재에 반복되는 두려운 방식에 대해 경각심을 던진다"고 말한다.[2] 그 일의 중요성을 존 존슨은 설득력 있게 강조한다: "모든 사람과 조직에 역사가 있는데, 거기에 세심한 주의를 기울여야 한다. 사람들은 조상에 대해 읽어야 하고, 조직은 과거를 읽어야 한다."[3] 선교 역사를 통한 배움은 오래전 믿음의 선진들과 가까운 과거의 기관들이 붙든 신앙과 비전을 깨닫게 해준다. 존슨은 또한 사람들, 특히 지도자들이 "현재

남겨진 것을 폐기하고 미래로 돌진"하기 위해 '과거를 무시'하는 경향이 있음을 지적한다.[4]

기독교왕국 개요

기독교왕국 패러다임은 현대 서구 선교에 가장 큰 영향을 미쳤다. '기독교'라는 용어보다 좁은 의미를 지닌 이 개념은, 변방에 머물던 서방 기독교가 4세기에 콘스탄티누스 황제가 기독교를 국교로 채택하면서 기존 종교들과 어깨를 나란히 하게 되면서 시작되고 성장했다. 서유럽에서 기독교가 권력을 잡게 되면서 이내 정치 및 군사 권력과 연결되기 시작했다. 역사적으로 기독교왕국은 그 구성원들에게 부여된 정체성을 인정받으면서 뿌리를 내려왔다. 제후 한실스의 설명을 들어보자:

> 사회의 일원이 된다는 것은 곧 기독교인이 된다는 것이었고, 기독교인이 된다는 것은 곧 사회의 일원이 된다는 것이었다. 기독교왕국은 기독교를 부족 종교로 만들었다. 상호 책임과 구속력 있는 맹세를 강조하는 봉건적 사회구조의 도입과 확산의 과정이 더욱 강화되었는데, 부족의 정체성과 분리할 수 없었던 종교적 충성이 정치적 충성과 융합되었다.[5]

기독교는 모든 관계와 충성에 대한 지배력을 드러내기 시작했다. 기독교왕국의 일원이 된다는 것은 그리스도 안의 개인적 믿음에 근거하지 않고, 필경 특정 교파나 기독교 국가에 소속된 결과였다. 전 세계와 역사를 통틀어 기독교왕국에 대한 일반적 정의는 스스로를 그리스도인이라고 부르는 사람들의 전 세계적 단체 또는 사회를 포함한다.[6]

기독교왕국이라는 용어는 1850년대부터 약 100년 동안 광범위하게 사용되었고, 1910년 이후에 정점을 찍었다. 최근에는 2010년 전후로 다시 부상했는데, 이는 2010년 에딘버러, 2010년 케이프타운, 2010년 보스턴[7] 및 2010년 도쿄에서 열린 글로벌 기독교 선교대회들 때문으로 보인다.

기독교왕국이라는 용어는 기독교 전체에 대한 대중적 견해와 더불어, 정치 및 경제 권력과 연관된 기독교에 대한 미묘한 편견을 모두 표현한다. 예컨대,

- 서유럽 기독교는 교회에 대한 로마 황제 콘스탄티누스의 놀라운 지원과 황실의 특별한 호의 및 지위로부터 시작되었다.
- '기독교적 형태와 구조가 한 사회 내에 확고하게 자리 잡은' 모든 곳을 가리키는 표현이다.[8] 필립 젠킨스는 비서구(Global South) 교회—현재 몇몇 국가에서 종교 영역을 완전히 지배하는 지점에 도달한 사례—를 '차기 기독교왕국'이라 묘사한다.

패러다임 이론의 관점에서, 기독교왕국 패러다임은 전 세계 공동체 내에서 표현되고 따르는 핵심 신념, 가치, 규칙 및 지침을 포함하는데, 이를 자세히 살펴보고자 한다. 앞서 살펴본 바와 같이, 이 패러다임은 4세기부터 수세기에 걸쳐 형성되었다. 시간이 흐르면서 기독교왕국 세계관은 기독교회의 선교에 지대한 영향을 미쳤다.

기독교왕국 선교의 특징

앨런과 엘리너 크라이더는 기독교왕국 세계관에 기반한 개신교의 타문화 선교운동을 19세기와 20세기의 선교적 가치를 특징짓는 네 가지 핵심 요소로 요약한다.[9] 선교가 인식되는 방식에 계속 영향을 미치는 이 요소들은, 우리가 당면한 맥락에서 성경을 반추한 결과가 아니라 서방 기독교왕국으로부터 전수받은 가정과 관행의 산물이다.

1) 영토가 선교의 범주를 정의했다

기독교왕국 선교는 세계를 기독교 영토와 비기독교 영토로 나눈다. 기독교왕국 모델의 영토 관점에서 선교는 필연적으로 파송과 연결되는데, 교회 역사에서 선교가 항상 그런 방식으로 이루어진 것은 아니다.

이제 선교는 모든 대륙에서 모든 대륙으로 퍼져가고 있지만, 여전히 선교를 파송의 관점에서 정의하는 사고방식이 만연하다. 타문화 사역자들이 본국에서보다 해외에서 섬길 때 재정 지원을 받기가 더 쉽다는 것이 그 증거 중 하나다.

2) 파송자는 교회다

선교의 주인이자 추진자가 누구인지에 대한 질문이 제기된다. 기독교왕국 모델에서는 선교를 일차적으로 교회의 책임으로 보고 교회의 확장을 목표로 삼았다. 마태복음 28:18-20, 요한복음 20:21, 사도행전 1:8 같은 성경 본문의 선별적 사용이 선교를 관찰하고 알리는 주요 렌즈로 여겨졌다. '과업 완수' 같은 언어는 선교에 대한 책임을 암시한다. 선교가 오로지 '가라'는 명령으로 단정될 때, 그것은 곧 교회가 선교를 수행해야 하고 선교는 교회의 책임이라는 점을 가정한다. 그리스도의 명령에 대한 우리의 순종 같은 요소가 관련되어 있긴 하지만, 그것이 전부는 아니다.

3) 수행자는 전문적 선교사 계층이다

영토 개념과 연결된 선교에는 선교사라는 전문가가 필요한데, 이들은 선교 과업의 수행을 위해 따로 구별된다. 교회 초기와는 달리 18세기부터 20세기 초의 개신교 선교운동을 관찰하면서 앤드류 월스는 "선교적 대의에 대한 전적 헌신은 실제로 항상 엘리트 운동이었다"고 말한다.[10] 선교사 엘리트주의는 최소한 미국에서 제2차 세계대전 이후 약화되기 시작했다는 점에 주목할 필요가 있다. 특별한 기술이나 배경이 없어도 누구나 선교사가

될 수 있다는 개념이 자리 잡았기 때문이다. 그럼에도 불구하고, 타문화권 파송 관점의 선교는 모든 교회 구성원이 참여할 수 없다는 점에서 여전히 엘리트 운동으로 남아 있었다. 일반적으로 선교사들은 이 기능을 위해 교회의 다른 구성원들과 분리되어 있었다. 기독교왕국에서 선교에 참여할 수 있는 사람은 극소수에 불과했다. 선교와 파송을 동일시하는 관점의 지속적이고 심각한 문제 중 하나는, 대부분의 그리스도인들이 '선교'와 '선교사'라는 협소하게 정의된 용어에 의해 하나님의 선교의 참여에서 배제되거나 스스로를 배제했다는 것이다.

4) 선교의 목표는 교회의 확장이다

선교의 궁극적인 목표는 파송 주체와 동일한 형태의 교회를 확장하는 것이었다. 해외로 나가는 사람들은 기독교왕국을 반영하는 해묵은 파송 교회의 경험을 선교현장에 개척하려는 토착 교회와 분리하기 어려웠다. 하지만, 전도와 교회 개척으로만 구성된 환원주의적 선교가 전부였다는 의미는 아니다. 선교의 목표에 대한 기독교왕국 해석은 교회 설립이었지만, 타문화권 선교에 참여한 모든 사람들이 다른 영역의 사역들에 대해 편협한 시각을 가지고 있었던 것은 아니다. 예를 들어, 로버트 우드베리는 19세기와 20세기 초 개신교 선교사들이 "종교의 자유, 대중 교육, 신문, 자발적 조직, 대부분의 주요 식민지 개혁, 유색인종 보호 법제화 등을 발전시키고 확산하는 데 결정적 촉매 역할을 했다"고 지적한다.[11] 그러나 예배 스타일, 교회 구조, 심지어 열대지방에서 모직 양말을 신는 것과 같은 교회 활동을 조직하고 수행하는 일부 방식은 본국의 경험을 새로운 환경에 강요한 것에 불과했다. 선교사들은 일반적으로 교회의 개척과 재생산을 주된 목표로 삼았지만, 교회의 사명은 단순히 다른 사람들을 그리스도께 인도하고 제자화하여 예배 공동체로 만드는 것 이상이라는 것을 인식했다. 그것이 선교의 핵심이라고 말하는 것과 그것을 선교의 목표로 설정하는 것은 다른 문제다. 성경은 하나님의 목적이 담아내는 더 큰 목표를 제시하고, 우리는 선교를 통해 그 일에 참여하는 것이다.

기독교왕국 선교 패러다임을 크라이더는 영토, 교회의 사역과 책임, 전문적 전임 사역자, 교회 개척으로 분석한다. 이 네 가지 기준은 선교의 맥락에서 비롯된 것이다. 그러나 1974년 로잔대회에 참석한 수많은 비서구 기독교 지도자들에게 선교에 대한 기독교왕국의 접근 방식은 거의 의미가 없었다. 그들은 선교에 대한 다른 이해, 즉 총체적이거나 통전적인 선교 이해에 헌신되어 있었다. 이로 인해 비서구 세계와 서구의 일부 지도자들 사이에 첨예한 의견 대립이 발생했다.

20세기 후반, 기독교왕국 패러다임이 선교에 미치는 문제에 대한 우려와 인식이 서구에서 높아졌음에도 불구하고, 기독교왕국 교회는 사회적, 경제적, 정치적 권력의 자리에 여전히 존재한다. 더 심각한 문제는, 선교를 정의한 기독교왕국의 개념과 사상이 다소 수정된 형태로 계속 이어지고 있다는 점이다. 세계를 기독교와 비기독교 지역으로 나누는 영토 개념은 종족 개념으로 대체되었다. 어떤 종족은 선교가 필요하고 어떤 종족은 필요하지 않다는 것이다. 예를 들어, 전략가들은 선교의 필요를 한 사회의 2% 미만이 교회에 참여하고 있는 경우로 국한한다. 과거 영토가 그랬듯, 오늘날에는 종족이 선교의 필요를 규정하는 기준이 된다. 그러나 누가 어떤 종족집단을 몇 퍼센트의 기준에 따라 선교의 필요성 여부를 결정하는지는 복합적인 문제다.

기독교왕국 패러다임은 오늘날 선교가 인식되는 방식에 계속 영향을 미치고 있다. 이 네 가지 특성은 21세기 글로벌 교회의 선교 방향을 정의하는데 중요한 배경이 된다.

근대 선교시대(20–21 세기 초)

기독교왕국 선교 패러다임이 어떻게 '기독교왕국 이후의 선교'로 불리는 *missio Dei* 패러다임으로 전환되었는지 알아보기 위해 크라이더의 네 가지 표지부터 살펴본다.[12]

1) 영역은 서구 선교사들에게 주로 "해외의 '저곳', 기독교왕국을 '뛰어넘는 지역' 즉 이교도 지역으로" 초점이 맞춰져 있었다.[13] 이 개념이 하나님의 선교로, 즉 하나님이 이미 모든 곳에서, 그리고 잠재적으로 모든 유형의 사람들 속에서 일하고 계시다는 인식으로 바뀌었다. 사무엘 에스코바르는 그의 책 제목(『새로운 세계 선교: 모든 곳에서 모든 이에게 전해지는 복음』)을 통해 이런 변화를 대중화했다.[14]

2) 파송자는 기독교왕국에서 선택적 대위임령 본문에 근거하여 교회로 인식되었다. 새로운 패러다임에서 "파송자는 하나님이시다."[15] 하나님은 그분의 선교를 시작하시고, '선교사'라 불리든 아니든 모든 종류의 사람들, 특히 *missio Dei*의 효과적 수행을 위해 성령의 인도와 능력을 받은 사람들이 협력하도록 초대하신다.

3) 수행자는 기독교왕국 패러다임에서 제도교회의 역할을 감당하기 위해 따로 세워진 특별한 전임 사역자였다. *Missio Dei*관점에서 이 개념은 하나님께서 그분의 선교 수행자로 세상에 보내신 모든 그리스도인들을 포함한다.

4) 목표는 기독교왕국 선교의 경우 개척과 재생산을 통한 교회의 확장이었다. *Missio Dei*아래서 선교의 목표는 훨씬 더 커졌다. 전도와 교회 재생산을 통한 개인 구원을 포함했지만, 선교는 하나님 나라의 샬롬과 풍성한 삶을 포함하는 구원의 충만함을 포용하게 되었다.

우리는 과연 *mission Dei* 패러다임으로 완전히 전환했을까? 패러다임의 변화는 복잡다단하기 때문에, 기독교왕국 패러다임은 오늘날도 여전히 우리에게 영향을 미치고 있다. 예를 들어, 선교는 여전히 선교단체나 교단 등을 통해 교회가 수행하는 일로 간주되는 경향이 있다. 선교사, 특히 타문화권 선교사는 여전히 엘리트로 간주되고 있다. 선교는 여전히 교회 개척이라는 좁은 개념으로 인식되고 있다.

우리는 앞서 특정 패러다임이 더 이상 현실에 맞지 않을 때 어떻게 변화되기 시작하는지 생각해 보았다. 기독교왕국 선교 패러다임은 다음과 같은 몇 가지 이유로 심각한 도전에 직면하기 시작했다:

- 서구 교회가 쇠퇴하고 비서구 교회가 성장함에 따라 기독교 인구 통계가 지속적으로 변화했다.
- 세속적 물질주의의가 지속적으로 부상했다.
- 식민주의의 문화적 유산과 그것이 식민지 주민과 땅에 미친 결과에 대한 탈식민주의 연구가 활발해지면서, 식민주의가 선교에 미친 영향에 대한 인식이 높아졌다.

이 시대에 영향을 미치는 요인 중 하나는, 북미가 선교에 미친 실용주의 유산이다. 여기에는 목표를 달성하기 위한 모든 수단의 동원이 포함된다. 예컨대, 20세기 후반의 복음주의자들은 교회의 양적 성장을 보장하는 방법론에 유별나게 집중했다. 선교신학의 렌즈를 통해 선교의 실용주의를 연구하려면, 성경 본문과 선교 역사, 인류학 및 기타 학문을 고려하여 이러한 접근 방식의 근거와 장점, 그리고 맞닥뜨려야 할 유의사항들을 발견해야 한다.

세계 기독교를 연구하는 지나 줄로는 "기독교는 세계에서 가장 큰 종교로, 25억 명이 넘는 신자를 보유하고 있고 세계 인구의 32%를 차지한다"고 말한다.[16] 비율상으로 기독교는 "지난 120년 동안 세계 인구의 34%(1900)에서 32%(2020)로 소폭 감소했다. 그러나 세계 기독교 운동은 5억 5,800만 명에서 25억 명으로 증가했으며, 그 성장의 대부분은 비서구권에서 일어났다."[17] 서구 교회의 쇠퇴와 세속적 물질주의의 부상에도 불구하고 이 시기에 복음주의 개신교 선교단체의 수는 급증했다. 많은 단체가 미전도 종족과 같은 특정 유형의 사역이나 집단에 집중했고, 전략과 속도 및 규모가 중요한 동력이 되었다. 인구 통계학적으로, 기독교왕국 선교 모델의 발생지 바깥 지역에 세계 기독교의 60% 이상이 존재하는 것으로 바뀌었다. 라틴 아메리카, 아프리카, 아시아 일부 지역의 상황은 기독교왕국 상황과는 매우 다르다.

기독교왕국 선교에 대한 이러한 도전에도 불구하고, 이 모델은 복음주의 개신교 선교 사고방식에 계속해서 강력한 영향을 미쳐 타문화권 선교운동 내에서 힘의 불균형을 지속시켜 왔는데, 이는 서구 선교 활동의 범세계적 영향력에서 입증되었다. 의식적이든 무의식적이든, 선교운동과 그 지지자들이 재정, 교육, 문화 등의 힘을 장악함으로 비서구 신흥 교회와의 관계에서 신념과 가정이 형성되는 방식에 영향을 미치는 역학관계가 존재했다. 이러한 힘의 역학관계는 현 상황과 역사적 현실 모두를 반영했다. 기독교 선교의 노력은 전 세계 곳곳으로 퍼져갔고 교회가 설립되었다. 이러한 형태의 선교는 기독교 유럽에서 탄생했고, 유럽의 이주, 식민주의, 세계 문명화에 대한 요청에 반영되었다. 비서구 세계의 새로운 선교운동이 이런 모델을 따를 거라는 기대는 부적절했지만, 결과적으로 기독교왕국 선교 모델이 거의 무비판적으로 도입되고 말았다.

1990년대까지 선교 활동은 "전 세계 인구의 58%, 특히 더 크고 인구가 많은 집단"에 복음을 소개했다.[18] 그러나 이것만으로는 충분하지 않았다. 루이스 부시와 토마스 왕은 2000년까지 '모든 민족'에게 복음을 전하자는 'AD2000 운동'을 시작했다. 앞서 언급했듯이, 부시는 "화합, 공동의 목적,

혁신, 갱신을 촉진하는" 운동이 목표 달성을 위한 최선의 방법이라 믿었다.[19] 이 운동의 목표는 "교회가 모든 곳에서 모든 민족에게 모든 복음을 전하는 것, 즉 그리스도의 왕국이 임하는 것"이었다.[20]

특정 역사와 맥락에서 파송되고 발흥하는 선교에 초점을 맞춘 기독교왕국 패러다임은 때때로 선교 대상의 나라나 인근 집단 및 공동체에 그리스도를 가시적으로 증거하는 모습이 보이지 않는 교회의 존재에 대한 무지를 드러냈다. 이 '지역' 교회는 모든 민족, 국가, 부족, 언어에 접근할 수 있지만, 선교의 수행자가 멀리서 파송된 사람이어야 한다는 가정은 하나님께서 교회를 성장시키고 그리스도를 증거하는 데 지역 그리스도인들을 사용하실 가능성을 모호하게 만들 위험이 있다. 게다가 교회 성장은 항상 지역 기독교인들이 주도적으로 신앙을 전하고 실천할 때 일어났다.

서구권에서 교회에 대한 적대감이 더욱 노골화되면서, 서구 교회는 탈기독교화되는 자기 땅에서 하나님의 백성으로 살아가는 법을 배우고 유배지에서 세상을 축복하는 순례자의 삶을 살아야 한다.[21] 이러한 현실은 많은 서구인들이 선교를 재평가하고 재구성하는 데 기여하고 있다.

주로 서구가 두각을 나타낸 기독교왕국 1,000년이 지나고, 서구가 지도력을 발휘한 근대 선교운동 200년이 지난 시점에서, 이제 글로벌 교회가 성장하고 비서구 세계의 목소리가 커지는 지각 변동이 일어나고 있다.

탈기독교왕국 선교(21 세기 초반)

현 시대와 글로벌 기독교의 새로운 패러다임으로 더 깊이 들어가면서, 선교의 맥락에서 일어나는 변화들을 숙고하는 것은 필수적인 과제다. 과거의 선교 활동은 미전도 종족 같은 지리적, 인종적 이슈에 초점을 맞췄지만,

이제는 탈기독교왕국이 제기하는 다른 중요한 영역들에 더욱 초점을 맞출 필요가 있다.[22]

데이비드 스미스는 그의 저서 『기독교왕국 이후의 선교』에서 세속화, 다원화, 세계화를 교회의 선교가 직면한 주요 이슈로 꼽았다.[23] 이러한 점을 고려할 때, 기독교왕국에 서 나온 선교의 언어와 방법론은 상호 참여를 촉진하는 데 갈수록 더 부적절해질 것이다. 글로벌 기독교 시대의 선교에 대한 몇 가지 이슈를 더 살펴봄으로 패러다임의 변화와 다른 선교 모델들에 대한 통찰력을 얻고자 한다.

1) 세계화: 이 다차원적 과정은 사회적 상호작용을 증진시키고 강화하여 서로를 연결함으로써 지구촌의 한 지역에서 발생하는 일이 다른 지역의 사건들에 의해 영향을 받게 만든다. 이는 경제 활동과 범주의 폭넓은 변화로 인해 가능해지는데, 그 결과 세계 모든 지역의 정보와 지식이 한데 집약되면서 이론적으로는 더 많은 인류가 국경을 넘어 무역, 자본, 정보, 노동의 자유로운 흐름에 참여할 수 있게 된다. 따라서 지리적 위치는 중요한 요소가 아니며, 모든 국가와 문화적 배경을 가진 사람들이 참여할 수 있다. 혁신적이고 융합적인 기술에 대한 광범위한 접근과 경제적, 정치적 영향력이 결합되어 특정 지리적, 문화적 맥락에 얽매이지 않는 역동적인 힘을 만들어 내는 상호 연결된 세계다. 기독교 신앙은 다양한 종교적, 언어적, 문화적 맥락을 넘나들며 한 곳에서 다른 곳으로 전파되는데, 기독교가 신자들에게 정체성과 연대감, 그리고 세계적인 몸의 일부라는 소속감을 부여한다는 점에서 세계화의 주체이자 산물이다. 하지만 그 반대의 논지도 성립될 수 있다. 세계화는 종교적 정체성과 무관하게 사회정치적, 사회경제적, 또는 정치적 정체성을 지닌 공동체를 가능케 한다. 한편, 세계화에 대한 반작용으로 민족주의, 자국 시장 보호, 반이민, 외국인 혐오 등 다른 세력들도 부상하고 있다. 이러한 세력이 세계화를 어느 정도까지 제한하고 교회와 선교 실천에

어떤 방식으로 영향을 미칠지는 시간이 지나면서 알게 될 것이다.

2) 세계관과 종교적 경계들: 이슬람교, 불교, 힌두교 등 세계종교는 매우 복잡하고 다양한 맥락을 가지고 있기 때문에 신중하게 접근해야 한다. 엄청난 다양성을 마치 우리가 즉시 '파악'(master)할 수 있는 쉽고 단순한 '블록들'로 환원할 위험이 있기 때문이다. 종교적 경계들—서로 다른 신념 체계 사이의 경계들—에 초점을 맞추는 일의 위험 중 하나는, 너무 좁은 시야로 접근할 경우 세속적 인본주의와 물질주의의 비종교적 세계관 등 우리 주변의 다른 경계들에 대한 이해가 방해받을 수 있다는 점이다. 이 두 가지 모두 오늘날 복음의 중요한 경계로 자리 잡고 있는데, 둘은 갈수록 더욱 나란히 붙어있다. 이러한 복잡성 때문에, 이들이 제기하는 도전에 대한 이해와 대처를 돕기 위한 선교학이 더욱 요청된다. 세속적 물질주의 세계관은 서구에 널리 퍼져 있지만, 종교 '블록들'(세계종교가 다수를 차지하는 지역)을 포함하여 세계의 많은 지역에 침투해 있다. 예를 들어, 튀니지의 교회는 더디게 성장하고 있다. 왜 그럴까?

튀니지의 이슬람교는 비교적 온건하고 개방적인 편이어서 일반적으로 기독교인을 박해하지 않고, 심지어 이슬람에서 개종한 신자들도 박해를 받지 않는다. 그런데 교회가 성장하는 데 그토록 어려움을 겪는 이유는 무엇인가? 튀니지는 지난 50–60년 동안 인구의 최대 70%가 중산층으로 집계될 정도의 경제 발전을 이루면서 세속적 인본주의와 이슬람이 융합하는 현상이 발생했다. 사람들은 표면적으로는 이슬람에 대한 충성을 표명하지만, 실제로는 아마도 가장 강력한 종교적 세계관이라 할 수 있는 물질주의에 의해 세계관이 형성되고 있다

3) 도시 선교: 세계화, 경제 발전과 번영 추구, 빠른 속도의 도시화로 인해 1800년 세계 인구의 10% 미만이었던 도시 인구 비율이 지금은 55%로 늘었다.[24] 농촌에서 도시로 이동하는 인구로 인해 최대 천만 명의 메가시티와

"인구 2천만 명이 넘는 거대 집성지"인 메타시티 및 슈퍼시티가 형성되었다.[25] 2050년까지 약 23개의 메타시티가 생겨날 것으로 예상되는데, 그중 가장 큰 10개는 아시아와 아프리카에 있을 것이다.

런던, 베이징, 도쿄, 뉴욕, 홍콩 등 세계의 대도시들은 많은 국가들보다 글로벌 환경에 더 큰 영향력을 행사하고 있다. 인구 밀도가 높을뿐더러 경제적, 영적, 문화적 영향력이 막대하다. 뉴욕과 홍콩 같은 도시는 다양성이 풍부한 데다 세계적으로 금융, 교통, 경제로 연결되어 있어서 가히 세계화의 축소판이라 할 수 있다. 세계화와 다원주의, 그리고 이민은 주요 도시들에 혼종성과 다문화주의의 맥락을 만들어냈다. 이제 더 이상 지배적 문화는 존재하지 않는다. 글로벌 도시들은 모든 문화, 종교, 세계관을 가진 사람들을 위한 만남의 장을 제공한다. 이 모든 요소들을 인정하면서도, 이러한 맥락에서 도시 선교가 어떻게 작동하는지에 대한 연구는 아직 거의 없다.

4) 이주와 혼종성: 기독교의 확산에 중요한 역할을 감당해온 인구 이동은 새로운 현상이 아니다. 제후 한실즈에 따르면, 이주는 "다양한 정도의 강제력(또는 자유)으로 특징지어지고 보다 넓은 구조와 역사적 과정에 의해 형성되는 끊임없는 변화"다.[26] 윌리 제임스 제닝스는 자발적 이주와 디아스포라는 다르다고 경고하면서 "디아스포라는 선택하지 않은 지리적, 사회적 세계이며 피할 수 없는 정신적 상태"라고 말한다.[27] 이주하는 사람들과 그들의 문화가 섞이면 '새로운 무엇'이 만들어진다.[28] 사람들의 이동은 "협상하고 탐색해야 하는 새로운 영역에 진입하는 것"을 의미한다. "사람들이 이동하고 섞이면서 혼종화를 낳고 그들 스스로 혼종화된다."[29]

하비 쿼야니는 "'지구촌의 축소와 수백만 명의 비서구 그리스도인들의 서구 이주로 인한 문화적 다양성'이 이미 '21세기의 서구 종교 및 문화 지형'에 영향을 미치고 있다"고 말한다.[30] 이것은 이전 시대에 있었던 유럽인 이주의 역전 현상으로 비유할 수 있다. [31] 샘 조지는 "비서구권 선교사들이 성경의 선교적 부름에 순종하여 (교육, 직장, 사업, 안전을 위한) 이주를 포함한 모든 가능한 수단을 동원하여 재배치되고 있다"고 지적한다.[32]

도시 지역으로 이주는 다문화 및 다종교 상황을 통해 다원적 환경이 조성된다. 도시화 및 세계화와 관련된 이주, 디아스포라, 난민, 혼종화 이슈는 선교 접근방법의 결정을 위한 더 많은 조사의 필요를 제기하며, 이 광활한 선교 현장의 현실은 추가적 성찰을 요구한다.

5) 포스트모더니티의 경계: 이것은 오늘날 급격한 변화의 영향을 받은 광범위한 영역이다. 포스트모더니즘은 모더니즘과의 단절을 의미한다. 오스 기니스는 모더니즘이 "인간의 자신감과 자축의 선언이었다면, 포스트모더니즘은 절망은 아니더라도 겸양의 고백"이라고 말한다.[33] 그러나, 포스트모더니즘이 진행되면서 절망은 보이지만 실제로 겸양의 모습은 거의 찾아볼 수 없다. 다양한 집단이 특권을 누릴 새로운 기회를 발견하면 즉시 권력을 움켜쥔다. 반대편 극단에서는, 특정 집단이 부풀려진 자의식을 드러내면서 역사, 사건, 상황에 대한 책임을 주장하는데, 그들이 거기에 어느 정도 영향을 미쳤을 수는 있으나 스스로 주장하는 정도는 결코 아니다. 모든 사람이 자신만의 진리를 주장하는 것이 겸양일 수는 없다. 우리의 죄악된 본성은 겸양을 허용하지 않는다.

포스트모더니티의 진리는 주관적인 것으로, 선택의 자유로 간주된다. 크누드 요르겐센에 따르면, 어떤 가치의 선택도 동등한 타당성을 가질 수 있는데, 이는 절대적 "진리는 없고 오직 진리들만 있을 뿐'이기 때문이다. 원칙은 선호로 대체된다. 거대 이성 대신 이성들이 있을 뿐이다."[34] '판단의 기준이 개인과 환경에 따라 달라지는 상대적인 것이라 주장하는 상대주의'[35]는 각자의 진리를 선택할 수 있는 자유를 장려한다. "포스트모던 관점에서 이러한 계몽주의적 가치[예: 모더니즘, 이성, 합리성]는 … 여러 전통들 중 하나일 뿐이며, 자신이 선호하는 가치를 선택하는 것은 각 개인에게 달려 있다."[36] 요르겐센은 이어서, "특권적 문명이나 문화 또는 신념은 없으며, 다원적 문화와 신념이 존재할 뿐이다. 근대성이라는 인류의 진보에 대한 거대서사는 수많은 민족과 문화의 작은 이야기들로 변형되었다"고 말한다.[37]

포스트모더니즘은 사실주의에서 현실의 사회적 구성으로, 그리고 스탠리 그렌츠가 관찰했듯이 "메타내러티브에서 지역 이야기로" 이동한다.[38] 메타내러티브는 역사적 의미, 경험, 지식에 대한 서사 또는 이야기로, 아직 실현되지 않은 마스터 플랜의 예상되는 완성을 통해 특정 사회에 정당성을 부여한다. 성경의 메타내러티브는 창세기부터 요한계시록까지 일관된 서사를 따라간다. 그것은 하나님이 왕으로서 자신의 영역을 다스리시는 승리의 이야기다. 하나님은 자신의 영광을 위해 그분의 대적인 사탄 및 그분의 라이벌인 악의 왕국과 전면전을 벌이신다. 성경의 이야기에는 인간의 성, 성별 유동성, 유전자 조작, 삶과 죽음에 대한 통제 등 인간의 의미 및 그와 관련된 모든 윤리적 이슈에 대한 근본적인 이해가 담겨 있다.

커뮤니케이션 분야에서, 우리는 기술과 인공 지능, 소셜 미디어, 대중 매체, 저널리즘, 영화 및 가상 관계의 상호성이 증가하면서 인간으로서 우리는 누구며 사회에서 어떻게 살아가는지에 대한 인식에 영향을 미치는 것을 목격한다. 우리는 그레그 오케슨이 정의한 "공적 삶의 두꺼운 거미줄"이 던지는 도전을 직면하는데, 여기 언급된 두께는 사회생활의 깊이와 복잡성을 가리킨다.[39] 이러한 깊이는, 복음을 단순하게 생각하고 개인의 회심에만 집중하도록 훈련받은 그리스도인들이 대중에게 효과적으로 메시지를 전달하는 데 방해가 될 수 있다. 구원은 개인의 변화 이상을 포함한다. 따라서 "공공 선교학은 구원에 대한 튼실한 이해를 요구한다."[40]

교회는 이 모든 경계들과 그곳에 존재하는 도전들에 어떻게 더 효과적으로 대응할 수 있을지 고민해야 한다. 이를 위해서는 잠시 멈춰서 이러한 경계들에 대한 하나님의 선교적 응답에 대해 성찰하는 시간을 가져야 한다. 이것은 성찰하는 실천가가 되라는 부르심인데, 성찰적 실천가는:

> 자신의 실천과 연구의 기초가 성경에 있고, 글로벌 현실 및 교회에 대한 인식을 가지고 있으며, 하나님의 선교에 동참하라는 그분의 초대에 이러한 요소들을 어떻게 통합해서 응답할지 이해한다. 성찰적 실천가의 목표는 글로컬하고 글로벌하며, 그리스도 중심적이고 성경적인 실천과 연구라는 통합적 본질을 구현하는 것이다.[41]

기독교왕국 이후의 *Missio Dei*

파송, 특별한 수행자, 기존 교회의 복제 등 다소 좁고 단순한 관점을 반영하는 기독교왕국 모델에 계속 집착한다면 미래의 선교는 실패할 것이다. 앞서 우리는 *missio Dei*의 신학적 발전과 그것이 최근 교회 역사에서 어떻게 해석되었는지 살펴보았다. 우리는 그러한 입장들이 시대에 따라 어떻게 변화되었고 얼마나 다양한 사건들과 사람들의 영향을 받았는지에 대한 통찰력을 얻었다. 이러한 탐구는 기독교왕국 이후 변화하는 선교 패러다임들을 조망할 렌즈를 제공한다. 이것이 중요한 이유는, 선교가 하나님께 속한 것이라는 사실을 깨닫게 되었기 때문이다. 하나님은 세상을 사랑하시는 분으로 자신을 드러내시며, 교회와 세상에 관여하시고 포용하신다. 그리고 우리는 그분의 선교에 참여하는 특권을 얻게 되었다.

보쉬는 패러다임의 전환에 긴 시간이 걸린다는 사실을 상기시킨다. 변화가 일어나는 과정에 우리는 무엇이 새롭게 등장할지 온전히 알 수는 없다. 그러나 선교의 궁극적 결과는 하나님의 통치가 온전히 회복되고 하늘과 땅의 만물이 다 함께 예수님의 주권 아래 제자리를 찾는 샬롬, 즉 온 피조물의 구속과 갱신이라고 단언할 수 있다. 교회 전체가 예수 그리스도 안에서 성취된 하나님의 목적과 활동을 증거하도록 부름 받았기 때문에, 교회 전체가 하나님의 선교에 참여해야 한다. 이는 제도와 국가에 기반한 정체성에 초점을 맞춘 기독교왕국 선교와 대조된다. 선교 구조는 교회 전체의 선교 활동을 촉진해야 하고, 교회와 분리되어 독자적으로 운영되어서는 안 된다. 하나님의 선교 안에서 취해야 할 우리의 자세는 경이, 경배, 의존, 기도, 겸손, 축하를 포함한다.

요약

스콧 선퀴스트는 "20세기에 접어들었을 때 기독교는 자신감 있고 강하며 제국적인 서구의 종교였다"고 말한다.[42] 20세기 말, "종교학자들, 역사가들, 정치가들은 … 예상치 못한" 기독교 세계선교의 세기에 "놀라움을 금치 못했다."[43] 천 년간 지속된 기독교왕국의 영향으로 구축된 서구 형태의 기독교는 글로벌 기독교에서 지배적 위치를 상실하게 되었다. 그러나 서구 세계는 지난 200년 동안 현대 선교운동을 주도해왔다. 따라서 기독교왕국 패러다임과 글로벌 교회 패러다임 사이의 간극을 극복하기 위한 의도적 노력이 필요하다.

그간의 탐구는 기독교 신앙이 고정되어 있지 않다는 사실을 보여준다. 앤드류 월스는 "기독교 확장의 속성은 진보적(progressive)이지 않고 순차적(serial)"이라고 말한다.[44] 오래 전에는 기독교권이었지만 지금은 그렇지 않은 이집트, 시리아, 튀니지 같은 곳들을 생각해보라:

> 이곳들은 한때 기독교 세계를 이끌고 위대한 신학자들과 심오한 학자들이 포진되었으며 순교자들의 피로 거룩해진 대표적 교회들이었다. 그들은 주변 이교도들의 붕괴와 교회의 승리를 목도한 교회였다.[45]

기독교 신앙은 영토를 정복하고 점령하지 않는다. 역사는 성장이 보장되지 않는다는 사실을 보여준다. 기독교왕국 선교의 힘과 우월한 지위가 흔들리고 있는 현재의 모습에서 그것을 확인할 수 있다.

성찰 질문

- 당신의 주변과 지역 및 온 세상의 교회와 선교에서 여전히 작동하고 있는 기독교왕국 패러다임이 있다면, 그 특징들은 무엇이라 생각하는가?
- 기독교왕국 패러다임과 *missio Dei* 패러다임의 차이점과 유사점은 무엇인가?

미주

1 "George Santayana," https://en.wikiquote.org/wiki/George_Santayana.

2 Alister McGrath, *Historical Theology: An Introduction to the History of Christian Thought*, 2nd ed. (Oxford: Wiley, 2013), 14.

3 John Johnson, *Missing Voices: Learning to Lead Beyond Our Horizons* (Carlisle: Langham Global Library, 2019), 239.

4 Johnson, 239.

5 Hanciles, 84-85.

6 Dictionary.com summarizes this as: 'Christians collectively', 'the Christian world' and 'Christianity'.

7 Allen Yeh states: 'it was called "2010Boston" instead of "Boston 2010" in order to emphasize the year instead of the city', Allen Yeh, *Polycentric Missiology: Twenty-First Century Mission from Everyone to Everywhere* (Downers Grove: IVP Academic, 2016), 162.

8 Hanciles, 85.

9 Alan Kreider, and Eleanor Kreider, *Worship and Mission after Christendom* (Milton Keynes: Paternoster, 2009), 37-38.

10 Andrew Walls, *The Cross-Cultural Process in Christian History* (Maryknoll, NY: Orbis Books, 2017), 219.

11 Robert D. Woodberry, "The Missionary Roots of Liberal Democracy," *American Political Science Review* 106, no. 2 (2012): 244-45, https://dx.doi.org/10.1017/S0003055-412000093.

12 Kreider, and Kreider, 43.

13 Kreider, and Kreider, 50.

14 Samuel Escobar, *The New Global Mission: The Gospel from Everywhere to Everyone* (Downers Grove, IL: InterVarsity Press, 2003).

15 Kreider, and Kreider, 49.

16 Zurlo, 3.

17 Zurlo, 4.

18 Terry, and Gallagher, 297.

19 Luis Bush, "Ad2000 and Beyond: Toward a Conceptual Model," in *Working Together with God to Shape the New Milliennium: Opportunities & Limitations*, ed. Gary Corwin and Kenneth Mulholland (Pasadena: William Carey Library, 2000), 197.

20 Bush, 199.

21 James Davison Hunter, *To Change the World: The Irony, Tragedy, and Possibility of Christianity in the Late Modern World* (New York: Oxford University Press, 2011), 275.

22 Hunter, 275.

23 David Smith, *Mission after Christendom* (London: Darton, Longman and Todd Ltd, 2003).

24 https://ourworldindata.org/urbanization#number-of-people-living-in-urban-areas.

25 United Nations, *Urbanization: Mega & Meta Cities, New City States* (New York: United Nations, 2006).

26 Hanciles, 19. Emphasis original.

27 Jennings, 6.

28 Harvey C. Kwiyani, “Diaspora, Hybridity and Theology,” in *A Hybrid World: Diaspora, Hybridity, and Missio Dei*, ed. Sadiri Joy Tira and Juliet Lee Uytanlet (Littleton, CO: William Carey Publishing, 2020), 47.

29 Calvin Chong, “Globalization, Hybrid Worlds, and Emerging Missional Frontiers,” in *A Hybrid World: Diaspora, Hybridity, and Missio Dei*, ed. Sadiri Joy Tira and Juliet Lee Uytanlet (Littleton, CO: William Carey Publishers, 2020), 71.

30 Harvey C. Kwiyani, *Multicultural Kingdom: Ethnic Diversity, Mission and the Church* (London: SCM Press, 2020), 14.

31 Sam George, “Reimagining Go and Send Mission Paradigms for an Age of Global Migration and World Christianity,” *International Bulletin of Mission Research* 47, no. 2 (2023): 254, https://dx.doi.org/10.1177/23963939322 1120499.

32 George, 256.

33 Os Guinness, *Fit Bodies, Fat Minds: Why Evangelicals Don’t Think, and What to Do About It* (Grand Rapids: Baker, 1994), 103-05.

34 Knud Jørgensen, “Foreword,” in *Mission and Postmodernities*, ed. Rolv Olsen (Oxford: Regnum Books International, 2011), viii.

35 ‘Relativism’, viewed 10 January 2019, from https://www.dictionary.com/browse/relativism?s=t.

36 Pauline Hoggarth et al., *Bible in Mission*, ed. Pauline Hoggarth (Oxford: Regnum, 2013), 63.

37 Jørgensen, in *Mission and Postmodernities*, viii.

38 D. A. Carson, “Domesticating the Gospel: A Review of Grenz’s Renewing the Center,” in *Reclaiming the Center: Confronting Evangelical Accommodation: In Postmodern Times*, ed. Millard J. Erickson, Paul Kjoss Helseth, and Justin Taylor (Wheaton: Crossway, 2004), 35.

39 Gregg Okesson, *A Public Missiology: How Local Churches Witness to a Complex World* (Grand Rapids: Baker Academic, 2020), 23.

40 Okesson, 23.

41 Kirk Franklin, *Towards Global Missional Leadership* (Oxford: Regnum Books International, 2017), 95.

42 Sunquist, xvi.

43 Sunquist, xvi.

44 Andrew Walls, “Demographics, Power and the Gospel in the 21st Century,” 2002.

45 Walls, 1.

4
글로벌 교회의 선교

서론

21세기로 더 깊이 들어가면서 선교가 글로벌 교회를 어떻게 반영할지 고찰해보자. 부분적으로 이 이슈는 지난 수십 년간 진행되어 온 인구학적 변화의 영향을 받는데, 특히 '다수 세계'인 아프리카, 아시아, 라틴아메리카의 기독교 인구 성장에서 가장 두드러지게 나타난다.

에큐메니칼 운동의 많은 사람들이 현대 선교운동의 종말을 예측했지만, 다나 로버트는 "선교 구조의 가장 중요한 발전은 선교운동의 종말이 아니라 다문화적이고 다면적인 네트워크로 전환"이라 밝혔다.[1] 기독교왕국에서 탄생했지만, 새로운 개념이 계속 생겨나면서 향후 선교가 어떻게 전개될지 명확한 이정표는 없다. 루펜 다스는 '다수 세계'가 "역사적 선교가 교회와 사회에 기여한 바를 깊이 인식하고 있다"고 주장한다.[2] 선교는 고정되지 않고 계속 앞으로 나아간다. 우리는 과거로부터 배우고, 하나님의 인도에 의지하며, 시대를 지혜롭게 분별할 수 있어야 한다.

글로벌 교회 패러다임

에드워드 스미더는 이 새로운 시대를 '다수 세계의 선교'로 언급하지만, 이 현상을 무엇이라 부를지는 명확하지 않다. 지금까지 이 변화를 설명하기 위해 '글로벌 사우스', '비서구', '제3세계', '2/3세계', '개발도상 세계'의 기독교 등 다양한 다른 용어들이 사용되었는데,[3] 아래와 같이 또 다른 표현들도 사용된다:

- 남부 대륙의 교회
- 남부와 동부의 교회
- 비서구 세계의 교회
- 다수 세계의 교회[4]
- 글로벌 기독교[5]
- 세계 기독교[6]

요컨대, 현재 세계 기독교인의 대부분이 19세기에는 비기독교 지역이던 대륙에 거주하고 있기 때문에, 그것을 설명할 새로운 용어가 필요하다는 것이다.[7] 글로벌 교회에는 합의된 교리나 지리적 중심, 또는 지배적인 단일 지도자가 없다.[8] 글로벌 교회 패러다임으로 전환의 결과는 "새로운 목소리가 … 들려지기 기다리고 있고, 기독교 신앙과 삶에 대한 새로운 공식이 드러날 준비가 되어 있다"는 것이다.[9]

글로벌 교회의 특징

새로운 패러다임이 여전히 등장하는 중이므로, 그 특징들 중 일부를 살펴보기로 한다.

1) 다민족: 글로벌 교회는 다양한 인종, 문화, 국가, 언어적 배경을 가지고 있다. 세계 기독교 인구의 약 67%가 '다수 세계'에 거주하고 있고, 나머지 33%만이 서구 세계에 거주하고 있다. 신앙에 영향을 미친 엄청난 다양성이 서구 기독교에 존재하지만, 그것이 글로벌 기독교 공동체의 "신념, 가치, 실천 및 정서"를 적절하게 설명하지 못한다.[10]

한국, 브라질, 나이지리아, 인도, 필리핀 같은 곳에서 온 '다수 세계' 선교사의 수가 증가하고 있다. 그들의 장점은 제한지역에 대한 접근성, 고난과 고통에 대한 깊은 이해, 그리고 문화와 정신세계 상황에 대한 존중 등이다. 그들의 문화와 대상 문화 간의 유사성은 사역적 효과를 더욱 향상시킨다. 그러나 그들 또한 제한된 훈련, 자원, 선교적 돌봄, 서구와 파트너십의 언어 장벽, 인종 차별 및 정치적 장해물의 사례 등 여러 문제에 직면해 있다

제이 마텡아는 이 새로운 시대가 고유한 **에피스테메**(지식과 이해)를 가진 "토착적 전환"을 포함한다고 말한다.[11] 이러한 지식 또는 이해 방식은 "상호적이고 호혜적이며 가족적인" 관계로 상호 연결되고 영적으로 인식된다.[12] 그것은 "집단 구성원들의 조화와 상호의존성이 강조되고 중시되는" 집단주의적 성향을 띠며[13], 개인의 필요가 집단의 필요보다 우선시되는 개인주의 사회와 대조된다.

2) 다방향성 및 다중심성: 샘 조지에 따르면, 이제 선교는 "모든 곳에서 모든 곳으로, 다자적이고 다방향적인 보냄과 받음"이다.[14] "다방향 흩어짐과 모임"[15] 개념은 현재 세상에서 하나님의 일하심을 이해하는 데 유용한 주제다.

성장하는 글로벌 교회는 다중심적인데, 산지사방으로 퍼져가는 복음을 통해 그 속성을 드러낸다. 다중심성을 통해 기존의 권력 중심으로부터 짐짓 멀어지고, 공동체가 함께 창의적으로 학습하는 가운데 상호간 영향력이 함양되고 행사된다. 통제와 지배적 영향력에 익숙한 사람들에게 이것은 혼란

스럽고 조율되지 않은 것처럼 보일 수 있다. **표 1**은 다중심적 선교를 개념화한 것이다.

다중심적 선교(다양한 부분과 양상)	
성경적 통찰	개념 및 이점
모든 종족, 언어, 백성, 국가(계 5:9; 7:9)	다중 영향력 중심지들
바울의 유산(유대인, 로마, 헬라, 디아스포라)	혼종성과 다양성의 이점
다양한 영향력 중심지들에 세워진 교회(예: 예루살렘, 안디옥, 고린도, 로마, 빌립보 등)	여러 영향력 중심지들을 통한 복음의 확산이 다양한 문화와 세계관을 가진 사람들과 장소들에서 작동
각기 다른 기능과 은사를 가지고 서로에게 속하며, 모든 지체가 서로를 돌보고(롬 12장; 고전 12장), 각자의 역할을 다하며(엡 4:16), 교제를 나누고(요일 1:3), 서로 섬김(벧전 4:10)	여러 지체들이 몸 전체의 유익을 위해 다양한 기능을 사용하여 동역
상호 격려(히 10:24)와 존중(롬 12:10)	그리스도가 다양한 고유 개성과 은사를 지닌 지체들을 연결하며, 교제를 통한 공동체가 이뤄지고 현실이 공유됨
한 몸에 속한 지체들의 동등한 가치(고전 3:8-9; 고전 12:18-20, 25), 다양한 은사의 동역, 연약한 지체 존중, 상호 돌봄(롬 12:22-26)	역할과 무관하게 다양한 지체들에 의한 사역, 모든 지체들의 상호 돌봄과 조화
사랑 안에서 진리를 나누는 건강한 성장(엡 4:15-16), 서로의 성품 연마(잠 27:17)	상호투명성, 건강하고 유익한 상호성 위한 진실 공유, 건설적 피드백, 더 나음을 유발하는 다름
마음, 사랑, 정신, 목적의 하나됨(빌 2:2-5)	다양성 속의 하나됨
유오디아와 순두게의 사례(빌 4:2-3)	사람들 이름 알기

표 1: 다중심적 선교

3) 총체적: 도널드 시니어는 선교에 대한 신약성경의 묘사 중 하나가 "치유와 화해의 공동체"라고 말한다.[16] 제이 마텡아는 "온 세상에 전파된 복음은 성취해야 할 과업이 아니라 약속"이라 특징짓는다.[17] 서구 선교는 그것을 성취해야 할 과제로 만들었는데, 그 결과 "하나님의 선교의 초점을 건강

하지 않고 비성경적인 인간 중심의 관점으로 옮겼다."[18] 글로벌 교회의 맥락에서 하나님 나라는 "하나님의 구속과 용서라는 구원 서사보다 더 넓은 선교적 틀로, 용서와 영생의 이슈를 하나님 나라에 들어가는 더 큰 맥락 안에 포괄한다."[19] 다수 세계의 "인식론[지식 연구]에는 사람들이 진리를 인식하는 방식의 필수적 요소로 기적, 초자연, 표적, 기사(奇事), 꿈, 직관 및 감정이 포함된다."[20]

선교는 하나님 나라의 화해와 갱신, 회복에 초점을 맞추며, 그리스도의 예배 공동체는 그 표징이자 예표적 견본이다. 관계와 동반자 관점은 사역과 공동 창조를 촉진한다. 루펜 다스는 "모든 피조물을 구속하고 화해시키고 회복하는 하나님의 선교는 … 신자와 교회가 상상할 수 있는 그 무엇보다 크며, [하나님은] 자기 백성을 그 사명의 동역자로 초대하신다"고 말한다.[21]

4) 자(自)신학화: 19세기에 루퍼스 앤더슨과 헨리 벤이 소개한 교회 발전의 삼자(三自) 이론을 업데이트해야 할 필요성이 있다. 그들은 자급(自給), 자치(自治), 자전(自傳) 원칙을 통해 (선교지) 신생 교회의 자립 가능성을 높일 수 있다고 믿었다. 글로벌 교회 패러다임의 부상으로 선교신학, 선교 해석학, 실천적 적용 및 신실한 증거가 스스로 성찰하는 지역신학을 반영하여 다중심적이고 다성(多聲)적이며 다원적이어야 한다는 기대가 높아지고 있다. 권성찬은 지금까지 사역이 "외부인에 의해 표준화되어 왔다"고 본다.[22] 지역 차원의 선교신학과 지도력 모델, 훈련 전략, 그리고 하나님의 일하심에 대한 더 깊은 이해의 개발이 갈수록 더 중요해지고 있다. 이는 다수 세계 교회가 단순히 서구종교를 대변하기보다, 토착 정체성을 확립하면서 스스로 기독교 선교역사를 독해하는 과제를 돕는 데 필요하다. 그들은 또한 부패, 권위주의 정부, 억압, 박해, 소수자 지위, 종교간 관계, 갈등, 평화 구축, 문화적 가치들, 의전 등 사회정치적 이슈들에 직면해 있다.

이에 대해 혹자는 삼자 선교이론에 네 번째 '자'(自)의 추가를 주장한다.

예를 들어, 다스는 "다수 세계 교회의 '자기 주도성' 부족"에 대응하기 위해 '자아'(selfhood)를 추가한다.[23] 이것은 "지역 선교신학과 전략을 발전시키고, 지도력과 훈련의 지역 모델을 이해하며 … 하나님께서 이미 비서구권에서 어떻게 일하고 계시는지 더 잘 인식할" 기회를 창출한다.[24] 패트릭 펑은 "글로벌 교회 각지의 지도자들이 함께 모여 다양한 문화적 맥락에서 성경을 이해하고 서로의 문화적 편견을 견제하는 국제적 해석 공동체"를 제안한다.[25] 권성찬은 이제 단순히 '타인의 해석'을 받아들이는 대신, "현지 지도자들이 … 스스로 하나님의 말씀에 뿌리를 내리고 … 자신의 은사와 강점을 가지고 하나님의 선교에 참여"하는 방법을 배워야 한다고 말한다.[26]

5) 주체적 기여: 다수 세계의 선교는 "선교단체가 시작되던 시대와 달리 탈식민화된 시대가 던지는 정체성의 도전"을 떠안고 있는 셈인데,[27] 그것은 열등감으로 표출될 수 있다. 따라서 "선교의 미래에 대한 다수 세계의 목소리"를 듣기 위한 새로운 접근 방식이 필요하다.[28] 다수 세계 밖에 있는 사람들은 사역 대상을 '지배하지 않고' 사역 대상 안에 '거하도록 보냄 받은' 의미가 무엇인지 배워야 한다.[29]

주체성은 "자신의 행동으로 자신의 기능과 사건의 진행 과정에 영향력을 행사할 수 있는 능력"이다.[30] "제한받지 않고 독자적 선택을 할 수 있는 자유"를 의미하는 주체성은 글로벌 관계 속에서 진행되는 다수 세계 선교에 필요하다.[31] 다수 세계 선교가 "자신의 미래를 결정하고 자신의 정체성을 형성하며 … 의미있게 기여"하기 위한 주체적 권한이 필요하다.[32] "훨씬 더 크고 강력한 국제 파트너" 구조 내에서 자신의 대리권을 효과적으로 사용하는 방법을 알아내고, "더 큰 선교 구조 내에서 자신의 의사 결정 지위를 확보하기 위한" 다수 세계 선교의 분별력이 필요하다.[33]

패러다임 간의 격차

다른 패러다임 사이에는 당연히 간극이 있다. 기독교왕국 패러다임은 여전히 선교에 대한 우리의 이해와 실천에 영향을 미치고 있고, 길고 복잡한 과정을 거쳐야 새로운 패러다임으로 대체될 것이다. 최근 들어, 선교의 다음 패러다임을 예측하고 인식하려는 거의 광적인 집착이 팽배했다. 패러다임이 전환되고 있다면, 무엇을 향한 변화일까? 우리는 정말 새로운 것을 원하는가, 아니면 단순히 기독교왕국 선교 모델이 더 잘 작동하도록 손보려는 것인가?

마텡아가 제안하는 단계는, "산업적 멜로디(예: 기독교왕국 패러다임)의 빈틈"을 파악하고 "현지의 목소리(예: 글로벌 교회 패러다임)를 증폭시켜 그들의 화음이 들리도록 하는 것"이다. 이 빈틈은 "문화적으로 다양한 선교 집단들", 특히 "외국 신자들과 자국 신자들 사이에 해당한다."[34] 또한 마텡아는 하나님께서 어떻게 산업사회의 인식과 현지 인식 사이의 간극을 뛰어넘어 "경계를 초월한 섬김으로 부름 받은 사람들"을 교회에 공급하셨는지 관찰한다.[35] 이것은 "[두 패러다임 사이의] 다름의 긴장을 끌어안거나 [함께] 둘러앉아 그것이 우리를 변화시킬 수 있게 하는, 다양성을 축하하는 일치"를 요구하는데, 이는 "긴장 없이는 조화를 이룰 수 없기 때문이다."[36] 두 패러다임—또는 마텡아가 '에피스테메'라 부르는 것—을 '대위'(對位)시킬 기회가 주어진 셈인데, 이는 "둘의 긴장 상태를 유지하면서 상호 조율함으로, 비록 불편하고 때로는 고통스러울지라도 멋진 샬롬의 화음을 창출"하는 일이고, "현지 영역의 가치관 안에 있는 강점을 증폭시키기 위해 산업 생태계의 인지적 빈틈"을 드러내는 일이다.[37]

두 패러다임 사이의 전환은 고통, 긴장, 왜곡을 야기할 수 있다. 이제 1) 힘의 불균형과 2) 환원주의의 이슈를 살펴보자.

1) 힘의 불균형: 서구 국가들은 신식민주의와 더불어 자원, 영향력 및 연관된 문화적 기득권을 세계의 다른 지역에 대한 지배력으로 사용하는데, 이는 글로벌 선교에 영향을 미친다. 다스는 기독교왕국 패러다임이 "서구교회의 돈이나 자원을 공급받지 않는 다수 세계 토착 선교운동의 점진적 기여를 인식하거나 인정하지 않는다"고 말한다.[38] 이어서 그는 말한다: "다수 세계 선교 지도자들은 서구 복음주의자들과 선교 지도자들로부터 당하는 취급에 상처를 받는다. 그들은 종종 무시당하고 신뢰받지 못한다고 느낀다. 그들의 의견은 존중받지 못한다."[39] 그러나 마텡아는 "우리는 더이상 우월적이고 강압적인 태도로 선교에 접근할 위치에 있지 않다"며 "이제는 겸손하고 진정으로 섬기며 배우는 자세로 온 세상 속으로 들어가야 한다"고 말한다.[40]

눈에 띄는 또 다른 힘의 불균형은, 서구 자원이 서구의 신학 및 실천적 적용을 지속적으로 지배하는 도구로 사용될 때 발생한다. 예를 들어, 다스는 "서구의 세계관, 신학적 틀, 전략, 지원금은 여전히 선교, 전도, 신학교육에 관한 대부분의 논의와 문헌을 지배하고 있다"고 말한다.[41]

힘의 불균형은 식민지적 소속감, 권력이나 돈 및 기타 자원의 부적절한 사용, 그리고 문화적, 교육적, 정신적, 물질적 우월주의 태도 등의 형태를 취한다.

2) 환원주의: 경영적 선교는 글로벌 선교에 기독교왕국 패러다임을 요구하는 환원주의의 한 형태인데, 다스는 "모금 제안서, 보고, 평가, 엄격한 실행계획, 인사 관리에 요구되는 관리체제가 너무 번거롭고 의심스러운 가치"라고 말한다.[42] 사무엘 에스코바르는 교회 성장이나 AD2000운동과 연관된 단체들로부터 경영적 선교가 나왔다면서, 그것은 "기독교 선교를 관리 가능한 사업으로 환원하려는 노력"이었다고 지적한다.[43] 선교 활동은 목표 지향적 관리를 통해 문제를 해결하기 위한 논리적 단계의 단선적 순서로 재단되

었다. 그러나 다수 세계 선교계와 심지어 서구 선교 지도자들도 “이런 정보가 어떻게 활용될 수 있다는 것인” 의문을 품는다.[44]

기독교 선교의 노력은 세계 곳곳으로 퍼져갔고 교회들이 세워졌다. 한동안 별다른 의문이나 검토 없이, 그래서 환원주의적 사고방식을 지닌 채, 다수 세계의 새로운 선교 운동은 유럽인들의 이주, 식민주의, 세계를 문명화하려는 시도가 반영된 기독교왕국 패러다임의 선교 이해와 실천을 지속했다

기독교왕국 선교 패러다임의 또 다른 형태의 환원주의는 파송에 초점을 맞추는 것인데, 이는 현재 모든 나라에 존재하고 있지만 특정 지역사회에서 가시적 증거활동이 부재한 교회의 존재를 무시하는 결과를 초래할 수 있다. 이 ‘지역’ 교회는 모든 민족, 국가, 종족, 언어에 접근할 수 있다. 그러나 ‘보냄 받은 자’에 초점을 맞추면, 글로벌 교회 패러다임에서 지역 그리스도인들이 주도적으로 신앙을 전하고 실천할 때 교회 성장이 일어난다는 사실을 모호하게 만들 위험이 있다.

선교의 언어로서 우정

선교 관계에서 힘의 불균형 및 환원주의의 문제와 격차에 대해 언급했는데, 이러한 간극을 메꾸는 방법에 대한 통찰력이 필요하다. 그 해답은 우정을 쌓고 경청하는 법을 배우는 데 있다.

이 화두를 선교 역사의 맥락에 맞추기 위해 100여 년 전으로 돌아가보자. 1910년 에딘버러에서 열린 세계선교대회에는 세계의 교회와 선교 지도자들이 모였는데, 당시 세계선교를 주도하던 서구 출신 참석자들이 주류를 이뤘다. 이 선교대회 기간에 선교에 대한 우리의 이해를 증진시키는 우정이라는 주제가 잊을 수 없는 강력한 방식으로 제기되었고, 하나님의 놀라운 개입을

통해 세계선교 공동체의 지속적인 주목을 끌게 되었다.

인도의 젊은 성공회 목사인 사무엘 아자리아(1874-1945)가 이 대회에 초대받았는데, 그는 다수 세계를 대표하는 17명 중 하나였다.[45] 연설 요청을 받은 그는 서구 해외 선교사들의 사역과 자기 헌신, 희생에 대한 인도 기독교 공동체의 감사를 먼저 전했다. 그런 다음, 그는 "비서구 그리스도인들에 대한 서구 선교사들의 경멸적 태도"에 대해 과감하게 언급했다.[46] 그의 연설은 이렇게 마무리되었다:

> 다가오는 시대에 인도 교회는 선교 공동체의 영웅적 행위와 자기 부인의 수고를 증거하기 위해 감사하는 마음으로 일어날 것입니다. 여러분은 가난한 자들을 먹이기 위해 여러분의 재물을 주셨습니다. 여러분은 여러분의 몸을 불사르게 내어주었습니다. 우리는 또한 사랑을 요청합니다. 우리에게 친구들을 주십시오![47]

아자리아의 이 요청은 이 대회의 가장 주목할 만한 발언 중 하나로 기억된다. 선교에 참여하는 글로벌 교회로 성장하려면 우정이라는 근본적 이슈를 다뤄야 한다. 하지만 한 세기가 지난 지금, 다나 로버트에 따르면 교회는 여전히 "탈식민주의, 의존성, 가부장주의 및 가난에 가로막힌 우정"의 짐을 안고 있다.[48] 아자리아는 인도에 온 대부분의 서구 선교사들이 "인도의 양떼와 평등한 입장에서 진정으로 형제적이고 행복한 관계를 맺는 데 방해되는 시혜적 태도[와 오만]의 제거"에 실패했다고 지적했다.[49] 한편으로 그는 서양 선교사들의 선행을 칭찬했지만, 그들 대부분이 인도인들과 동역 관계에서 우정을 쌓는 핵심영역에서 실패한 사실을 인정했다.

하나님의 선교에서 진정한 친구가 된다는 것은 무엇을 의미할까? 사랑의 삼위 하나님은 우정 공동체로 기능하시며 우리를 그 관계로 초대하신다. 우정은 우리가 서로에게, 그리스도가 없는 사람들에게, 그리고 하나님이 그분의 왕국으로 초대하시는 사람들에게 제공하는 근원적이고 본질적인 특성이다.

우정과 밀접한 관련이 있는 파트너십이라는 주제는 1947년 캐나다 휘트비에서 열린 세계선교대회에서 다뤄졌다. 1945년 제2차 세계대전이 끝나고 세계는 깊은 분열로부터 치유되고 있었다. 참석한 112명의 참가자들은 전쟁으로 인해 선교 활동이 어떤 영향을 받았는지 평가하는 데 집중했다. 그들은 글로벌 교회 전체에게 선교의 파트너십에 대한 새로운 인식이 필요함을 겸허하게 인식했다. 토론에서는 '교회의 증거'가 어떻게 "모든 기독교회와 사역적 시도들 간의 순종하는 파트너십, 즉 순종적 동역"으로 일어나야 하는지 탐구했다.[50] 파트너십에 대한 이해는 교회의 참여가 새롭고 다양한 경계로 진입하면서 성장한다. 그 경계가 문화를 넘든 아니든, 교회는 파트너십을 통해 그들과 함께해야 한다. 이미 지역 및 글로벌 공동체에서 함께하고 있는 사람들뿐 아니라 외부에서 온 사람들과 파트너십 관계를 형성해야 한다. 디아스포라 그리스도인들과 토착 그리스도인들 간의 파트너십이 필요하다. 교회의 회중과 선교 전문집단 간의 파트너십도 필요하다. 심지어 그리스도인들과 다른 신앙을 가진 사람들, 즉 의와 정의에 대한 헌신을 공유한 사람들 사이의 진정성 있는 파트너십도 필요하다. 복음주의자로서 우리는 이러한 종류의 파트너십을 두려워할 필요가 없고, 우리가 하는 일에 그리스도의 주되심을 중심에 둔 채 하나님께서 그분의 영광을 위해 그들을 통해 일하실 것을 믿어야 한다.

1910년과 1947년, 이 두 번의 역사적 만남을 통해 선교 파트너십이라는 주제가 주목을 받게 되었음을 알 수 있다. 과거로부터 배우려면 역사 인식이 중요한데, 특히 선교에서 중요한 이슈를 접근할 때 그렇다. 전도서가 말하듯, 역사는 반복된다. "이미 있던 것이 훗날에 다시 있을 것이며, 이미 일어났던 일이 훗날에 다시 일어날 것이다. 이 세상에 새 것이란 없다."(전 1:9, 새번역)

아자리아가 그의 조국 인도에서 서구 선교사들의 협력적 접근의 일환으로 우정을 요청했을 때, 그는 문화를 뛰어넘는 우정에 헌신했는데 그 효력을 목격했기 때문이다. 그는 분열된 인도 사회에게 하나님 나라에 대한 기독교적 비전을 가시적으로 보여줄 필요가 있다고 호소했다. 그의 조국은 "그리스도의 영광의 지극히 풍성함을 아는 지식에서 비롯된" 독특한 차원의 우정으로 "카스트, 종족, 문화, 제국의 장벽을 넘어" 하나로 묶인 교회를 목격할 필요가 있었다.[51]

하나님과 우정, 우리끼리 우정, 그리고 우리가 섬기도록 부름받은 사람들과 우정은 탈기독교 시대의 선교를 위한 기본적 선교 원리로, 하나님께 영광을 돌리고 그분의 왕국을 가시적으로 보여주는 방식이다. 우정은 공동체 안에서 일어나며 공동체를 만들고 심화한다. 선교 공동체의 참여자들은 공동의 특징과 헌신을 공유한다. 글로벌 교회 선교의 모든 파트너십과 협력적 노력이 관대한 우정의 토대 위에서 이루어진다면 하나님의 선교는 더욱 심오하게 이뤄질 것이다.

선교적 우정이 어떻게 깊어질 수 있을지 생각해보자.

경청: 글로벌 교회는 다양한 교회를 대표하는 목소리에 귀를 기울이고 하나님의 선교에 동참하는 친구로서 피차 '조화'를 이루어야 한다. 그러나 오늘의 세상에서 진정한 경청은 매우 어렵다. 선교의 영역에서도 권력의 주변에서 발생하는 소음이 점점 더 커지고 다양해지고 있다. 그 결과, 본질적인 것과 비본질적인 것을 듣고 분별하는 데 방해를 받을 수 있다. 우리가 진정으로 하나님의 선교에 참여하고자 한다면, 우리와 다른 사람들의 말을 경청하는 법을 배우는 것이 무엇보다 중요하다. 우리는 타인에 대한 존중과 호기심, 개방성의 자세를 함양하고, 우리의 경험과 성별, 나이, 상황에 의해 형성된 가정과 무의식적 편견을 극복하기 위해 노력해야 한다. 이러한 무의식적 편견은 다른 의견의 경청을 거의 불가능하게 만든다. 우리는 우리가 이해할 수 없는 것을 듣거나 보지 못한다는 연구 결과가 있다. 하지만 하나

님은 성령을 통해 인도하신다. 그분은 역할, 지위, 문화와 무관하게 사람들을 통해 말씀하신다. 따라서 글로벌 교회의 선교 공동체는 그리스도의 몸 안에서 다양성의 아름다움을 경험하고, 각 지체의 목소리가 교향곡 안에서 어떻게 화음을 이루는지 보여준다.

하나님의 글로벌 차원의 몸은 "많은 음성들 또는 소리들"[52]로 구성되어 있다는 다성적 정의를 내릴 수 있다. 그리스도의 다인종적 몸을 대변하는 많은 목소리가 있다. 근대 선교시대의 역사는 서구 기독교왕국 패러다임의 소리 체계에 맞춰져 있었으나, 오늘날의 다성적인 글로벌 그리스도의 몸이 내는 소리는 다르다. 다성적 선교의 성경적 통찰력, 개념, 유익을 **표 2**에 정리해 본다.

다성적	
성경적 통찰	개념 및 유용성
치유하는 말(잠 15:4)	학습, 듣기, 목소리 내기 위한 경청의 공간
선하고 지혜로운 사람의 말과 가르침(잠 10:21), 지혜로운 말(잠 15:2), 지식을 확산하는 말(잠 15:7)	다양한 목소리, 통찰, 분별, 진정한 관계 맺기, 상호 학습
여러 조언자의 유익(잠 15:22), 분별과 이해를 낳는 경청(잠 15:22)	여러 사람의 조언과 목소리를 통해 얻는 지혜와 분별
신속한 경청(약1:19)	신중하고 사려깊은 상호 경청
이해 가능한 명확한 목소리, 올바른 응답을 낳는 명확성(고전 14:7)	다양한 목소리의 조화와 아름다움, 진정성과 존중을 담은 경청

표 2: 다성적 선교

제3의 공간: 파트너십을 추구하고 진정으로 서로에게 경청하며 자기 세계의 한계에서 벗어나려는 의지가 있다면, 제3의 공간을 만드는 것이 매우 유익할 것이다. 제3의 공간 이론은, 참가자들이 자신의 안전한 공간을 떠나 제3의 공간으로 들어가서, 자신의 전제와 신념 및 관점을 유지하면서도 다른 사람의 의견을 경청하고 함께 새로운 것을 창조하는 일을 포함한다. 이런 안전한 공간을 마련하면 다양한 집단들이 함께 모여 하나님의 선교 안에서, 그리고 하나님의 선교를 위해, 새로운 우정과 아이디어 및 개념을 인정하고 탐구하며, 토론하고 이해하며, 축하하고 화해하며 발전시킬 수 있다.

몸에는 여러 지체들이 필요한데, 우리의 역할은 몸이 건강하게 성장하고 효과적이 되게 하는 것이다. 갈등이나 결정을 '옳다' 또는 '그르다'라는 이분법 방식으로 접근하기보다 제3의 방법을 협상하는 것이 더 바람직할 때가 많다. 제3의 방법은 새로운 옵션일 수도 있고, 다양한 목소리들의 아이디어를 창의적으로 혼합한 것일 수도 있다. 이는 서로 주고받고 섬기는 상호의 존적 협력을 촉진하며, 선교에서 진실된 우정을 바탕으로 진정성 있는 파트너십의 존중과 존엄성을 드러낸다.

청지기 정신과 관대함: 참된 관대함은 각 참가자의 가치를 인정하고 긍정한다. 때로는 주는 것보다 받는 것이 더 어려운데, 몸의 어떤 지체는 받는 법을, 어떤 지체는 주는 법을 배워야 한다. 선한 청지기 정신은 하나님의 선교 안에서 서로 섬기는 친구들의 습관적 행동이 된다. "[선교에서] 우정의 강화는 더 큰 협력과 파트너십 및 관대함을 낳는다… 청지기와 관대함은 재정뿐 아니라 시간, 봉사, 공감, 은혜, 그리고 우리의 전 존재를 포함하는 삶의 모든 것을 포괄한다. 청지기 정신과 관대함은 하나님의 모든 교회를 주는 자들임과 동시에 받는 자들로 묘사한다."[53]

관대함은 글로벌 교회 선교의 핵심으로 더 폭넓게 탐구할 필요가 있다. 스콧 로댕은 "하나님 나라의 관대한 청지기는 이웃과 피조물을 향한 이타적 섬김을 드러낸다. 그러한 청지기의 관대함은 예수 그리스도 안에서 하나님의 '측량할 수 없는 관대함'에 대한 응답이다."[54] 관대함은 "기꺼이 베풀 준비 또는 자유함"인데,[55] 무엇—특히 돈—을 꼭 필요하거나 기대되는 것 이상으로 제공하려는 친절과 관대함이다. "그리스도 중심의 관대함은 하나님을 향한 풍성한 마음의 성향[또는 성품]이며, 순종적이고 기쁨 넘치는 청지기의 삶을 규정하는 특징이다."56

구약성경에는 관대함에 대한 많은 사례들이 있다:

- "반드시 당신들의 손을 그에게 펴서, 그가 필요한 만큼 넉넉하게 꾸어 주십시오."(신 15:8, 이하 새번역)
- "저마다 주 당신들의 하나님으로부터 받은 복에 따라서 그 힘대로 예물을 가지고 나아가야 합니다."(신 16:17)
- "남에게 베풀기를 좋아하는 사람이 부유해지고, 남에게 마실 물을 주면 자신도 갈증을 면한다."(잠 11:25)
- "가난한 사람에게 은혜를 베푸는 것은 주님께 꾸어드리는 것이니, 주님께서 그 선행을 넉넉하게 갚아 주신다."(잠 19:17)

신약성경에서 관대함은 다양한 방식으로 표현된다:

- "남에게 주어라. 그리하면 하나님께서도 너희에게 주실 것이니, 되를 누르고 흔들어서 넘치도록 후하게 되어서 너희 품에 안겨주실 것이다. 너희가 되질하여 주는 그 되로 너희에게 도로 되어서 주실 것이다."(눅 6:38)
- "하나님께서 우리에게 주신 은혜를 따라, 우리는 저마다 다른 신령한 선물을 가지고 있습니다… 자선을 베푸는 사람은 기쁜 마음으로 해야 합니다."(롬 12:6-8)
- "그들은 큰 환난의 시련을 겪으면서도 기쁨이 넘치고, 극심한 가난에 쪼들리면서도 넉넉한 마음으로 남에게 베풀었습니다. 내가 증언합니다. 그들은 힘이 닿는 대로 구제하였을 뿐만 아니라, 오히려 힘에 지나도록 자원해서 하였습니다."(고후 8:2-3)

성경적 통찰은 그리스도의 몸의 지체들이 연합하고 합심하여 함께 일하며, 같은 생각을 가진 동반자로서 함께 성장하고 열매를 맺으며, 서로의 짐을 지고 함께 더 많이 성취하도록 권한다. 우리는 은혜를 베풀고 축복하며, 손을 펴서 빌려주고 재산을 나누며, 풍요롭게 받은 은혜의 선물을 베풀고

너그러워야 한다. 이 모든 것은 글로벌 교회에서 하나님의 선교를 위한 친구이자 청지기로서의 파트너십과 협력이라는 성경적 토대에 기여하는 방식이다.

구체적 실천의 다른 예들:

- 영적 장벽 돌파를 위한 중보기도
- 가장 어려운 상황에서도 우리의 존재와 우정을 통해 고통에 연대하는 것은 그리스도 안에서 우리가 하나라는 강력한 증거이며, 우리 주변뿐 아니라 하늘의 영역에도 영향을 미친다(엡 3:10). 이러한 연대에는 옹호, 협업을 통한 실제적 지원, 기도가 포함된다.

신실한 증거의 언어

선교의 언어, 특히 기독교왕국 패러다임의 영향을 받은 용어의 문제를 고려할 때, '신실한 증거'는 선교에 대해 생각하고 언급하는 대안적 방식이다.[57] 신실한 증거는 **도표 1**의 중첩된 영역으로 그려볼 수 있다.

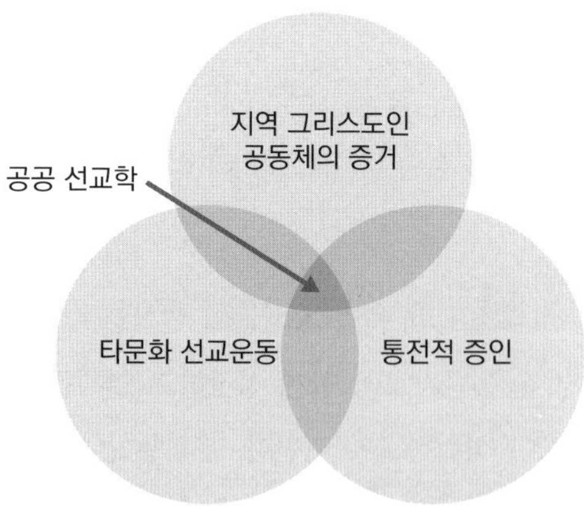

도표 1: 신실한 증거의 영역들

지역 그리스도인 공동체의 증거: 그리스도의 몸은 지역 상황에서 예배와 증거를 위해 모이는데, 그들은 신실한 증인으로서 해당 지역사회에 참여하는 가시적 지체들이다. 이러한 개인과 집단은 지역교회, 교회들의 지역 연합체, 또는 예수님을 따르는 다른 집단에 속할 수 있다. 증거는 사회의 모든 측면에 드러날 수 있다. 그리스도의 몸의 여러 부분들 사이에서 증거가 무너지는 곳이 있는데, 이를 인식하고 해결해야 한다

타문화 선교운동: 개인과 팀이 자신의 언어인종적 공동체와 문화로부터 다른 문화적 공간으로 이동하여 수행하는 신실한 증거를 일컫는다. 그 과정에서 타문화 증거가 형성된다. 역사적으로 이 운동에는 전문가(선교사)가 참여했고, 종종 교회 설립을 목표로 다른 지역으로 이동하는 일이 포함되었다. 문화 간 관계를 형성하는 것이 증거의 수단이 되었고, 그 일은 모든 상황에서 일어나고 있다.

통전적 증인: 하나님 나라에 초점을 맞추고 그리스도의 주되심을 삶의 모든 영역에 구현하고자 노력하는 개인과 집단을 가리킨다. 역사적으로 통전적 선교운동은 비정부기구(NGO)와 신앙 기반 단체(FBO)에서 주로 이루어졌는데, 사회 변혁에 초점을 맞추는 경향이 있었다. 이제는 비즈니스와 시장을 통한 통전적 증거가 포함된다. 영리 시장과 사회적 기업에서 일하는 사람들이 통전적 증인이 될 수 있도록 지원하고 훈련해야 할 필요성이 높다

공공 선교학: **도표 1**에 나오는 각각의 원은 공공 선교학의 질문을 내포하고 있는데, 그것은 "모든 생명을 충만케 하시는 삼위일체 인격의 두께를 엮어내기 위해 공적 삶의 모든 '공간들'을 오가는 회중적 증거"로 정의된다.[58]

신실한 증거의 언어가 포용적일 때, 그것은 다음 세기를 위한 선교를 개념화하고 발전시키는 데 도움이 된다. 신실한 증거는 타문화 선교운동, 지역 그리스도인 공동체의 증거, 삶의 전 영역의 통합이라는 세 가지 중요한 요소를 선교로 묶어낼 수 있는 잠재력을 가지고 있다. 우리는 여전히 관행적

타문화 선교의 관점에서 '영웅' 또는 '개척자'의 언어를 동원 목적으로 사용하곤 한다. 그러나 신실한 타문화권 증거의 참여자 역할에 대한 이해를 새롭게 하기 위해, 우리는 하나님의 통치 안에서 교회의 모든 부분이 그 일에 참여한다는 사실과 그것이 수반하는 결과를 통합적으로 담아내야 한다.

요약

우리는 패러다임과 그 전환이 교회의 선교역사를 해석하는 데 어떤 도움을 주는지 확인했다. 선교신학에 적용하면, 그것은 글로벌 교회의 변화하는 맥락, 즉 기독교왕국 시대에서 탈기독교 시대로 전환하면서 다수 세계 지역에서 글로벌 교회의 성장이라는 새로운 패러다임이 어떻게 진행되고 있는지 분석하고 해석할 수 있는 틀을 제공한다. 그것은 다면적이고 다중심적이며 다성적인 움직임이다.

우정, 파트너십, 관대함, 또는 다른 어떤 것을 통해서든 우리는 선교신학을 신중하고 체계적으로 발전시켜야 한다. 그럼으로써 우리는 하나님의 선교에 대한 우리의 섬김을 개선하고 강화할 수 있는, 더 나은 위치에 서게 될 것이다. 하나님께서 우리의 참여를 요청하시는 분야나 영역에서 우리의 기여가 어떻게 지속적 변화를 가져올 수 있을지 탐구하는, 더욱 풍성한 선교신학의 발전을 겨냥한 동역에 독자를 초대한다.

성찰 질문

- 21세기와 글로벌 교회의 시대로 나아가는 선교를 고려할 때, 이미 선교의 효과에 영향을 미치고 있는 중요한 이슈들은 무엇인가?

- 이러한 이슈들이 글로벌 교회 내에서 충분히 주목받고 있다고 보는가? 그렇지 않다면, 당신의 관심과 성찰의 영역에 해당하는 것이 있는가? 있다면, 그것을 어떻게 더 깊은 탐구에 통합할 수 있을까?

미주

1 Robert, 73.

2 Rupen Das, "What the Majority World Is Saying About Mission Today," *Evangelical Review of Theology* 46, no. 3 (2022): 199.

3 Smither, 165.

4 Lalsangkima Pachuau, *World Christianity: A Historical and Theological Introduction* (Nashville: Abingdon Press, 2018), 5.

5 Douglas Jacobsen, *Global Gospel: An Introduction to Christianity on Five Continents* (Grand Rapids: Baker Academic, 2015), ix-x.

6 Pachuau, 3.

7 Pachuau, 3.

8 Jacobsen, xv.

9 Jacobsen, xvi.

10 Jacobsen, xv.

11 Jay Matenga, "A New Era of Missions" (paper presented at the Mission Interlink Conference, Melbourne, VIC2022).

12 Matenga, 3.

13 Craig Storti, *Figuring Foreigners Out: A Practical Guide* (Yarmouth, ME: InterCultural Press, 1999), 25-26.

14 Sam George, "Motus Dei (the Move of God)," in *Global Migration & Christian Faith: Implications for Identity and Mission*, ed. M. Daniel Carroll R. and Vincent E. Bacote (Eugene, OR: Cascade Books, 2021), 178.

15 George, "Motus Dei (the Move of God)," in *Global Migration & Christian Faith: Implications for Identity and Mission*, 178.

16 Donald Senior, "Correlating Images of Church and Images of Mission in the New Testament," *Missiology: An International Review* 13, no. 1 (1995): 7.

17 Matenga, 8.

18 Matenga, 8.

19 Das 204.

20 Das 204.

21 Das 207.

22 Das 212.

23 Das 204.

24 Das 212.

25 Patrick Fung, "Mission Partnership in a Polycentric World," in *Majority World Perspectives on Christian Mission*, ed. Eugene Baron and Nico Botha (Auckland Park: University of Johannesburg Press, 2022), 56.

26 Sung Chan Kwon, *A Missional Reading of the Fourth Gospel: A Gospel-Driven Theology of Discipleship* (Oxford: Regnum, 2022), 6.

27 Kirk Franklin, "Implications of Identity in Global Mission," *Missiology: An International Review* 51, no. 1 (2023): 9, https://dx.doi.org/10.1177/00918296221117709.

28 Das 199.

29 Matenga, 8.

30 Albert Bandura, "Toward an Agentic Theory of the Self," *Advances in Self Research* 3 (2008): 16.

31 Graham Hill, and Grace Ji-Sun Kim, *Healing Our Broken Humanity* (Downers Grove: IVP, 2018), 128.

32 Hill, and Kim, 128.

33 Franklin, "Implications of Identity in Global Mission," 5.

34 Matenga, 7.

35 Matenga, 8.

36 Matenga, 6.

37 Matenga, 3.

38 Das, 210.

39 Das, 210.

40 Matenga, 7.

41 Das, 198.

42 Das, 210.

43 Samuel Escobar, "Managerial Missiology," in *Dictionary of World Mission*, ed. John Corrie (Downers Grove, IL: IVP Academic, 2007), 216.

44 Das, 210.

45 David Kerr, and Kenneth Ross, "Introduction," in *Edinburgh 2010: Mission Then and Now*, ed. David Kerr and Kenneth Ross (Oxford: Regnum, 2009), 3.

46 Yeh, 110.

47 Brian Stanley, *The World Missionary Conference, Edinburgh 1910* (Grand Rapids: Wm. B. Eerdmans, 2009), 125.

48 Balia, and Kim, 133.

49 Dana Robert, "Cross-Cultural Friendship in the Creation of Twentieth-Century World Christianity," *IBMR* 35, no. 2 (2011): 100.

50 Wrogemann, 64.

51 Stanley, 129-30.

52 https://www.dictionary.com/browse/polyphonic.

53 Susan Van Wynen, Dave Crough, and Kirk Franklin, "Foundational Statements of the Wycliffe Global Alliance," 2019, accessed 7 September, 2020, https://www.wycliffe.net/wp-content/uploads/2020/01/Alliance_Foundational_Statements_2019_09_EN.pdf.

54 Kirk Franklin, and Nelus Niemandt, "Funding God's Mission: Towards a Missiology of Generosity," *Missionalia* 43, no. 3 (2015): 389.

55 Dictionary.com

56 R. Scott Rodin, "A Vision for the Generous Life," in *Christ-Centered Generosity: Global Perspectives on the Biblical Call to a Generous Life*, ed. R. Scott Rodin (Colbert: Kiingdom Life Publishers, 2015), 11.

57 The sections 'Local Christian community witness', 'Cross-cultural mission movements', and 'Integral witness' have been adapted from the author's work with OCMS's R-esearch Forum for Faithful Witness (https://www.ocms.ac.uk/research-forum/).

58 Okesson, 95-96.

제 2 부

선교신학

5
선교신학의 구성 요소

서론

5장에서 우리는 선교신학의 목표를 논할 것이다. 하나님의 선교를 온전히 이해하고 그 일에 더욱 효과적으로 참여하려는 목표인데, 이는 하나님께서 우리를 청지기로 부르신 인간 사회와 세계의 무한한 특성에 하나님의 선교를 적용하기 위함이다. 선교신학은 기독교 선교의 동기, 메시지, 방법, 전략 및 목표와 관련하여 기독교 신앙을 결정하는 가정과 기본 원칙에 관심을 갖는다.

우리의 선교는 하나님의 선교에서 비롯되며, 그리스도의 주되심을 통해 표현된 하나님의 통치에 초점이 맞춰진다는 점에서 보내는 측면보다 훨씬 더 심오한 개념을 품는다. 사도 바울이 요약한 것처럼, 여러 세대에 걸쳐 숨겨져 있던 하나님의 목적의 신비가 이제 그리스도 안에서 완전히 드러났다. 그 목적이 무엇인가? 때가 차면 하나님은 "하늘과 땅에 있는 모든 것을 그리스도 안에서 그분을 머리로 하여 통일시키는 것"(엡 1:10, 새번역)이다. '때가 차면'으로 번역된 '충만한 때'의 플레로마(그리스어)는 그리스도 안에서 완전하게 된 것을 의미한다. 레네 빠디야가 관찰했듯, 선교는 만인과 만물이 그리스도의 주권 아래 모이는 일을 지향한다.[1]

하나님의 선교 *Missio Dei*

하나님은 선교에 관여하시는 분이자 선교의 원천이시다. 이를 신학 용어로 하나님의 선교라는 뜻의 라틴어 *missio Dei*라고 한다. *Missio Dei*는 삼위 하나님의 구원 활동으로, 성자의 사랑과 희생의 섬김을 통해 하나님의 본성으로부터 흘러나온다. 하나님은 모든 사람에게 구원의 선물을 베푸시고, 그리스도 안의 새로운 삶을 통해 그분의 왕국 공동체에 참여하도록 그들을 초대하신다.

하나님의 선교는 교회나 개인이 아니라 그분께 속한 것이다. 마크 사이먼은 *missio Dei*가 "교회 아닌 하나님이 선교의 원천이자 시작하신 분이시고, 선교는 삼위 하나님의 속성, 특히 그분의 보내시는 사랑이라는 원리에 주목한다"고 말한다. "하나님의 선교는 '구속된 피조물 전체에 대한 그리스도의 주권 확립'을 목표로 삼는다."[2]

선교신학(선교학)

선교신학 또는 선교학은 '신학의 한 분야',[3] '선교 연구'[4]로도 불리는 선교에 대한 학문적 연구, '선교 과학'[5] 또는 선교에 대한 '체계적이고 과학적인 연구',[6] '과학적 탐구'[7]의 대상을 '하나님의 선교의 완수'[8]와 관련된 모든 활동 또는 '기독교 신앙의 선교적 차원인 대위임령'[9]에 맞추기 등으로 정의된다. 선교학은 "교회가 본질적으로 선교적이라는 사실"을 탐구하고 "교회가

선교를 수행하는 활동을 비판적으로" 살핀다.[10] 따라서 선교학은 다음과 같은 특성을 갖는다:

- 학문의 한 분야
- 신학의 일부
- 체계화된 지식과 조사 방법을 사용하는 과학
- 하나님의 선교와 교회의 선교적 사명에 초점

교차학제적 본질

선교신학이라 불리는 하나님의 선교에 대한 연구는 신학과 선교 안에 통합되어 있어서 신학 연구의 주변부에 있는 학문이 아니다. 선교신학은 '선교의 하나님과 하나님의 선교에 관한' 학문이다. "이는 신학의 모든 범주가 내재적으로 선교적이고, 모든 선교 활동은 심오하게 신학적임을 의미한다."[11]

찰스 밴엥겐은 선교신학의 "연구와 성찰의 대상은 다학제적이고 교차학제적인 선교학의 모든 분야"라고 말한다.[12] 선교학은 신학, 성서학, 역사학 및 사회과학과 상호의존적이다. 이들은 함께 선교적 실천을 성찰과 행동의 상호작용으로 이끈다. 선교신학은 교차학제적이지만, "그 자체로 예수 그리스도와 그분의 선교를 중심으로 통합된 하나의 학문"이다.[13] 선교신학은 우리가 중심이신 예수 그리스도와 얼마나 가깝거나 멀리 있는지 측정하고, 그 과정을 통해 다양한 교차적 학문들이 우리가 그 중심으로 다가가는 데 적실한지 여부를 평가하는 것에 도움을 준다.

매개변수들

선교신학과 그 경계를 고려할 때, '유계(有界)집합'(bounded set) 및 '중심집합'(centered set) 개념이 유용할 것이다. 유계집합은 아닌 것을 배제하는 가장자리 또는 경계에 의해 정의된다. 예를 들어, 국적은 유계집합이다. 당신은 해당 국적 유계집합의 일부인 시민권자로 '내부자'이거나, 아니면 '외부자'로서 그 국적의 유계집합 바깥에 있는 다른 존재다.

선교신학을 특정 가정과 명제의 경계선 안에 가두는 유계집합 개념은 비생산적이며 심지어 해롭기까지 하다. 대신, 우리는 선교신학을 중심이 큰 의미를 갖는 중심집합으로 본다. 중심집합에 속하거나 속하지 않는 것은 경계에 의해 정의되지 않고 중심과의 관계와 중심을 향하거나 중심으로부터 멀어지는 움직임에 의해 정의된다. 예수 그리스도와 그분의 주권을 중심에 둔 자에게, 선교신학은 그 중심을 성찰하고 그곳을 향해 나아갈 수 있게 하는 모든 것을 끌어안도록 돕는다.

그러나 역사를 되돌아볼 때, 그리고 오늘날에도 유계집합의 렌즈를 통해 관찰해보면, 선교에 대한 이해와 실천의 중심에 예수 그리스도를 둔 경우는 일부에 불과하다. 예를 들어, 17세기 네덜란드 신학자 기스베르투스 보에티우스는 선교신학의 중심을 이교도의 회심, 교회 개척, 그리고 하나님의 영광으로 이해했다. 현대 선교운동에 다양한 방식으로 영향을 미친 윌리엄 캐리에게는 마태복음 28:18-20의 대위임령이 선교의 중심이 무엇인지 정의해주었다. 경건주의는 인류의 잃어버림을 그 중심에 두었다. 제2차 바티칸공의회는 하나님의 백성을 중심에 두었다. 1968년 WCC는 인간화와 하나님의 고통, 십자가, 여섯 대륙에서 증거, 에큐메니칼 일치, 언약, 해방을 중심에 두었다. 도널드 맥가브란은 모든 종족(ethne)의 제자화를 중심에 두었고, 데이비드 보쉬는 역사와 연민 및 변혁의 하나님을 중심에 두었다. 아서 글래서에게는 하나님 나라가 중심에 있었고,[14] 존 스토트에게는 하나님이 우리를 세상에 보내셔서 존재하고 행하게 하시는 모든 것이 중심이었다.

선교신학은 선교에서 우리가 누구이고 무엇을 알고 있으며 무엇을 하는지를 하나로 묶는 데 도움이 된다. 선교신학을 통해 우리는 예수 그리스도에 대한 믿음, 하나님의 임재, 수세기에 걸친 교회의 신학적 성찰, 끊임없이 새로운 성경 읽기, 상황의 해석학, 제자도의 여정, 하나님의 선교 안에서 교회의 궁극적 목적과 의미에 대한 이해를 통합한다.

선교신학은 선교의 이론과 실천을 이해하는 데 도움이 되는 여러 학문 분야들의 중심과 외곽 사이를 오가는 데 도움을 준다. 선교신학은 이러한 학문 분야들의 통합과 더 깊은 통찰, 그리고 상호 유익으로 우리를 끊임없이 인도한다. 나아가 다양한 관련 학문들의 가정에 의문을 제기하고 규명하며, 통합하고 확장한다.

선교신학을 하나의 중심집합으로 볼 때, 그 중심은 매우 중요하면서도 종종 논쟁의 대상이 된다. 선교신학의 틀과 중심을 발견하고 무엇이 이를 하나로 묶는지 파악하면, 선교신학을 어떻게 활용하고 그로부터 혜택을 얻을 수 있는지 깨달을 수 있다

선교신학 학습

선교신학에 대해 로스 랭미드는 "신학교육 중 별도의 연구 분야로 비교적 최근에 등장한 학문이다. 여러 신학계에서 선교신학은 여전히 주변적"이라고 말한다.[15] 선교신학은 항상 다학제적 학문으로, 학습자들과 연구자들의 선교 이해를 이끌어내는 다양한 학문 영역들을 한데 모아왔다. 19세기 독일의 신학자 마르틴 캘러는 "선교는 신학의 어머니"라고 말했는데,[16] 이

는 "신학이 … 기독교 선교에 수반되는 현상"이라는 의미다.[17] 하나님의 선교에 관여하고 참여할 때, 교회는 하나님이 누구시며 그분의 일하심이 어떠한지 이해하려는 열망을 갖게 되고, 결과적으로 신학적 이해를 형성하게 된다. 인식 여부와 무관하게 선교는 신학적 과정의 핵심에 있고, 그렇지 않을 때 신학은 다소 추상적이고 심지어 도움이 안 되는 학문이 된다.

선교신학은 신학의 틀 안에서 중요하고 상호의존적인 역할을 담당한다. 랭미드는 글로벌 교회가 그 "사명감을 발전시키면서 신학과 신학교육 전반에 강력한 선교적 방향을 제시하는 데 도움을 주기 위한 선교학—모든 신학 과목의 요소임과 동시에 독자적 학문으로서—이 요구된다"고 말한다.[18]

선교 이론과 실제

선교신학은 신학, 성서학, 역사학, 사회과학, 선교 실천의 기여와 같은 다양한 학문을 아우르는 교차학제적 학문이다. 한편, **프락시스**(praxis, 이론/원리의 실천적 적용)은 이론과 행동 사이의 접점, 즉 이론이 내재화되고 실행되는 과정을 설명한다. 그러므로 선교적 **프락시스**는 선교신학을 형성하는 데 중요한 요소다. 이 점을 **도표 2**가 설명한다.

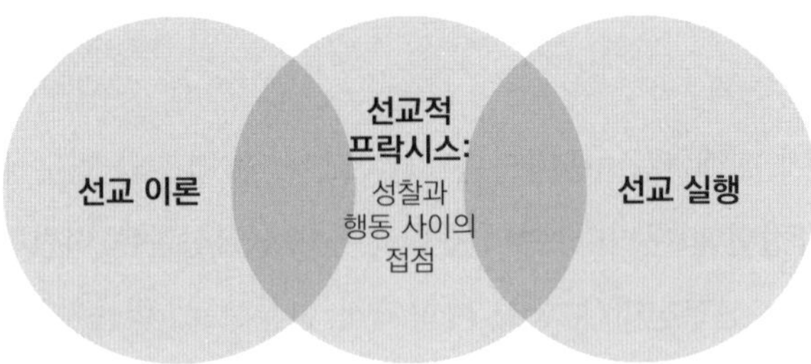

도표 2: 선교적 프락시스, 이론, 실행의 관계

티모시 테넨트는 인류학과 사회학이 선교학에 기여하는 가치 있는 통찰을 인정하면서도, "근대 학문으로서 선교학이 사회과학의 지배를 받아왔다"는 우려를 표명한다.[19] 성경은 비성경적 자료들을 사용한다. 예를 들자면, 민수기 21:14-15의 역사("그래서 '주님의 전쟁기'에도 다음과 같은 말이 있다." 이하 새번역), 사도행전 17:28의 시("여러분의 시인 가운데 어떤 이들도 '우리도 하나님의 자녀이다' 하고 말한 바와 같이", 출처: 아라투스, 주전 약 310-245), 그리고 누가복음 1:1-2의 목격자 인용("우리 가운데서 일어난 일들에 대하여 차례대로 이야기를 엮어내려고 손을 댄 사람이 많이 있었습니다. 그들은 이것을 처음부터 말씀의 목격자요 전파자가 된 이들이 우리에게 전하여 준 대로 엮어냈습니다") 등이 그렇다. 이러한 사례들은 사회과학이 왜 도움이 되는지 이해하는 데 도움이 된다. 그러나 이러한 분야들을 지나치게 강조하면 "인간 중심적이고 얕은" 토대를 만들 위험이 있는데, 이는 "기독교 전체가 완전히 다른 토대와 세계관 위에 세워졌기" 때문이다.[20] 이는 선교의 "통제 범주"가 "사회학적이지 않고 신학적"이어야 함을 의미한다.[21]

선교 이론이 항상 선교적 **프락시스**와 체계적으로 보조를 맞추지는 못했다. 이 이슈를 다루기 위해, 선교 이론을 형성하는 원칙과 방법이 선교적 **프락시스**에서 발전한 다음 영역을 고려해 보라:

- 선교 이론은 선교 연구를 위해 유용한 학문적 토대를 제공하는 이론적 틀을 요구한다.
- 이 이론은 역사, 사회학, 상황적 요인, 신학적 문제, 선교 실행에 대한 기대 등 선교의 전체 범주를 고려해야 한다.
- 선교 이론은 관련된 다른 학문들을 인도할 만한, 선교 학문에 대한 권위 있는 목소리를 제공해야 한다.

실제로는 선교신학, 선교적 **프락시스**, 선교 이론이 각각 다른 속도로 발전하고 있다. 예를 들어, 지난 200여 년간 개신교계의 선교 이론은 여러 문화권에 복음을 전하는 타문화권 사역자로 '선교사'라 불리는 전문가가 활동해야 한다는 주장을 유지해왔다. 이러한 이론적 틀은 성경에 대한 이해뿐 아니라 선교에 대한 우리의 이해와 실천의 많은 부분을 형성했다.

이 세 가지—선교신학, 선교 실행, 선교 이론—를 어떻게 하나로 묶을 수 있을까? 하나님께서 그분의 나라와 의를 세우시는 일은 초자연적 과정이다. 선교적 실행이 성경을 통한 하나님의 계시에 의해 영향을 받고 형성되어야 한다는 것은, 선교를 연구하는 사람들이 어떤 식으로든 선교의 실행을 형성해야 함을 의미한다. J. D. 페인은 선교적 실행을 형성하는 모든 사람은 "뛰어난 신학자들"이어야 한다고 주장하는데,[22] 그들이 또한 선교 이론을 만들어낸다. 하나님의 백성 모두가 하나님의 선교에 참여하도록 부름 받았지만, 모두를 뛰어난 신학자로 기대하는 것은 비현실적이다. 그럼에도 불구하고, 선교를 연구하는 모든 사람들과 선교 실행의 형성에 관여하는 모든 사람들은 반드시 선교신학적 성찰을 그들의 사역에 통합할 수 있어야 한다. 건강한 선교를 위해 더 많은 연구가 필요한 모든 분야들은 그리스도의 주되심을 이해하고 품어야 할 필요를 외친다. 따라서 선교신학을 연구하는 것이 이 여정의 출발점이 된다. 이 개념을 **도표 3**이 보여준다.

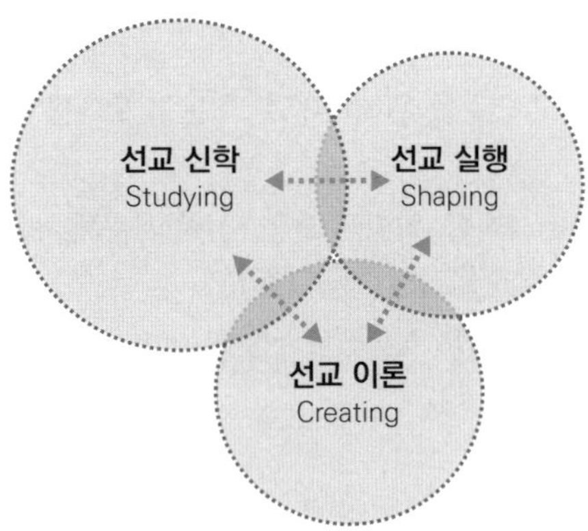

도표 3: 선교신학, 실행, 이론의 관계

선교 학자와 이론가는 선교적 실행이 직면하는 현실에 선교 이론이 기여하도록 주의를 기울여야 한다. 오늘날 글로벌 선교 상황에서 선교적 실행이 진지하게 받아들여지려면, 실무자들은 선교학적 연구와 성찰에 중요한 핵심 주제들을 파악해야 할 뿐 아니라 선교신학을 이해하고 연구하기 위한 틀을 고려해야 한다.

선교신학을 위한 틀

위에서 거론한 구성요소들을 묶어서 선교신학과 **프락시스**를 통합하는 틀을 어떻게 개발할 수 있을까? 다음은 선교 이론의 모델에 대한 몇 가지 사례들이다:

1987년에 출판된 『선교학 입문』이라는 교과서에서 앨런 티펫은 선교학이 다른 두 분야 사이에 위치하는데, 그 연결고리는 종종 불분명하다고 말했다:

1. 선교의 신학과 이론 및 역사, 그리고 인류학(선교의 사회학, 이론, 역사)
2. 인류학(사회적, 이론적, 응용적)[23]

그 이후로 많은 개선이 이루어졌다. 예를 들어, 데이비드 헤셀그레이브는 선교적 탐구, 연구, 성찰을 가능하게 하고 형성할 기초에 필요한 세 유형의 원천자료를 설명한다:

1. 성경, 교회의 신앙 또는 신조 및 관련된 신학 방법론
2. 사회과학 및 행동과학
3. 선교사 전기 및 선교 역사[24]

마이클 포콕은 선교학적 질문과 관심사에 대한 이해를 돕는 세 가지 통합적 시스템의 필요를 지적한다:

1. 신학
2. 선교 경험
3. "인류학, 사회학, 심리학, 커뮤니케이션, 언어학, 인구학, 지리학, 통계학"을 포함한 다양한 사회과학 분야의 시스템과 공헌[25]

크레이그 오트는 선교 방법론 연구에 필요한 세 가지 학제 간 주제를 제시한다:

1. 신학
2. 선교 역사
3. 사회과학[26]

J. D. 페인은 선교적 방법과 실행을 형성하는 선교학적 성찰의 기초를 제시한다. 페인에 따르면, 선교 방법론은 정기적으로 성경과 자신의 상황에 대한 선교학적 연구로 돌아 가는 성찰적 과정을 통해 수립되어야 한다. 그는 선교 이론의 연구를 위한 세 가지 기초를 순서대로 제시한다:

1. 기초 단계: 신학과 성경 연구
2. 중간 단계: 선교학
3. 최종 단계: 선교 방법론[27]

설문조사에 참여한 선교학자들의 견해를 요약하면, 선교학 연구와 선교 이론은 정도의 차이는 있지만 다음 세 핵심 영역들을 통합하는 교차학제적 과정이다:

(1) 성경, 성서학, 신학, 교회의 신앙과 신조

(2) 선교사 전기, 선교 역사, 선교 경험, 선교 방법론
(3) 사회과학 및 행동과학

선교학자	방법론	구성 요소
티펫	선교는 중간 위치를 채움	선교의 신학과 이론 및 역사, 인류학
헤셀그레이브	선교적 탐구와 연구 및 성찰 위한 원천자료 유형	성경, 신앙 신조 및 관련된 신학 방법론, 사회 및 행동 과학, 선교 전기 및 역사
포콕	선교학 연구를 위한 통합 시스템	신학, 선교 경험, 사회과학
오트	선교 방법론 연구를 위한 교차학제적 주제들	신학, 선교 역사, 사회 과학
페인	선교 이론 연구를 위한 기초	기초 단계: 신학 및 성서학 중간 단계: 선교학 최종 단계: 선교방법론

표 3: 선교학적 방법론의 구성 요소

선교신학의 이론적 범주

선교신학에 대한 이해를 심화하기 위해, 각기 다른 선교신학자들의 네 가지 렌즈를 통해 살펴보기로 한다. 각 렌즈는 선교의 복잡성과 단순성에 대한 통찰력을 제공하고, 선교신학에 대한 포괄적 이해를 강화한다.

캐시 로스는 1980–90년대에 성공회 자문위원회가 개발하여 "표지들"이라 명명한, 다섯 가지 측면으로 정의된 틀을 제시한다:

1. 하나님 나라의 복음 선포(막 1:15; 눅 4:18),
2. 새 신자의 교육, 세례, 양육(마 28:18-20),
3. 사랑의 섬김으로 인간의 필요에 응답(마 22:34-40),
4. 불의한 사회구조의 변혁을 위한 노력(마 6:33; 미 6:8),
5. 창조의 온전성 보호와 지구의 생명 유지 및 갱신의 노력(시 24:1; 골 1:15-20)[28]

이 표지들은 단순하면서도 "선교에 대한 총체적 접근"을 보여준다.[29] 즉, 선교를 복음의 선포나 새 신자의 교육과 세례 및 양육 등 한 두 가지 표지에 국한시키지 않는다는 점에서 포괄적이다. 이 표지들은 "당신 주변의 세상에서 하나님의 선교에 참여하라"는 지침을 제공한다. 그 세상은 "우리가 타협하여 상처투성이로 만든 세상뿐 아니라, 하나님의 소유로서 잠재력이 살아 있는 세상", 즉 하나님의 어떠하심과 모든 피조물에 대한 그분의 사랑으로 인해 가치 있는 세상이다.[30]

찰스 밴엥겐은 하나님의 선교를 거창한 라틴어 이름을 가진 7가지 기본 범주로 분류한다.[31] (서양 신학에서 라틴어 명칭을 사용하면 더 인상적으로 여겨진다!) 이 기초들은 하나님의 선교 계획의 폭을 보여주는 광범위한 범주들로 **표 4**에 정리했다.

선교 이론의 범주	하나님의 선교 활동
Missio Dei	하나님의 선교
Missio Hominum	인간 수행자의 선교적 사용
Missiones Ecclesaiarum	하나님의 공동체적 백성(즉, 교회)을 통한 선교
Missio Politica Oecumenica	글로벌 문명에서 선교 활동
Missio Christi	예수 그리스도를 통한 메시아적 선교
Missio Espirtu Sancti	성령을 통한 선교
Missio Futurum / Adventus	예측 가능한 미래와 놀라운 재림의 왕국 선교

표 4: 하나님의 선교 활동의 범주

콰메 베디아코는 다양한 맥락에서 선교의 영향을 연구하고 평가하기 위한 교차학제적 접근으로 7가지 범주로 구성된 선교 연구 분류모델을 제시한다. 이 모델에는 **도표 4**에 표시된 세 가지 기본적이고 구속력 있는 측면과 함께, 4개의 중복적 구성요소(1번부터 4번까지)가 있다.[32]

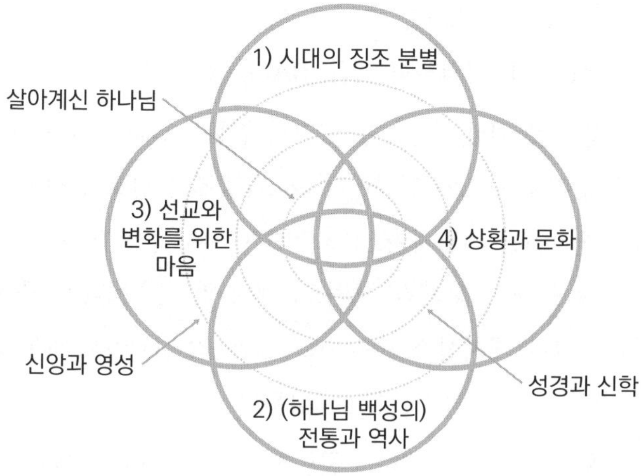

도표 4: 선교 연구 분류모델

이 모델의 원칙은, 선교 연구가 7가지 연구 분야들 중 하나 또는 그 이상에 속한다는 것이다. 대부분의 선교 연구는 네 가지 주요 구성요소와 세 가지 기본 측면 사이의 접점에서 이뤄진다. 선교 연구는 삼위 하나님이 그분의 선교에 어떻게 일하시는지 분별하고자 한다. 다음은 이 모델에 대한 자세한 내용이다:

선교 연구 및 조사의 주요 분야들

1. 시대의 징조 분별: 당면한 역사적 순간에 무엇이 중요하고, 하나님께서 무엇을 하고 계신지 탐구하는 출발점이다. 이 과정에서 사람들이 직면한 요건, 힘, 문제, 이슈, 질문이 무엇이고, 이 모든 요소들과 동기들—회심, 문명, 제자도, 교회 개척, 정의, 하나님의 통치, 식민시대/탈식민시대의 윤리—에 대한 반응을 살핀다.

2. (하나님 백성의) 전통과 역사: 시대를 분별하려면 더 넓은 기독교 역사 및 전통과 연결이 필요하다. 이 과정에서 선교의 역사, 지리, 교회, 세계와 지역과 주제별 회집, 타문화 선교사, 현지 요원, 선교 모델, 선교 방법과

기술, 잘 준비된 전문 선교기관, 다면적 파트너십, 전문 기관, 직업적 접근방식—보건, 교육, 농업, 지역사회 개발, BAM, 창조세계 관리—을 고려한다.

3. 선교와 변화를 위한 마음: 지식, 지적 활동, *missio Dei*의 참여에 대한 깊은 인식은 영적 제자도와 연결된다. 이 과정에서 선교의 전략 및 전술을 고려하는데, 거기에는 선교기관, 선교 NGO, 지도력 개발 및 훈련, 선교의 직업적 접근, 전도와 교회 개척, 제자도, 예배 및 민속음악학, 종교간 대화, 총체적 선교, 커뮤니케이션 기술(라디오, 온라인, 출판), 파트너십과 협력, 성장과 갱신, 평가 및 보고 등이 선교 포함된다.

4. 상황과 문화: 시간이 흐르면서 문화적 상황은 현대 환경의 발전에 부정적 또는 긍정 적 영향을 미칠 수 있는 변화를 유발한다. 이 과정에서 복음이 종교 및 문화, 교차문화적 선교 연구, 이주(인구 이동), 세계 종교, 다른 세계관, 비교 종교, 선교와 언어, 지역 신학, 인류학, 성별, 정체성, 선교와 사회, 통전적 선교, 정의와 구제, 제자도와 어떻게 상호작용하는지 살핀다.

구속력 있는 기초 요소

살아계신 하나님: 하나님에 대한 토착적 경험, 삼위일체, 현시와 형태, *missio Dei*, 하나님의 통치/왕국, 샬롬, 대위임령, 선교 해석학, 신실한 증거

성경과 신학: 성서 연구, 선교신학, 종교신학, 상황신학, 선교와 교회론, 선교와 종말론, 선교와 성령론, 선교와 생태

신앙과 영성: 다양한 영성, 세계관과 기독교 신앙고백, 영성과 선교

존 플렛은 우리를 기본으로 돌려보낸다. 그는 *missio Dei*에 대한 반세기의 신학적 성찰에도 불구하고 여전히 선교의 본질적 요소에 관한 조율 및 '일관성 부족'이 잔존한다고 지적한다. 그는 훨씬 직설적인 틀을 제시하는데, 위에서 언급한 모든 것—선교의 표지들, 기본 범주들, 인간 활동의 복잡성—을 하나님의 선교를 구성하는 아래 세 가지 요소로 정리한다:

1. 삼위일체적 기반
2. 하나님 나라 지향
3. 인간의 도구성—'교회의 선교적 본질' 33

통합적 선교학 매트릭스

찰스 밴엥겐은 선교신학의 상호 작용하는 학문들에 대한 선교학적 틀을 제공하는데, 이 틀이 성찰적으로 작동하면 데이비드 보쉬가 언급한 "쇠파리" 같은 역할을 한다. 선교학에 대해 보쉬는 선교의 모든 것에 대한 "비판, 설계, 아이디어, 요구 및 요청으로 타자를 끊임없이 괴롭히거나 도발하는 쇠파리"라고 묘사한다.[34] 그 쇠파리는 "선교적 과업에 달라붙어서 그 기초와 목표, 태도, 메시지, 방법론을 면밀히 검토하고" 관행적 접근에 의문을 제기한다.[35]

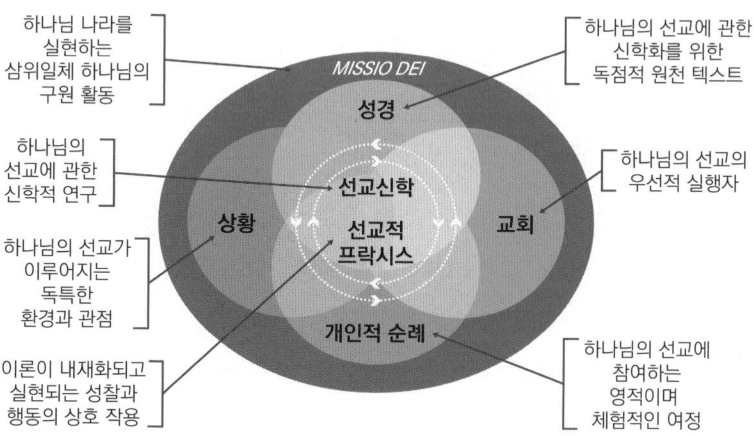

도표 5: 통합적 선교학 매트릭스

밴엥겐의 접근방식은 성경, 교회, 개인적 순례, 상황이라는 자원을 활용하여 선교적 성찰과 *missio Dei*의 실행을 형성하는 데 도움이 된다. 여기서 밴엥겐의 목록에 또 다른 요소인 **프락시스**를 추가하여 실제적 적용을 포괄하려 한다. 이러한 요소들은 모두 통합되어 동시적으로 작동하는데, 각각 고유하게 기여하면서도 동시에 전체를 바라보는 관점을 제공한다.[36] 밴엥겐의 모델을 적용하고 보완한 틀을 여기서 통합적 선교학 매트릭스라고 부르는데, **도표 5**는 그 주요 구성요소들을 설명한다.

Missio Dei: 하나님은 선교의 원천이자 주관하시는 분이다. 선교는 삼위 하나님의 구원 활동인데, 이는 보내시는 사랑이 삼위 하나님의 속성이기 때문이다. 하나님은 모든 사람에게 구원의 은사를 베푸시고 구속된 모든 피조물 위에 그리스도의 주권을 확립하신다.

성경: *Missio Dei* 및 선교의 하나님에 관한 계시, 인류 역사에 대한 신적 개입에 관한 신학화의 독점적 원천 텍스트가 성경이다. 선교적 해석학을 통해 해석된 성경은 다른 영역들을 규정, 형성, 비평하는 울타리를 제공한다.

교회: 세상을 향한 하나님의 선교의 우선적 수행자가 교회다. 하나님의 선교에 대한 신학적이고 선교학적인 성찰은 시간이 지남에 따라 전기(傳記)와 역사적 발전 및 공헌으로 작동한다.

개인적 순례: 하나님의 선교의 인간 수행자로서 거치는 여정을 일컫는데, 거기에는 영적 은사, 자연적 능력, 경험, 지식, 인격 등이 포함되며, 각자의 삶을 통해 하나님의 선교가 어떻게 성육화되는지 영향을 미친다. 이 영역은 다른 출처들을 해석하고 이해하는 방식에 영향을 미친다.

상황: *Missio Dei*가 이루어지는 세상의 독특한 환경과 관점을 가리킨다. 여기에는 문화, 사회경제, 정치 현실 및 인간 삶의 기타 영역들이 포함된다. 선교 활동과 성찰은 상황에 적실해야 한다. 사회과학(예: 사회학, 인류학, 심리학,

경제학, 도시학)은 선교의 상황을 이해하고 참여할 도구를 제공한다.

선교신학: 우리가 *missio Dei*를 더 효과적으로 이해하고 참여하도록 도와준다. 선교신학은 기독교 선교의 동기, 메시지, 방법, 전략 및 목표와 관련하여 기독교 신앙을 결정하는 가정과 기본원칙에 관심을 갖는다.

프락시스: *Missio Dei*에서 행동과 성찰이 견고하게 연결되게 하는 기능이다. 행동과 성찰의 과정이 지속적으로 이루어지게 하는 **프락시스**는 활동이나 행동에 우선적으로 집중하는 실무자들에게 그들의 실천을 형성하는 지속적 성찰 과정을 제공함으로써 둘 사이에서 건강한 균형을 유지하도록 돕는다.

도표 6은 통합적 선교학 틀의 두 번째 단계를 설명한다.

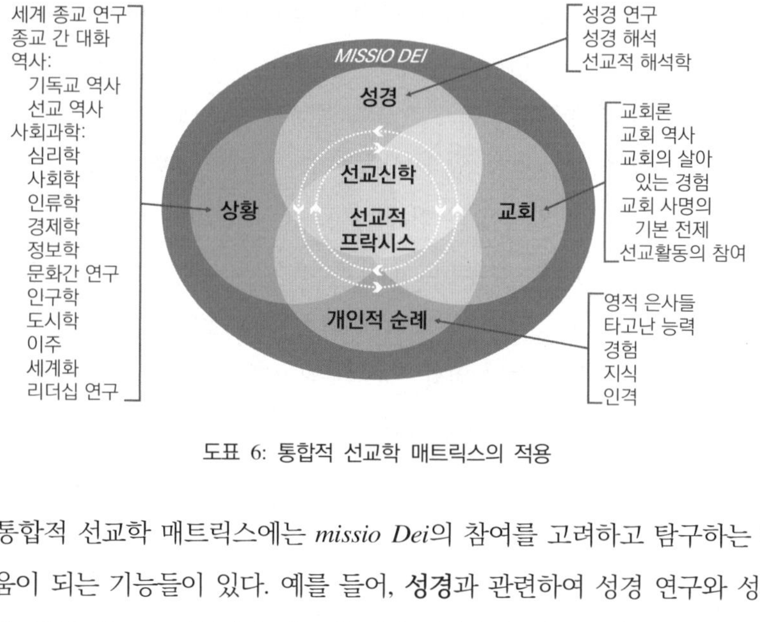

도표 6: 통합적 선교학 매트릭스의 적용

통합적 선교학 매트릭스에는 *missio Dei*의 참여를 고려하고 탐구하는 데 도움이 되는 기능들이 있다. 예를 들어, **성경**과 관련하여 성경 연구와 성경 해석, 특히 선교적 해석학은 선교에 대한 하나님의 의도를 탐구하는 방법이다. **교회**와 관련해서는 교회론, 교회 역사, 선교에 대한 교회의 가정, 그리고 선교적 참여를 통해 교회가 어떻게 그 기능을 수행해 왔는지 살펴본다.

개인적 순례는 하나님의 선교에 참여하는 개인의 내적 삶에 인격, 지식, 경험, 타고난 능력, 섬김을 위한 영적 은사 등을 포함한다. 마지막으로, **상황**에서는 사회과학, 기독교 및 선교 역사, 타종교 연구, 종교간 대화와 관련된 많은 학문들이 하나님의 선교를 연구하고 이해하는 데 도움을 준다. 이상의 요소들이 목록의 전부는 아니지만, *missio Dei*의 복잡성과 우리의 선교 참여를 이해하는 데 도움이 된다.

선교 이론을 선교 실천에 적용하기

실용주의와 그 이론적 토대를 살펴보면, 실용주의가 선교 실천에 얼마나 큰 영향을 미쳤는지 알 수 있다. 이론적 모델로서 실용주의는 원하는 결과를 달성하기 위해 무슨 방법이든 사용하는 것을 지지한다. 실용주의의 발전은 계몽주의와 합리주의 시대로 거슬러 올라갈 수 있고, 북미의 비지니스 관행에서 그 성취를 찾을 수 있다. 실용주의는 20세기 후반 복음주의자들의 선교적 접근 및 참여 방식에 큰 영향을 미쳤는데, 교회의 수적 성장을 보장하는 방법론에 지나치게 집중하면서 선교신학의 교차학제적 관점의 기여를 배제하거나 간과하는 경우가 많았다. 선교신학의 렌즈를 통해 실용주의를 연구하고, 성경 본문과 선교 역사, 인류학 및 기타 학문들을 통해 실용주의의 강점과 함정을 살필 때, 더욱 탄력적인 실용주의 모델을 도출할 수 있다.

실용주의의 결과이든 다른 현대적 이슈의 결과이든, 특정 사회의 상황과 문화는 선교 방법론에 과도한 영향을 미칠 수 있다. 그러나 성경 연구와 신학은 선교 실천의 성경적 경계를 보여준다. 문화 또한 우리가 성경을 해석하는 방식에 깊은 영향을 미친다. 복음주의에서 선교가 이해되는 방식의 대부분을 형성하고 있는 지배적 선교 문화는 주로 북미 문화에서 유래하는데, 그 이전은 대영제국 문화로 거슬러 올라간다. 글로벌 교회가 선교신학에 제공할 수 있는 선물 중 하나는 다양한 문화적 관점에서 성경을 해석함으로써 문화적 편견을 극복할 수 있게 해주는 것이다.

선교 활동에 대한 다양한 접근방식에 상황적 자유가 있지만, 선교 방법론이 선교신학을 배타적으로 대변해서는 안 된다. 이론과 실천은 서로 영향을 주고받으며 건강한 교류를 지속해야 한다. 이론은 **프락시스**에 정보를 제공하는 한편, 경험에 대한 성찰은 이론적 이해에 영향을 미친다.

글로벌, 지역, 현지 상황은 끊임없이 변화하고 있다. 세계화와 변화의 속도가 증가함에 따라 방법론도 적응과 조정이 필요하다. 선교적 실천은 효과적이었거나 성공적이었던 과거의 방법이 아닌 다른 방식에 의존해야 한다.

선교에 대한 신학적 이해를 발전시키기 위해서는 성찰과 실천을 통합해야 하고, 선교 실무자와 이론가들이 함께 선교에서 가장 시급한 주의를 요구하는 문제를 파악해야 한다. 효과적이면서도 성경에 근거한 모범적 실천을 도출하기 위해 선교행위는 지속적 평가를 받아야 한다.

어떤 방법은 수명이 짧을 수 있고, 어떤 방법은 장기간 지속될 수 있다. 변화가 요구될 때, 선교 실무자는 성경적 통찰력이나 진실성을 훼손하지 않는 범위 내에서 과감하게 조정할 용기를 가져야 한다.

서구 선교의 이슈들

선교 연구자들은 적절한 신학적 성찰 부재로 인해 선교의 발전에 항상 유용한 지침을 제공하지는 못했다. 선교신학자의 임무는 역사, 교회의 현실, 자신의 경험을 고려하면서 변화하는 상황에 비추어 성경에 대한 신선한 이해를 탐구하는 것이다. 선교 연구와 실천의 최전선에 항존하는 이슈들과 질문들은 꾸준히 재검토되어야 한다. 마이클 고힌은 서구 선교학자로서 다

음과 같은 이슈 목록을 고려 대상으로 제시한다:

- **선교적 해석학**: 하나님의 총체적 계시(즉, 성경)에 대한 새로운 연구를 통한 새로운 선교의 이해
- **선교 역사**: 서구적 편향성으로 기록된 선교 역사의 재고
- **선교의 본질**: 오늘의 세계에서 삼위 하나님의 선교에 대한 성찰
- **상황화**: 기독교 신앙이 주변 상황과 어떻게 연관되는지 탐구
- **복음**: 서구적 가치를 확산시키는 매개체 역할을 한 세계화의 평가
- **다른 세계종교들 대면**: 기독교 선교와 타종교 공동체와 관계
- **도시 선교**: 도시에서 선교가 이루어지는 방식[37]

다수세계(Majority World)의 관점이 필요한 주제들

선교이론 개발자들이 직면한 중요한 도전은, 선교 연구를 위해 다수세계의 이론가들 및 실천가들과 어떻게 상호관계를 맺고 협력할 수 있겠는가 하는 것이다. 어떻게 그들의 목소리가 교회 전체에 새로운 관점과 이해를 가져올 수 있을까? 다음은 글로벌 선교의 맥락에서 그러한 관점이 필요한 몇 가지 예들이다:

- **민족 정체성**: 현지 지도자들의 열정을 존중하고, 그들의 사역적 자율성이 국제 선교단체들 안에서 제자리를 잡고 번성하며 제대로 기능하게 할 방법은?
- **지도력**: 잘못을 인정하고 용서를 구하며 진정한 화해를 통해 동역 관계를 회복하려면, 겸손한 자세로 하나님과 서로에게 경청하면서 함께 배워야 한다.
- **파트너십과 협력**: 의도적으로 하나님과 서로에 대한 의존도를 높여 관계를 발전시킴으로 헌신, 약점 인정, 그리고 신뢰를 강화할 수 있다.
- **자원 공유**: 모든 참여자와 그들의 기여의 가치가 인정받는 상호 의존적 관계의 사역으로 인식될 때, 각자가 관대하게 주고받을 수 있고, 상호 존중의 우정을 통해 모두의 존엄성이 보존된다.

주의

다양한 해석과 적용으로 인해, 선교를 구성하는 요소를 인식하고 전달하는 것은 도전적이고 지속적인 명제다. 따라서, 게리 티라는 *missio Dei*가 새로운 의미들을 지속적으로 통합하는 "탄력적 개념"이라고 말한다.[38] 하나님의 일하심은 광범위하지만, "관계적이고 자기를 내어주시며 은혜로 가득한 그분의 본성"과 같은 특정 측면들은 변하지 않는다.[39] 플렛은 이러한 도전을 "탄력성의 수렁"이라 부르는데, 이는 삼위일체적 기반에도 불구하고 *missio Dei*는 항상 "인류학적 근거"를 가지고 있기 때문이다.[40]

선교에 대한 신학적 논의는 역동적으로 확장되고 있다. 데이비드 보쉬는 선교가 '다차원적'이라고 설명한다. 선교는 "증거, 섬김, 정의, 치유, 화해, 해방, 평화, 전도, 교제, 교회 개척, 상황화, 기타 다양한 요소들"을 포함하는 광범위한 스펙트럼에 걸친 개념이므로 너무 좁게 정의해서는 안 된다.[41] 스티픈 니일은 "만일 모든 것이 선교라면, 아무것도 선교가 아니다"라고 경고한 바 있는데,[42] 크리스토퍼 라이트의 생각은 좀 다르다. "'만일 모든 것이 선교라면 … 모든 것이 선교다'라고 말하는 게 더 성경적인 관점이다." 왜냐하면, "그리스도인과 교회가 존재하고 말하고 행하는 모든 것이 하나님의 세상에서 하나님의 선교에 의식적으로 참여하는 선교적인 것이어야 하기 때문이다."[43] 그럼에도 불구하고, 앤드류 커크는 선교의 정의에 아무런 제약을 두지 않으면 선교가 의미를 잃고 저평가되어 단순한 구호로 전락할 수 있다고 염려한다.[44]

요약

5장은 하나님의 선교가 만민과 만물을 그리스도의 주권 아래 하나로 모이게 하려는 하나님의 계획을 설명한다는 개념으로 시작했다. 우리는 선교신학이 다학제적 학문으로 신학의 주변이 아니라 모든 신학과 통합된 학문이라는 점에 주목했다. 선교신학은 연관된 다양한 학문의 가정들에 의문을 제기하고 규명하며, 통합하고 확장한다. 오늘날의 글로벌 선교 상황은 선교 실무자들과 이론가들에게 선교학적 연구의 중요한 주제들을 식별하고 성찰할 것을 요구한다. 이 과정을 통해 우리는 선교의 효과적인 기초와 실천을 위한 원리, 방법, 틀을 도출할 수 있다. 노련한 선교학자들이 만든 이러한 원리, 방법, 틀은 선교신학이 그것을 구성하는 요소들만큼 풍부하고 다양하다는 사실을 상기시켜준다.

현장과 지역, 그리고 전 세계적으로 끊임없이 변화하는 상황은 선교 방법론의 조정과 변경을 유발한다. 이는 선교 **프락시스**가 과거의 실행 전략에만 의존해서는 안 된다는 것을 의미한다. 어떤 방법은 수명이 짧을 수도 있고, 어떤 방법은 장기간 지속될 수도 있다. 변화가 필요할 때, 선교 실무자들은 성경적 통찰이나 온전성을 담보하는 범위 내에서 과감히 변화를 시도하는 용기를 가져야 한다. 따라서, 세계 곳곳에서 우리는 항상 성경에 근거하고 효과적이며 지속적인 평가를 받는 모범 사례들을 추구해야 한다.

성찰 질문

- 서구세계 또는/그리고 다수세계 선교 이론가들과 실천가들이 추가적으로 탐구해야 할 선교 관련 주제들이 있다면 무엇인가?

- 선교의 폭과 복합성 및 가능성을 더 잘 이해하기 위해 찰스 밴엥겐의 통합적 선교학 매트릭스를 어떻게 적용할 수 있을까?

미주

1 René Padilla, "The Mission of the Church in Light of the Kingdom of God," Transformation 1, no. 2 (1984).

2 Mark A. Simon, *Living to the Praise of God's Glory: A Missional Reading of Ephesians* (Eugene, OR: Wipf & Stock, 2021), 39.

3 Oborji, 42.

4 Oborji, 42.

5 John Mark Terry, Ebbie Smith, and Justice Anderson, *Missiology: An Introduction to the Foundations, History, and Strategies of World Missions* (Nashville, TN: Broadman & Holman Publishers, 1998), 8.

6 Oborji, 42.

7 Johannes Verkuyl, *Contemporary Missiology: An Introduction* (Grand Rapids: W. B. Eerdmans Pub. Co., 1978), 5.

8 Kenneth Nehrbass, *Advance Missiology: How to Study Missions in Credible and Useful Ways* (Eugene, OR: Cascade Books, 2021), 14.

9 Francis Anekwe Oborji, *Towards African Missiology: Issues of New Language for African Christianity*, vol. 1 (Bloomington, IN: Xlibris, 2020), 3.

10 Oborji, *Concepts of Mission: The Evolution of Contemporary Missiology*, 42.

11 John Corrie, "Introduction," in *Dictionary of Mission Theology: Evangelical Foundations, ed. John Corrie* (Downers Grove: IVP Academic, 2007), xv.

12 Charles Van Engen, *Transforming Mission Theology* (Pasadena: William Carey Library, 2017), 21.

13 Van Engen, 21.

14 Van Engen, 22.

15 Ross Langmead, "What Is Missiology?," *Missiology: An International Review* 42, no. 1 (2013): 67.

16 Martin Kähler 1971, quoted in Bosch, *Transforming Mission: Paradigm Shifts in Theology of Mission*, 16.

17 Oborji, *Towards African Missiology: Issues of New Language for African Christianity*, xiv.

18 Langmead, 67.

19 Tennent, 60.

20 Tennent, 60.

21 Tennent, 60.

22 J. D. Payne, "Introduction," in *Missionary Methods: Research. Reflections and Realities*, ed. Craig Ott and JD Payne (Pasadena: William Carey Library, 2013), xvi.

23 Alan Tippett, *Introduction to Missiology* (Pasadena: William Carey Library, 1987), xii.

24 David Hesselgrave, "Preface," in *Missiology and the Social Sciences: Contributions, Cautions and Conclusions*, ed. Rommen Ed and Gary Corwin (Pasadena: William Carey Library, 1996), 1.

25 Michael Pocock, "Introduction: An Appeal for Balance," in *Missiology and the Social Sciences: Contributions, Cautions and Conclusions*, ed. Ed Rommen and Gary Corwin (Pasadena: William Carey Library, 1996), 10.

26 Craig Ott, "Missionary Methods: The Questions That Still Dog Us," in *Missionary Methods: Research, Reflections and Realities*, ed. Craig Ott and J. D. Payne (Pasadena: William Carey Library, 2013), 195.

27 Payne, in *Missionary Methods: Research, Reflections and Realities*, xvi.

28 Cathy Ross, "Introduction: Taonga," in *Mission in the 21st Century: Exploring the Five Marks of Global Mission*, ed. Andrew Walls and Cathy Ross (Maryknoll, NY: Orbis Books, 2008), xiv.

29 Ross, in *Mission in the 21st Century: Exploring the Five Marks of Global Mission*, xiv.

30 Ross, in *Mission in the 21st Century: Exploring the Five Marks of Global Mission*, xv.

31 Van Engen, 174-5.

32 Kwame Bediako, "The African Renaissance and Theological Reconstruction: The Challenge of the Twenty-First Century," *Journal of African Christian Thought* 4, no. 2 (2001): 29-33.

33 John Flett, *The Witness of God: The Trinity, Missio Dei, Karl Barth, and the Nature of Christian Community* (Grand Rapids: Wm. B. Eerdmands Publishing Co., 2010), 76.

34 "Gadfly," https://www.dictionary.com/browse/gadfly.

35 Bosch, *Transforming Mission: Paradigm Shifts in Theology of Mission*, 496.

36 Bosch, *Transforming Mission: Paradigm Shifts in Theology of Mission*, 496.

37 Van Engen, 25-27.

38 Michael Goheen, *Introducing Christian Mission Today: Scripture, History and Issues* (Downers Grove: IVP Academic, 2014), 27-31.

39 Tyra, 310.

40 Emma Wild-Wood, and Peniel Rajkumar, *Foundations for Mission* (Oxford: Regnum, 2013), 290.

41 Flett, 76.

42 Bosch, *Transforming Mission: Paradigm Shifts in Theology of Mission*, 512.

43 Stephen Neill, *Creative Tension: The Duff Lectures* (London: Edinburgh House Press, 1959), 81.

44 Christopher Wright, *The Mission of God's People* (Grand Rapids, MI: Zondervan, 2010), 26.

45 Kirk, 25.

6

성경적, 신학적 로드맵

서론

성경 본문에 접근하고 해석하는 방법과 경로는 다양한데, 신학자들은 이를 해석학, 즉 성경을 해석하는 학문이라 부른다.[1] 크리스토퍼 라이트는 "하나님의 선교는 성경 이해의 여정을 위한 유효한 해석학적 틀, 또는 신뢰할 수 있는 지도를 제공한다"고 말한다.[2]

라이트를 포함하여 시간이 흐를수록 더 많은 학자들이 성경 전체에 걸쳐 선교를 연구하는 방법을 개발해 왔다. 이 방법론을 선교적 해석학—또는 선교신학을 통해 성경 본문을 해석하는 접근법—이라 부른다. 크레이그 오트는 이 해석학적 접근법이 그간 "간과되었고 반드시 회복되어야 할" 방식이라고 말한다.[3] 선교신학은 단순히 개념과 아이디어에 관한 것이 아니고, 반드시 성경에 근거해야 한다. 선교신학의 기초는 하나님의 계시 전체다. 성경 본문을 어떻게 해석하는지가 선교신학을 이해하는 핵심이다.

선교적 해석학

마크 사이먼은 선교적 성경 읽기가 "세상에서 하나님의 선교에 참여하는 신앙 공동체의 형성을 위해 주어진 하나님의 말씀으로 성경 서사를 이해하는 명시적 믿음"에 달려 있다고 말한다.[4] 권성찬은 이런 방식으로 성경을 읽는 것이 "(1) 성경 전체가 하나님의 선교를 드러내고, (2) 성경이 선교적 상황에서 제작되었기 때문에 타당하다"고 본다.[5] 성경 전체를 *missio Dei*의 계시로 인식하는 라이트는, "선교적 해석학은 **성경 전체가 하나님의 창조세계 전체를 향한 하나님의 목적을 위해 하나님의 세계에 관여하는 하나님의 백성을 통한 하나님의 선교 이야기**라는 가정에서 출발한다"고 말한다.[6] 사이먼은 선교적 해석학의 주요 특징을 다음과 같이 요약한다:

- 성경에 나오는 선교를 탐구하기 위해 특별히 고안된 렌즈다.
- 선교를 언어적 선포를 통한 초동단계 전도로 제한하지 않고, 선교를 구성하는 요소들에 대한 폭넓은 관점을 취한다.
- 다양한 관점에서, 선교에 대한 심층 탐구를 유도하는 일련의 질문들을 던진다.
- 역사적 분석과 더불어 현대적 관련성을 지향한다.
- 선교학 분야의 통찰과 관심사를 통합하여 더 풍성한 성경적 학문을 지향한다.'[7]

이것은 선교신학이 성경 전체가 하나님의 선교와 우리의 참여 방법에 대한 계시라는 인식에 기초한다는 사실을 통합적으로 이해하는 방식이다. 이것은 우리의 성경 이해를 제한하기보다, 성경 전체에 흐르는 선교학적 실타래의 풍요로움으로 이끌어준다. 때때로 성경 본문은 문맥에 따라 다르게 해석될 여지가 있다. 성경은 "여러 층위의 의미"를 담고 있기 때문에, 우리가 처한 상황의 틀 안에서 성경을 해석할 때 *missio Dei*에 대한 새로운 이해가 생겨난다.[8]

크레이그 오트는 선교적 해석학 관점으로 성경을 읽는 일의 유익을 말한다. 이 방법론은 "성경의 적용을 맥락화하고, 성경의 선교적 의도를 파악하며, 성경과 구속역사의 서사에 우리를 자리매김하는 데 도움이 된다."[9] 이를 위해, 오트는 "신학적 성찰과 교육의 가치를 함부로 평가절하하지 말고" 성경 연구를 진지하게 받아들이라고 권한다.[10]

폴 질론카와 마이클 고먼은 "우리가 신앙의 관점에서 성경을 해석할 때, 심지어 학문적 관점에서도 성경을 단순히 고대 문학이 아닌 경전, 즉 신성한 문서로 취급한다"고 설명한다.[11] 선교를 주된 관심사로 성경을 읽을 때, "성서학계에서 선교학(또는 선교신학)의 통찰을 진지하게 받아들이는 것은 비교적 드문 일"이라는 마이클 고힌의 지적을 고려하는 것이 현명하다.[12]

성경을 기록한 사람들에게 영감을 주셨던 동일한 성령이 오늘의 세상과 우리 안에 살아서 역사하신다. 바로 그 성령께서 성경을 우리 상황 속에서 살아 움직이게 하신다. 다른 상황은 성경과 하나님의 선교를 다르게 이해하는 데 도움이 된다. 우리가 사는 환경이 가난하든 풍요롭든, 종교 다원주의든 세속주의든, 이러한 은사는 세상에서 하나님의 선교에 대한 더 깊고 완전한 이해를 키우는 데 도움이 된다. 특정 성경구절에 초점을 맞추거나 구체적 이슈와 상황적 질문을 직면할 때, 선교신학적 이해의 증진을 위해 하나님께서 오늘날 우리에게 말씀하시는 계시의 큰 그림을 포함시켜야 한다.

마이클 고힌은 "우리의 성경 해석이 충실하려면 성경의 핵심범주인 선교를 진지하게 받아들여야 한다"고 말한다.[13] 선교신학 연구의 도전은 성경 본문의 "풍부한 다양성"을 인정하고 존중하는 것이며, "성경을 보는 통일된 해석학적 렌즈로서 선교의 성경적 기초를 하나의 단어나 아이디어, 또는 본문으로 환원하지 않는 것"이다.[14]

해석학 매트릭스

딘 플레밍은 '선교적 성경 읽기'가 어떤 것인지에 대한 '합의 부재'를 언급하면서도, 중요한 것은 그것이 마태복음 28장, 사도행전 1장 등 흔히 선교 관련 본문으로 분류되는 성경구절들에 국한되지 않는다는 데 동의가 이뤄지고 있다고 말한다.[15] 이 주제를 명확히 설명하려는 많은 시도들이 있다. 예를 들어, 마이클 고힌은 자신이 편집자로 참여한 『선교적 성경 해석학』에서 선교신학적 해석을 통해 성경 본문에 접근하는 구약과 신약의 사례들을 제시한다. 이 책의 공저자인 딘 플레밍은 조지 헌스버거의 글을 인용하여 선교적 해석학의 네 가지 방법을 제시한다: (1) "삼위 하나님의 은혜로운 선교에 대한 증거로서 성경" 읽기, (2) "*Missio Dei*에 참여하도록 하나님의 백성을 준비시키고 활력을 주는 성경의 기능" 탐구, (3) "성경을 읽는 공동체의 선교적 위치와 그 공동체가 텍스트에 던지는 질문에 초점 맞추기," (4) "그리스도 중심적 복음의 관점에서 다양한 문화와 사회적 상황에 대한 성경의 선교적 관여" 강조.[16]

고힌은 "성경 해석에 대한 광범위하고 혁신적인 접근법을 제공하는" 선교적 해석학의 네 가지 흐름을 제시한다:[17] (1) "성경의 주제로서 선교": 특정 본문이 하나님의 구속과 화해의 선교를 어떻게 선포하는지 고찰, (2) "선교를 위한 준비": "하나님의 백성을 *missio Dei* 참여를 위해 **준비시키는 도구로서** 성경의 목적" 고찰, (3) "독자의 선교적 위치": 오늘의 *missio Dei*에서 "독자"의 위치 고찰, (4) "문화에 선교적 참여": "전승된 성경적 전통이 특정한 문화적 맥락에 어떻게 비판적으로 작동할지" 연구.[18]

마크 사이먼은 "성경 전체의 선교학적 읽기"에 대한 데이비드 보쉬의 요청을 기점으로 선교적 해석학의 중요한 요소들을 열거하는데,[19] "해석적 과정을 위한" 성서 본문과 "독자의 상황" 간의 상호 관계를 논한 헌스버거의

관찰을 활용한다.[20]

권성찬은 윌리엄 캐리가 마태복음 28장을 선교의 성경적 근거로 사용한 데서 출발해서 보쉬가 말한 구약과 신약의 "선교적 의미"의 네 특징—"연민, 역사, 고난, 행위"—로 마무리한다.[21] 그는 선교적 해석학에 대해 다음과 같은 통찰을 제시한다: (1) "주어진 본문에 선교적 의미를 투사하는 연역적 과정이 아니라, 전제 없이 본문 자체를 읽어내는 과정이다."[22] (2) "성경 전체가 하나님의 선교를 드러낸다." (3) "성경은 선교적 상황에서 만들어졌다."[23] (4) 요한복음을 예로 들어, "복음서 저자의 자기 성찰의 산물이라 볼 수 있다… 이 사례는 모든 주어진 상황에서 교회가 자아성(selfhood)과 자신학화의 과정을 시작하기 위한 지침을 제공한다."[24]

플레밍, 고힌, 권성찬의 관찰을 결합하면 **표 5**에 정리된 선교적 해석학의 주요 가치들에 대한 매트릭스를 얻을 수 있다. 각 관점은 그 자체로 유용하지만, 함께 사용할 때 포괄적인 선교적 해석학의 틀을 도출해낼 수 있다.

플레밍	고힌	권성찬
삼위 하나님의 은혜로운 선교에 대한 증거로서 성경 읽기	성경의 주제로서 선교	성경 전체에 계시된 하나님의 선교
*missio Dei*에 참여하도록 하나님의 백성을 준비시키고 활력을 주는 성경의 기능 탐구	선교를 위한 준비	성경 본문에 선교적 의미를 투사하는 연역적 과정이 아니라, 전제 없이 본문 자체를 읽어내는 과정
성경을 읽는 공동체의 선교적 위치와 그 공동체가 텍스트에 던지는 질문에 초점 맞추기	독자의 선교적 위치	선교적 상황에서 만들어진 성경
그리스도 중심적 복음 관점에서 다양한 문화와 사회적 상황에 대한 성경의 선교적 관여 강조	문화에 선교적 참여	모든 상황에 요구되는 자신학화 과정의 지침을 제공하는 성경 저자들의 자기 성찰

표 5: 선교적 해석학의 비교

해석학적 예시

이제 선교학자들과 신학자들이 제시하는 선교적 해석학의 몇몇 사례들을 살펴보자. 딘 플레밍은 바울의 골로새서를 (1) "하나님의 선교와 그 선교에 사로잡힌 사람들에 대한 **증거**", 그리고 (2) "하나님의 선교의 **도구**"라는 두 관점으로 접근한다.[25] 이 독법은 "1세기 청중을 위해, 그들의 특정한 삶의 상황 속에서 바울이 복음을 상황화하는 방법을 진지하게 고려한다."[26] 다음은 골로새서의 선교적 읽기에 대한 플레밍의 몇 가지 예시들이다:

- **선교적 정황**: "바울은 신생 기독교 회중에게 선교사이자 목사로서 … 골로새 교인들이 그들이 영접한 그리스도에게 충성하는 성숙하고 안정된 선교적 공동체로 살도록 편지를 쓴다(1:23-28; 2:6-7; 4:5-6)." 그곳에는 혼합주의적인 "경쟁자 '철학'이 복음을 위협하고 있었다."[27]
- **선교적 전략**: 바울은 "그리스도 안에서 하나님의 구속적 선교의 복음을 적극적으로 반영한다(1:5-6)."[28]
- **선교적 출발점**: 골로새서는 하나님의 선교의 출발을 타락이 아닌 창조로 제시하면서, "그리스도의 창조와 화해의 역할, [그리고 그분의] 창조와 세상과 권세와 관계"(1:15-20)에 초점을 맞춘다.[29]
- **선교적 종착점**: 골로새 성도들은 "하늘에 간직되고(1:5), 복음 안에서 약속되었으며(1:23), 미래의 영광의 실체에 속한(1:27, 참조 3:4) 미래 지향적 **소망**을 품을 수 있다."[30]
- **선교적 목적**: "골로새 성도들에 대한 바울의 사명(mission)은 그들이 '믿음에 튼튼히 터를 잡아 굳건히 서 있어야 하며'(1:23, 새번역), 그들 모두가 완전한 이해의 풍성함을 얻어 하나님의 비밀, 즉 그 안에 모든 지혜와 지식의 보화가 감추어진 그리스도를 알게 하는 것(2:2-3)이다."[31]
- **선교적 정체성**: 바울은 골로새 성도들이 "신실하고 성숙한 선교적 공동체"를 형성하게 하는 "그리스도의 우월성과 충족성"을 이해하기 원한다(1:2; 3:12-17).[32]

- **선교적 공동체**: "바울은 교회가 그들 자신보다 훨씬 더 큰 무언가의 일부임을 [상기시킴으로] 하나님의 선교에 참여하도록 힘을 불어넣는다."(1:5-6; 3:11; 1:20).[33]
- **선교적 메시지**: 바울은 "하나님의 백성이 불신자들과 어떻게 관계를 맺어야 하는지"(3:5-4:6)에 대해 "말과 삶의 증인"이라는 선교적 함의로 설명한다.[34]

플레밍의 골로새서 읽기는 바울이 "골로새에 성숙한 선교적 회중"을 형성하는 데 얼마나 심혈을 기울였으며, 어떻게 "이 편지가 **계속해서** 오늘날 기독교 공동체를 하나님의 선교에 참여하도록 준비시킬 수 있는지" 보여준다.[35]

> 따라서, 골로새서의 선교적 읽기는 그리스도를 높이는 이 서신이 어떻게 이 세상에서 모든 것을 포용하는 하나님의 선교를 증거하는지, 그리고 그리스도인 공동체가 각자의 자리에서 그 선교에 참여하도록 어떻게 촉구하는지 이해시킨다… 리커스 골짜기—[역자 주: 골로새, 라오디게아, 히에라볼리 세 도시가 위치한 곳]—의 초기 그리스도인들처럼, 우리도 "그리스도 안에서" 그리고 우리의 "골로새에서"(1:2) 우리의 선교적 정체성을 살아낸다. 그리스도인의 정체성과 증거를 흐리게 만드는 "골로새" 과잉의 유혹에 우리도 맞서 싸워야 한다. 그리고 그들처럼 우리도 "골로새에서" 하나님의 선교를 구현하고, 지켜보는 세상 앞에서 복음을 말하고 살아야 한다(4:5-6).[36]

마크 사이먼은 선교적 해석학의 또 다른 예를 제시한다. 그는 에베소 교회에 보낸 바울의 서신이 "선교에 관심이 없다"는 일부 학자들의 주장에 일리가 있는지 여부를 판단한다.[37] 사이먼은 에베소서에서 "*missio Dei*의 묘사"를 살피는데,[38] "더 넓은 성경 서사 안에서 선교와 교차문헌적 연결"과 "바울과 그의 선교 참여에 대한 묘사"를 함께 검토하는 포괄적 과정을 통해 이 작업을 진행한다.[39] 사이먼은 "에베소서는 선교적 문서"로 하나님의 선교에 대해 "수신자들에게 알리고 격려하며 참여하도록 (그들을) 빚어내는" 목적을 가진 서신이라는 가설을 세운다.[40]

성경의 특정 본문을 어떤 주장을 입증하는 근거로 사용하는 방식을 사이먼은 경계한다. 예를 들어, "선교의 성서신학"에서 에베소서를 "화해나 영적 세력과 같은 특정 주제에 대한 입증 본문으로" 언급하곤 한다.[41] 또는, "문헌적 맥락에서 개별 입증 본문"을 찾아 "더 광범위한 선교 원칙이나 주제"에 적용하는 경우도 있다.[42]

사이먼이 "연합성서공회(UBS)의 구분에 기반한"[43] 에베소서의 아홉 문단에 적용한 구조에는 서론(선교 범주들 개요), *missio Dei*의 함의, 하나님의 인격과 성품 묘사, 교차문헌성(문단과 다른 성경 이야기들 연결), 하나님의 선교에서 인류와 세계가 묘사되는 방식, 다뤄지는 문제와 위기 또는 이슈에 관한 선교적 맥락의 증거, 하나님의 선교에 참여하는 바울의 모습이 묘사되는 방식이 포함된다. 교차문헌성을 탐구하면서, 사이먼은 에베소서의 본문들과 거기 나오는 구약 '자료'에 대한 리처드 헤이스의 "메아리들의 검증"(예: '메탈렙시스'[역자 주: 신약에서 사용하는 구약 본문의 암묵적, 간접적, 수사학적 함의])에 따른 "더 넓은 성경 본문" 사이의 관계를 찾는다.[44]

사이먼의 에베소서 분석의 예시:

- 교차문헌적 관점으로 1:15-23과 데살로니가전서 1:3-10를 비교한 사이먼은 "그러므로 복음으로 인한 삶의 변화는 선교의 결과인 동시에 공동체의 지속적인 선교적 삶을 위한 토대가 된다"고 관찰한다.[45]
- *Missio Dei*의 범주 아래 2:11-22을 살피면서 사이먼은 화해가 "이 구절의 핵심에 있는 강력한 선교적 개념"임을 지적한다.[46]
- 하나님의 선교에서 인류와 세상이 어떻게 묘사되는지 살피면서, 사이먼은 3:10을 언급하며 "교회는 말의 선포뿐 아니라 … 예배와 공동체의 삶을 통해 선교적이다"고 말한다.[47]
- 6:10-20에서 사이먼은 "*Missio Dei*는 악한 권세와 정권에 대항하는 영적 투

> 쟁을 포함한다"고 묘사한다. "하나님은 이 투쟁에서 승리할 수 있도록 성도들을 준비시켜 주셨다."[48]

에베소서가 선교적 문서인지 여부를 확인하기 위해 사이먼이 에베소서 전체를 철저히 탐구한 것은 이 서신의 선교적 읽기가 "아직 일관성 있게 또는 포괄적으로 분석되지 않았다"는 사실을 보여준다.[49] 사이먼은 이 책의 모든 문단에서 선교를 꼼꼼하게 탐구함으로 이를 바로잡는다. 사이먼은 이 서신의 관점이 "내부 지향적"이지 않고,[50] 되레 "열방에 대한 윤리적이고 언어적인 증거"를 선교적 주제에 포함하고 있음을 증명한다.[51] 사이먼은 독자들에게 이 서신이 "선교에 대한 꾸준하고 일관된 관심"을 붙들면서 "모든 문단에서 *missio Dei*를 해명한다"고 확언한다.[52]

또 다른 예로, 권성찬의 요한복음 선교적 읽기는 "주어진 본문에 선교를 입력하는 연역적 과정이 아니라 본문을 있는 그대로 읽어내는 과정"이다.[53] 권성찬은 이를 위해 (1) 정경적 배경에서 출발하여 그것이 어떻게 선교적 이해를 돕는지, 그리고 (2) 예수님이 제자들을 어떻게 하나님의 선교에 참여하도록 양성하시는지 살펴보는 두 가지 접근 방식을 따른다. 권성찬은 이 선교적 해석학을 네 문단을 통해 적용한다.

권성찬은 "보냄의 선교적 묘사가 요한복음의 특징"이라면서, "전체 서사를 통해 보냄의 목적을 찾아야 한다"고 말한다.[54] 그는 보냄의 주제를 해석할 때 적절한 균형의 유지가 중요하다면서, *missio Dei*에 대한 최근의 해석이 "하나님 성품의 다른 측면에 비해 보내는 행위"를 지나치게 강조하고 있다고 지적한다.[55] *Missio Dei*가 삼위일체 교리의 "보내는 측면"에 근거한다는 주장은 "선교에 대한 '입증 교리' 또는 '선교사 교리' 접근 방식"이라고 비판한다.[56] 대신, 보냄은 "성부와 성자의 관계와 하나됨, 그리고 그 관계 속에서 성부의 뜻을 앎"에 기초한다.[57] 삼위 하나님의 관계적 차원에 담긴 선교적 함의가 제자 공동체 파송의 기초가 되는 것이다.

새로운 제자 공동체는 권성찬이 요한복음 읽기에서 추적하는 주제다. 예컨대, "성육한 말씀이 제자 공동체를 이뤘고", 이 새로운 공동체는 "말씀이 하나님과 '함께함'(1:37-51)을 반영"한다.[58] 이 새로운 공동체는 "세상을 향한 사명(mission)"을 가진다(1:1-2:12).[59] "하나님이 선교적"이시므로, 이 새로운 공동체 역시 "선교적 제자 공동체"다(2:13-12:50).[60] 예수님은 그의 추종자들을 위해 기도하시고, 그들이 "믿는 제자 공동체"가 되기를 기다리신다(13:1-17:26).[61] "예수님을 믿는다는 것은 삼위 하나님의 공동체에 속하는 동시에 제자 공동체에 속하는 것을 의미한다"(16:27).[62] "제자 공동체의 사명(mission)은 자신의 열정보다 주님과 사랑의 관계에 기초하고, 사역은 자신의 것이 아니라 주님의 소유다"(21:19).[63] 이 새로운 공동체의 형성은 요한복음의 선교적 읽기에 매우 중요하고 현저한데, 이는 "이 복음서에 따르면 예수님 사역의 우선순위"이기 때문이다.[64] 권성찬은 "선교는 공동체 내의 특정 세력에게 위임하는 일이 아니라 제자 공동체의 전적인 참여"라고 결론짓는다.[65]

이러한 선교 해석학적 사례를 통해 우리는 플레밍의 골로새서 읽기, 사이먼의 에베소서 탐구, 권성찬의 요한복음 분석 등 신약성경 세 권의 책이 선교적 개념과 주제를 어떻게 제시하는지 살펴봤다. 선교적 해석학의 렌즈를 통해 성경 전체를 보다 포괄적으로 접근하려면 크리스토퍼 라이트의 글을 참고할 필요가 있다. 그는 "성경의 선교적 해석학은 성경의 존재 자체에서 시작된다"고 말하며, "성경 전체는 하나님의 형상대로 지음 받았지만 방종하고 무도한 인간인 우리와 그분의 피조물을 향한 하나님의 자기를 내어주시는 행위를 증거한다는 의미에서 선교적 현상"이라고 말한다. "현재의 성경을 구성하고 있는 글들은 그 자체가 하나님의 궁극적인 선교의 산물이자 증거다."[66]

선교적 해석학을 신약성경에만 국한해서는 안 된다. 라이트는 이렇게 설

명한다: "구약성경은 궁극적으로 그 범위 안에 창조세계 전체, 시간 전체, 인류 전체를 포용할 궁극적이고 보편적인 이야기의 일부로서 자기 이야기를 전한다."[67] 라이트는 이를 "메타서사" 또는 "거대서사"라고 부른다.[68]

구약의 사례로 팀 데이비는 욥기에 선교적 읽기를 적용하는데, 이는 욥기가 하나님의 선교를 묵상할 풍부하고 매혹적인 자료를 제공하기 때문이다. 귀중한 통찰력을 제공하는 욥기는 선교와 관련된 질문들을 독특하고 의미심장한 방식으로 다룬다. 데이비가 탐구하는 주제에는 어떻게 "욥기를 주변 문화와 '선교적 조우'로 간주할 수 있는지"가 포함된다.[69] 데이비는 성경 본문이 이스라엘의 맥락에서 주변 문화의 관점 및 이념과 어떻게 상호작용하고 도전하는지 관찰한다.[70] 또 다른 선교적 주제는 "원인 불명의 고통에 대해 지속적으로 파헤치는 탐구가 성경의 일부"라는 것이다.[71] 데이비는 "고통에 대한 국제적 대화"에서 "이스라엘 현자들"을 통해 이러한 "강렬한 인간 경험"이 어떻게 드러나며, "야훼에 대한 믿음으로 형성되는 이슈 파헤치기"를 제공하는지 주목한다.[72] 고난에 대한 이 탐구는 고통이라는 보편적 인간 경험에 대한 야훼의 깊은 관심을 의미하며, 교회가 이 문제를 정직하게 직면하도록 강권한다.[73]

데이비가 본문에서 풀어내는 또 다른 중요한 주제는 빈곤 및 가난한 이들에 대한 대우다. 그는 이 문제를 그가 "욥기 자체의 중요한 주제"로 보는 총체적 선교의 틀 안에서 설명한다.[74] 데이비는 "가난한 이들의 곤경과 (잘못된) 대우에 대한 묘사가 욥기의 전개에서 중요한 역할을 하는데, 특히 욥이 자신이 당면한 상황에 의문을 제기하고 변호를 추구하는 관점에서 보면 더욱 그러하다"고 지적한다.[75]

라이트는 선교적 해석학을 위한 하나의 정해진 방법론은 없으므로 "사람들이 성경 본문을 읽는 관점과 맥락의 다양성을 인식할 필요가 있는데, 이는 성경을 읽어내는 다원적 관점이 글로벌 교회의 풍부한 해석학에 핵심적인 요소이기 때문"이라고 말한다.[76] 다른 말로, 우리는 교회의 글로벌한 특성으로 인해 해석적 풍요를 누릴 수 있는 비범한 기회의 시대에 살고 있는 셈이다. 계속해서 라이트는 "한 문화의 사람들이 자기네 문화의 관점에서 읽어낸 본문 해석은 다른 문화의 사람들이 명확하게 읽어내지 못했던 본문 자체의 차원이나 함의를 조명해줄 수 있다"고 말한다.[77] 우리가 당면한 상황을 통해 우리 각자는 우리의 상황과 글로벌 교회의 다른 지체들에게 도움이 되는 새로운 성경 읽기의 기회를 갖게 된다. 얼마나 놀라운 초청인가!

선교에서 삼위 하나님의 역할

이제 선교적 해석학을 통한 성경 읽기로부터 선교의 원천이신 삼위 하나님의 의도와 역할에 대한 신학적 주제로 시선을 옮겨보자. 선교의 삼위일체적 근거를 설명하려는 시도는 삼위 하나님에 대한 교리적 이해에서 출발할 것인지, 아니면 기능적으로만 접근할지에 따라 다소 복잡해진다. 여기서는 후자를 택하기로 하는데, 이는 삼위 하나님의 하나됨이나 삼위 각각의 독특한 역할, 그리고 그것이 선교에 어떻게 발휘되는지를 철저히 탐구하는 것은 이 책의 연구 범위를 벗어나기 때문이다.

삼위 하나님 모두의 선교

선교는 삼위 하나님 모두의 일이다. "성부는 성자를 보내시고, 성자는 성령을 보내시며, 성부와 성자는 성령의 능력으로 교회를 보내신다"는 것이 "*missio Dei*의 규범적 표현"이다.[78] 성부는 왕국을 선포하시고, 성자는 새 생명을 제공하시며, 성령은 삼위 하나님의 활동을 증거하신다는 표현도 있다. 랄상키마 파추아우는 "우리는 성령의 능력 안에서 하나님의 선교의 통로인 그리스도의 성육신에 관심을 집중한다"고 말한다.[79] 오직 삼위 하나님을 통해서, 교회는 복음을 선포하고 보여줄 "선교적 권위"를 갖는다.[80]

권위 이슈는 중요하다. 기독교왕국의 영향으로, 성경이 가르치는 선교의 삼위일체적 권위는 "문화적, 제도적, 또는 실용적 권위로 대체되었다."[81] 기독교왕국의 영향력이 감소하면서 이제 그러한 권위는 "완전히 불신되었다."[82] 이것이 삼위일체적 선교학, 즉 삼위 하나님의 선교적 권위로 돌아가자는 요청의 배경이다.

성경은 창조주이시며 왕국을 소유하신 왕이신 성부의 구체적 역할들을 계시한다. 성자는 새로운 생명을 주시고 우리가 회복될 수 있도록 세상의 고통과 상처를 짊어지러 오셨다. 성령은 선교의 "우선적 행위자"이시고,[83] 하나님의 백성이 삼위 하나님의 일에 참여하고 증거할 수 있도록 생명과 능력을 부여하신다. 아모스 용은 교부 이레네우스의 은유인 "성부의 두 손"—하나님의 두 손을 통해 성취되는 그분의 목적—을 말씀이신 그리스도와 성령에 견주면서 "하나님은 말씀과 성령이라는 신성한 두 손으로 모든 일을 행하신다"고 말한다.[84]

성경 전체에서 우리는 삼위 하나님의 역할에 대한 신비가 드러나는 것을 목격하게 된다. 신학자들이 언급하는 헬라어 단어 **페리코레시스**(*perichoresis*)는 성부와 성자와 성령의 상호내주 관계를 가리키는데, 삼위 하나님은 그분들의 어떠하심을 함께 엮어서 동행하시는 상호성을 통해서만 존재하신다. 그분들의 역할도 마찬가지다. 세 분은 함께 일하시기 때문에 각자의 역할이 깔끔하게 구분될 수 없다.

선교에서 삼위 하나님의 영광은, "성부께서 이 구속을 이루시기 위해 성자를 보내셨기 때문에, 성령을 보내셔서 이 구속을 남자들과 여자들의 마음에 적용"하실 때 발생한다.[85] 하나님은 증거와 섬김을 위한 그분의 선교를 감당하도록 교회에 능력을 부여하신다. 구속 운동은 삼위 하나님으로부터 시작되어 교회를 통해 세상으로 흐르며, "모든 종족과 언어와 나라의 사람들이 평생 하나님을 경배하는 반응으로 귀결된다."[86] *Missio Dei*의 절정은 "하나님이 새 하늘과 새 땅을 창조"하실 때 일어난다.[87]

놀랍게도, 개신교 선교운동에서 삼위 하나님의 선교적 중심성은 비교적 새로운 초점이다. 개신교 선교시대의 상당 기간에 선교는 우선적으로 하나님께 속한 게 아니라 교회의 사역으로 여겨졌다.

삼위일체론 개관

선교의 삼위일체적 해석은 다양한 형태를 취하는데, 세 가지 일반적 견해가 있다. 첫째, **내재적** 삼위일체론은, "하나님은 그 자신 안에 계신 그대로의 존재"이시며 "인류를 자신의 영원한 영광 안으로 끌어들이고자 하시는" 영원한 존재라고 말한다.[88] 이는 "'위로부터의' 기독론"으로 그 선교적 결과는 "사람들을 하나님과 인격적 관계로 이끄는 데 집중하는 영생의 약속"이다.[89] 이 점에서 삼위일체는 '역사의 절정으로서 왕국'을 제시하는 '성부의 사역'과 함께 기능한다. "예수님 안에서, 그리고 성령의 사역으로, 그 왕국은 이제 현존한다."[90] 그러나 이러한 관점은 "세상의 고통과 불의"와는 거리가 멀어 보일 수 있다.[91]

둘째, **경륜적** 삼위일체론은 "세상에 관여하심"을 통해 *missio Dei*를 수행하시는 삼위 하나님의 구원역사에 초점을 맞춘다.[92] 레슬리 뉴비긴은 "성경 이야기에 서술된 하나님의 사역과 선교는 근본적으로 역사적"이라 보았다.[93] 이 "아래로부터의" 견해는 "세상을 긍정하는 영성"이다.[94] 선교는 "역사적/문화적 참여와 개인적/사회적 변화에 집중한다."[95] 그러나 이러한 관점은 "초월성과 '영광의 희망'"을 놓칠 수 있다.[96]

셋째, **사회적** 삼위일체론은 "헌신된 공동체" 안에서 세 위격 간의 사랑을 묘사하며 "사랑을 하나님의 본질에 내재된 것으로 본다."[97] "복음은 우리에게 신적 **코이노니아**의 공유를 제공"하는데, 그것은 우리를 하나님의 사랑과 상호 교제로 인도하여 "교회로서 우리는 삼위일체적 관계의 '다양성의 일치'를 경험하게 된다. 선교의 목표는 서로를 향한 자유가 있고 서로에게 헌신하는 상호 교제 공동체의 형성이 된다."[98] 그러나 사회적 삼위일체론은 "하나님과 인격적(개인적) 접촉을 놓칠 수 있다"는 견해도 있는데, 이는 인류가 "완전한 삼위일체 공동체"를 반영하기 바라는 "선교의 거부할 수 없는 사회적 차원"을 제시하기 때문이다.[99]

파추아우는 사회적 삼위일체론이 선교적 파트너십의 모델이 될 수 있는 "가장 창의적이고 생산적인 해석 중 하나"라고 말한다.[100] 케네스 슈리브는 삼위 하나님이 어떻게 그 모범을 보이시는지 자세히 설명한다:

> 삼위 하나님의 구별된 역할은 하나됨 안의 다양성이 풍성한 공동체 형성의 요건임을 보여준다. 이는 파트너십에 참여하는 사람들이 서로 다른 역할들 및 그 역할을 감당하는 사람들에 대한 존중을 배울 수 있는 좋은 모범이다. 경쟁이 필요한 게 아니다. 각자의 역할이 하나님의 능력 안에서 꽃필 때, 하나된 공동체 전체가 축복이 된다.[101]

표 6은 세 가지 선교적 삼위일체론을 파악할 매트릭스를 제시한다.

삼위일체 관점	특성	약점
내재적	영원한 하나님의 존재, 인류를 그의 영원한 영광으로 이끌기 원하심, 영생의 약속, 사람들을 그분과 인격적 관계로 인도하심, '위로부터'	세상의 고통 및 불의와 멀어질 (무관할) 가능성
경륜적	세상에 참여를 통한 삼위 하나님의 구원 역사, 세상을 긍정하는 영성, 역사적/문화적 참여와 개인적/사회적 변화, '아래로부터'	초월과 영광의 희망을 놓칠 가능성
사회적	하나님의 본질에 내재하는 사랑, 신적 **코이노니아**의 공유, 다양성의 일치, 자유와 교제의 공동체 형성	완전한 삼위일체 공동체를 반영하려는 선교의 사회적 차원 때문에 하나님과 개인적 만남을 놓칠 가능성

표 6: 선교적 삼위일체론 매트릭스

하나님의 협력적 행위

삼위 하나님의 협력적 행위를 생각해보자. 예를 들어, 예수님은 제자들에게 "아버지께서 내 이름으로 보내실 성령"(요 14:26)의 도래에 대해 말씀하신다. 여기에 삼위 하나님의 세 위격이 모두 언급되어 있다. 뉴비긴은 삼위 하나님의 선교적 역할을 "성부의 왕국 선포, 성자의 생명 나눔, 성령의 증거"로 요약한다.[102] 이 '삼위일체 모델'의 선교에는 성부께서 신적 돌봄을 통해 '그의 손 안에' 만물을 함께 붙드시는 일이 포함된다.[103] 예수님의 성육신에서 하나님은 그의 모든 충만을 아들 안에 머물게 하시기를 기뻐하셨다(골 1:19). 하나님의 구속 계획은 "하나님의 통치의 현존[과 예표]이신 성령의 임재와 적극적 역사를 통해" 계속된다.[104] 케네스 슈리브는 "하나님의 위격들은 구속과 구원의 최종 결과를 성취하기 위해 함께 복합적으로 동역하신다"고 말한다.[105] 슈리브는 이러한 상호관계가 성부께서 성자를 보내시는 구원 이야기에 나타난다'고 말한다. "성령은 성자를 채우시고 인도하신다. 성자는 십자가를 보듬으시고, 그분의 죽음과 부활을 통해 하나님과 인간 사이의 화해를 가능하게 하신다."[106] 우리는 (1) 인간과 함께하는 신적 행위, (2) 사람들과 협업, (3) 구원 초점에서 하나님의 대리성(agency)이 작동하는 것을 본다. 좀 더 살펴보자.

현존과 의도—인간과 함께하는 신적 행위

하나님은 은혜 가운데 그분의 선교에 참여하고 협력하라는 거룩한 부르심을 주신다. 알렌 예는 "시작하시는 분은 하나님이시고, 우리는 단지 그 일의 참여자일 뿐"이라고 말한다.[107] 이것은 "아버지께서 나를 보내신 것

같이 나도 너희를 보낸다"(요 20:21, 새번역)는 예수님의 초대를 떠올린다. 여기에 신비가 있다: 하나님에게 인간의 도구성이 필요하지 않은데, "위험한 파트너십의 방식을 선택하신 것이다."[108] 첫 제자들을 세우신 것부터 시작하여 하나님이 행하시는 방식은 인간의 기준으로 볼 때 위험부담이 매우 크다. 제자들은 열심당원, 로마 동조자, 갈릴리인, 에세네파 등 사회적, 신학적 입장이 판이한 사람들이었는데, 그들을 협력사역의 동역자로 부르시고 온 세상의 선교를 위탁하신 것이다(마 28:18-20). 사도 바울은 아굴라와 브리스길라(고전 16:19)를 비롯하여 바나바(행 13:2)와 실라(행 15:40) 같은 순회 설교자, 디모데(행 16:3) 같은 젊은 새내기와 기타 여러 사람들(롬 16:21-24)과 공동사역 네트워크를 구축함으로써 선교의 협력적 특성을 지속적으로 표현한다.

선교적 파트너십에 대해 캐시 로스는 "파트너십은 하나님의 본질상 필수적 개념"이라며, "삼위 신격 안에서 파트너십을 본다고 말하는 것이 너무 무리한 주장이라 생각하지 않는다. 하나님은 공동체이신데 … 신성한 세 위격이시면서 동시에 한 하나님이시다. 이러한 현실은 … 일치와 다양성의 관계를 가능하게 한다"고 말한다.[109] 에녹 완과 케빈 펜만은 "삼위 신격(그 관계, 사랑, 일치와 다양성)을 파트너십 이해의 출발점으로 본다."[110] 슈리브는 이렇게 덧붙인다: "다양성은 폄하할 게 아니라 보듬어야 하는데, 이는 전능하신 하나님의 창조적 천재성을 포용하는 것이기 때문이다. 하나님은 각 부분이 고유한 기능을 가져야 한다고 결정하셨다."[111] 삼위 하나님은 "사랑으로 특징되신다. 이 신적 사랑은 삼위 구성원들의 상호의존성과 서로를 향한 헌신으로 드러난다. 진실로, 영원토록 능동적 사랑의 관계로 함께 묶인 성부, 성자, 성령 이외의 하나님은 없다."[112]

이것은 우리가 하나님의 선교에 참여하는 방식에 대한 즉각적 단서를 제공한다. 하나님의 성품은 선교적이고 창조는 선교적 행위인데, 삼위 하나님이 신성한 사랑의 공동체를 자신들을 뛰어넘어 피조세계의 질서 전체로 확장하시는 움직임이다. 창세기 초두에서 선교의 하나님은 그분의 형상으로 창조하신 아담과 하와를 그분의 선교에 참여하도록 초대하시는데, 그들에게 번성하고 땅에 충만하여 땅을 다스리라고 말씀하셨다. 삼위 하나님은 선교적 사랑으로 창조하셨을 뿐 아니라, 그 피조물을 즉시 그분의 선교에 참여하도록 초대하신 것이다. 이 모든 일은 타락 이전에 일어났다.

사람들과 협업

케네스 슈리브는 다음과 같은 협업의 토대를 제시한다:

> 삼위 하나님은 사랑과 연합의 관계로 존재하신다. 하나님은 그분의 주권과 지혜로 세상과 인류를 창조하여 통치하셨다… 하나님의 의도는 [타락으로 인해 인류와] 깨어진 관계가 회복되고 만물이 성자의 주권 아래 모아지는 것이다… 이 계획에는 그분의 형상으로 창조하신 인류와 파트너십이 포함된다.[113]

구약성경 전체에 걸쳐 하나님은 "그분의 친구로 불린 아브라함과 함께 일하기로 선택하심"을 포함한 자신의 계획을 계시하신다. "이 계획은 그분이 택한 백성으로 부르신 민족과 파트너십으로 발전했다."[114] 이 패턴은 신약시대 메시야의 도래까지 이어진다. 캐시 로스는 "성육신을 통해 하나님은 우리에게 자신을 소통하시고 우리와 관계를 맺으신다"고 말한다.[115] 삼위 하나님이 그분과 파트너십을 알리시는 방식은 성자의 성육신을 통해서다. 계속해서 슈리브는 "예수님의 죽음과 부활 이후, 성부와 성자가 보내신 성령이 교회 안에 내주하시고 인도하시면서 파트너십은 완전히 새로운 차원으로 승화됐다"고 말한다.[116]

1952년 빌링겐 세계선교대회에서 삼위일체적 선교는 "만물을 자신과 화해시키기 위해 성자를 보내신 성부의 사랑"으로 이해되었다. "성자는 성령을 보내셔서 그분의 교회를 하나로 모으시고 그분의 선교에 참여하도록 능력을 주셨다."[117] 예수님은 "그분의 선교를 계속하시기 위해" 자신의 교회를 보내셨는데, "이 보내심이 그 본질을 정의한다."[118] 따라서 "하나님은 이제 전 세계적 그리스도의 몸"과 동역하시는데, 교회는 예수님의 선교가 지속되도록 그분이 보내신 도구다.[119] 과연 이 보내심이 그 본질을 정의한다. 파트너십의 틀에서 하나님은 "최고의 신뢰 행위로 우리와 함께 하시고 우리의 구속에 책임을 지시며, 십자가에서 절정을 이룬 자기 비움은 우리의 창조를 위해 하나님이 받아들이신 위험부담이고 우리의 구속을 위해 하나님이 자유롭게 선택하신 수단이다."[120]

하나님은 본질상 선교적이시므로, 교회는 하나님의 선교에 참여해야 한다. 독일의 신학자 칼 하르텐슈타인은 선교를 "하나님의 속성"[121]으로 설명했는데, 인간에 대한 하나님의 사랑 때문에 그분은 "보내시는 사랑의 샘" 역할을 하신다.[122] 그런데 슈리브는 "파트너십은 성령이 결정하시는 장소와 대상에 초점을 맞춰야 하는데, 그것은 지역 회중일 수도 있고 아닐 수도 있다"고 말한다.[123] 그러나 신약성경, 특히 사도 바울의 서신은 그리스도의 몸이 하나님과 선교적 파트너로 동역하는 다양한 근거, 관계, 함의를 다룬다. 슈리브는 선교 파트너십의 기초가 그리스도의 몸이라는 점에 주목하며 말한다: "이는 모든 사람이 같은 팀에 속해 있으며 하나님이 각자의 역할을 정하셨음을 선포한다. 예수님은 머리가 되시고 성령이 통치하신다. 하나님 및 동료 신자들과 올바른 관계가 활동의 표준으로 인식된다."[124]

구원 초점

예수님의 두드러진 사역은 기적과 담대한 가르침을 통해 하나님 나라의 도래를 선포하는 것이었다. 하나님의 나라 또는 하나님의 통치는 "하나님의 역동적 활동과 그분의 통치가 경험되는 영역을 가리킨다."[125] 아서 글래서는 하나님의 왕국에서 삼위 하나님의 현재와 미래의 역할을 우리가 이해하도록 도와준다:

> 예수 그리스도는 성경의 진정한 성취다. 구원은 오직 그분을 믿음으로만 가능하다. 참으로, 그분을 떠나서는 구원이 없다. 그리고 지금이야말로 그 메시지를 열방에 선포할 때다. 오순절 성령의 강림은 교회를 탄생시켰고, 교회가 세상의 백성들에게 하나님 나라를 선포하는 우선적 도구가 되도록 동원하고 힘을 실어주었다.[126]

사랑의 하나님은 모든 사람이 그리스도 안에서 누리는 새로운 삶을 통해 그분의 왕국에 들어오도록 초청하신다. 하나님의 공동체의 일원이 된 사람은 언제나 어디서든 성령의 인도를 따른다. 하나님께서는 선교를 주도하시면서 교회에 역할을 부여하시고, 교회를 그분의 주요 도구인 보냄 받은 공동체로 권한을 부여하시고 파송하신다.

하나님의 선교적 대리성은 의도적이다. 그분의 동인은 사랑이며, 자기 백성을 그분의 도구로 불러 협업하신다. 이러한 총체적 접근 방식에는 복음의 선포, 그리스도를 따르는 자들의 제자화, 복음의 현시(모든 불의한 것들의 변화 포함), 그리고 하나님의 창조세계 관리가 포함된다.

타락으로 잃어버린 모든 것의 구속과 화해의 계획을 아우르고 초점을 맞추는, 삼위 하나님의 선교적 대리성을 **표 7**에 요약한다.

삼위 하나님의 현존과 의도	삼위 하나님과 사람들의 협업	구원 초점
하나님은 선교를 시작하시는 분	깨어진 관계가 회복되고 만물이 예수님의 주권 아래 들어오기 원하시는 하나님	예수님의 현저한 가르침은 하나님 나라의 선포
하나님의 선교에 참여하도록 우리를 부르시는 하나님(요 20:21)	인간과 협업하시는 하나님의 방식	하나님의 통치가 경험되는, 하나님의 역동적 활동
인간 도구성을 사용하시는 하나님의 신비	하나님 자신을 소통하시고 관계를 확립하시는 성육신	구원은 오직 그리스도를 믿음으로
인간 관점에서 볼 때 위험부담이 큰 하나님의 선교적 행위	성부와 성자가 성령을 보내셔서 교회에 내주하고 인도하게 하심	교회가 열방에게 하나님 나라를 선포하는 우선적 도구가 되도록 힘을 주시는 성령
유일하신 하나님이신 동시에 삼위 공동체	성령을 보내어 교회를 모으고 그분의 선교에 참여하게 하시는 성자	모든 사람을 그리스도 안의 새 생명을 통해 하나님 나라의 현존으로 초청하시는 삼위 하나님
관계와 하나됨과 다양성을 가능케 하는 삼위 공동체	자기 교회를 보내셔서 그분의 선교를 계속하시는 예수님	교회에 선교적 역할을 부여하시는 삼위 하나님
삼위 하나님의 상호의존성이 드러내는 신적 사랑	선교는 하나님의 본질적 속성이자 보내시는 사랑	보냄 받은 공동체로서 하나님의 주요 선교적 대리자인 교회
선교적 행위로서 창조 질서 전반에 신적 공동체를 확산하시는 하나님	하나님의 선교에 동역하는 그리스도의 몸	총체적 접근: 복음 선포, 추종자 제자화, 복음의 현시, 피조세계 돌보기

표 7: 하나님의 선교적 대리자

삼위 하나님과 교회

하나님의 선교에서 교회의 역할은 무엇인가? 선교는 교회에서 시작되거나 교회 중심이 아니라, 삼위 하나님이 선교를 주도하시고 교회가 증인으로서 세상으로 나아가도록 힘을 주신다. 비록 하나님의 선교는 교회의 선교활동 이상이지만, 교회의 선교적 역할은 주변적이지 않다. 교회의 역할은 모든

인류를 위한 "하나님의 사랑의 운동 안에서 … 선교의 도구"가 되는 것이다.[127]

주목할 점은, 하나님이 개인들뿐 아니라 교회 전체에 선교의 능력을 부여하신다는 사실이다. 신약성경의 기록은 하나님이 새로운 전술이나 색다른 사역 방식을 도입하시는 내용이 아니다. 성경 전체를 살펴보면, 하나님의 일관된 접근 방식을 발견할 수 있다. 하나님은 항상 그분의 생명에 참여하고 그분의 증인이 되라고 사람들을 부르셨다. 구약성경은 이스라엘의 주된 소명이 하나님의 통치 아래 모인 그분의 백성으로 살면서 주변 나라들과 대조적으로 하나님이 어떤 분인지 드러내고, 그 결과 열방의 빛으로서 증거와 섬김의 삶을 사는 것임을 기록한다. 옛 언약의 한계로 인해 이 소명은 성취되지 못했지만, 신약에서 우리는 하나님의 백성됨의 지속이 하나님의 선교를 수행하는 핵심적 방식임을 볼 수 있다.

선교에 대한 교회의 이해는 삼위 하나님으로부터 시작하여 거기서부터 지속되고, 거기서부터 완성을 찾아야 한다. 이 세상에서 '하나님 나라의 현존'이신 예수 그리스도와 연합하도록 사람들을 초대할 때, 교회는 "예수님을 십자가로 이끈 그분의 사랑을 구현한다." 성령은 종종 하나님 나라의 '예고편'인 신비한 방식으로 교회를 세상으로 인도하신다.[128]

교회는 이 선교적 삼위 하나님을 통해서만 복음을 선포하고 구현할 선교적 권위를 갖게 된다. 삼위 하나님은 교회에 선교적 역할을 부여하신다. 이것은 "온 교회가 온 세상의 온 인간(전인)에게 온 복음을 전하는 것"이다.[129] 삼위 하나님은 교회를 그분의 공동체 안으로 끌어들이시고, 교회를 *missio Dei*의 진정한 파트너로 부르셨다. 이것은 엄청난 책임이자 특권이다. 하나님의 선교의 범위는 "모든 민족[과] 모든 문화를 인류의 죄악된 반역과 그 영향으로부터 회복하는 것"이다.[130]

근래와 현재의 기독교왕국, 특히 개신교 선교운동의 시대를 인식하면서,

우리는 선교의 삼위일체적 권위의 영향력이 약화되고 때로는 문화적, 제도적, 또는 실용적 권위로 대체되었음을 깨닫는다. 특히 서구의 문화가 성장하고 발전함에 따라, 선교는 복음 전파와 대등하게 문명화에 관한 것이 되었다는 느낌이 있다. 이제 기독교왕국 선교 모델은 도움이 안 될 뿐 아니라 심지어 방해가 되는 듯하다. 기독교왕국의 영향력 쇠퇴에 따라 이러한 선교적 권위의 기반은 현저하게 불신받게 되었고, 많은 사람들이 '선교'라는 용어를 불쾌하게 여기면서 교회가 선교에 참여할 권리가 있다는 생각을 거부하게 되었다. 그러나 선교에 참여할 그 권리, 그 권위는 교회가 아니라 선교의 하나님으로부터 나온다.

삼위 하나님과 공동체

소망의 완전한 구현이자 선교의 창시자 및 원천이신 삼위 하나님은 자기 백성을 소망의 공동체로 부르시고 능력을 부여하시는데, 그들은 주변의 모든 것들과 구별되면서도 적극적으로 참여하는 대조 공동체로 살아감으로써 그 역할을 감당한다.

이 측면의 관계성은 매우 중요하다. 안타깝게도 우리는 종종 선교의 관계적 측면을 매우 개인주의적 관점으로 환원하곤 한다. 그러나 성경은 선교를 주로 공동체적 관점에서 바라본다. 삼위 하나님은 소망의 완전한 구현이자 선교의 원천이시므로, 그분은 자신을 반영하는 희망의 공동체가 되도록 자기 백성을 부르시고 능력을 주신다. 이 공동체는 관계의 깊이를 드러내는데, 놀랍게도 예수님은 그것을 성부, 성자, 성령의 관계와 동일한 차원으로 묘사하신다. 요한복음 17장에서 예수님은 자신과 성령과 성부가 하나이신 것처럼 제자들도 하나가 되게 해달라고 기도하신다. 이 사랑의 관계야말로 우리를 지켜보는 세상에게 예수 그리스도가 참된 주님이심을 입증할 가장 강력한 증거다. 분열의 세상, 이기심과 탐욕의 세상, 정체성이 무너진 세상에서 지구촌 곳곳에 흩어진 하나님의 백성은 예수 그리스도께서 만민과 만물을 그분의 주권 아래 통일시키실 수 있다는 사실을 선포하는 하나님의 증거 방식이다.

삼위 하나님의 우정 관계는, 신성한 관계적 삶에 참여하라는 하나님의 초대에 따른 하나님과 인간 사이 우정의 모범을 제공한다. 하나님은 먼저 그분과의 우정으로, 이어서 다른 사람들과의 우정으로 우리를 부르신다. 삼위 하나님 공동체와 형성된 친밀한 관계와 다른 사람들과 우정은 선교의 가장 기본적인 토대다.

대위임령 안의 삼위 하나님

선교의 신학적 기초에 대한 삼위일체적 이해는 삼위 하나님 모두를 *missio Dei*의 적극적 참여자로 묘사한다. 비록 여기서 우리는 복음서 끝부분에 기록된 대위임령의 삼위일체적 본질에 초점을 맞추지만, *missio Dei*의 삼위일체적 본질은 단순히 이 본문뿐 아니라 성경 전체의 증거에서 도출된다. 그럼에도 불구하고 이 본문에서 삼위일체적 연관성을 고려할 만한 가치가 있는데, 크리스토퍼 라이트는 대위임령이 "사도행전 1장 이후 신약성경에서 교회의 선교적 확장을 위한 명시적 동인으로 언급되지 않는다"고 말한다.[131]

근대 선교운동의 아버지라 불리는 윌리엄 캐리(1761-1834)는 『이교도의 회심을 위한 수단을 사용할 그리스도인의 의무에 대한 탐구』(1792)라는 소책자에서 "우리 주님이 제자들에게 부여하신 위임령이 여전히 우리에게 구속력이 있는지" 확인하고자 했다.[132] 그는 훗날 '대위임령'으로 유명해진 마태복음 28:18-20을 언급했는데, 정작 자신은 위임령이란 표현을 사용했을 뿐 대위임령이라는 용어를 사용한 적은 없다.(번역된 성경에서 이 본문에 '대위임령'이라는 제목이 붙게 된 시기는 대략 1600년에서 1800년 사이이다.)

> 예수께서 나아와 말씀하여 이르시되 하늘과 땅의 모든 권세를 내게 주셨으니 그러므로 너희는 가서 모든 민족을 제자로 삼아 아버지와 아들과 성령의 이름으로 세례를 베풀고 내가 너희에게 분부한 모든 것을 가르쳐 지키게 하라. 볼지어다 내가 세상 끝날까지 너희와 항상 함께 있으리라 하시니라(마 28:18-20, 이하 개역개정).

새로운 제자들에게 세례를 베풀어 하나님의 공동체로 영입하는 것은 삼위 하나님, 즉 성부와 성자와 성령의 이름으로 이루어지기 때문에 이 본문은 삼위일체적이다. 삼위 하나님은 "그분의 왕국을 열어주신 예수님과 인격적 관계로 부르신다." 삼위 하나님은 "급진적인 충성과 헌신을 요구하시고, 세상을 향한 하나님의 선교에 참여하도록 선택받은 공동체로" 초대하신다. 이것은 "대가를 지불하는 포괄적 순종의 생활 방식"으로 사람들을 "소환"하는 것이다.[133]

예수님이 제자들에게 주신 비슷한 마지막 말씀이 기록된 다른 네 개의 성경 본문을 요한복음부터 시간순으로 다뤄본다:

> 이 날 곧 안식 후 첫날 저녁 때에 제자들이 유대인들을 두려워하여 모인 곳의 문들을 닫았더니 예수께서 오사 가운데 서서 이르시되 너희에게 평강이 있을지어다. 이 말씀을 하시고 손과 옆구리를 보이시니 제자들이 주를 보고 기뻐하더라. 예수께서 또 이르시되 너희에게 평강이 있을지어다. 아버지께서 나를 보내신 것 같이 나도 너희를 보내노라. 이 말씀을 하시고 그들을 향하사 숨을 내쉬며 이르시되 성령을 받으라. 너희가 누구의 죄든지 사하면 사하여질 것이요 누구의 죄든지 그대로 두면 그대로 있으리라 하시니라(요 20:19-23).

삼위 하나님의 세 위격이 모두 언급되어 있는 이 구절은 삼위일체적 관점이 분명하다: 성부는 보내신 분이고 ("아버지께서 나를 보내신 것 같이"), 예수님은 보냄을 받은 분으로 나타나셔서 제자들을 보내신다. 제자들에게 계시된 성령은 ("성령을 받으라") 선교에 임재하시고 인도하시며 능력을 부여하신다: "선교는 교회를 그리스도의 부활 생명에 참여하게 하시는 성령의 능력 안에서만 수행될 수 있다."[134] 권성찬은 "파송의 기초는 성부와 성자의 하나됨, 그리고 그 관계 안에서 성부의 뜻을 아는 것"이라고 말한다.[135] 제자들이 흩어지면서 변화된 제자들의 새로운 공동체가 형성되고, 그 결과 신자들이 모이는 교회가 탄생한다.

그리스도의 십자가는 기독교 신앙의 구별되는 특징이다. 부활하신 주님의 상처는 그분의 정체성을 증명한다. 예수님은 그분의 선교에 순종하는 우리의 반응을 원하신다. 그것은 위태로운 시대와 어려운 상황에서도 자기를 비우고 겸손하게 섬기는 사명이다. 예수님의 상처를 보고 제자들은 하나님의 선교에 순종하려면 고통과 불편을 감수해야 한다는 사실을 깨달았을 것이다. 그런데 예수님은 즉시 그들에게 성령의 약속을 추가해 주셨다. 비록 인간이 계획과 행동에 참여하지만, 선교는 우선적으로 우리나 우리의 활동, 또는 우리의 주도권에 관한 것이 아니다. 그것은 하나님께서 자기 백성에게 그분의 선교에 참여하라는 초청이다. 이제 두 번째로 누가복음에서 예수님이 제자들 사이에 갑자기 나타나시는 장면을 살펴보자:

> 또 이르시되 내가 너희와 함께 있을 때에 너희에게 말한 바 곧 모세의 율법과 선지자의 글과 시편에 나를 가리켜 기록된 모든 것이 이루어져야 하리라 한 말이 이것이라 하시고 이에 그들의 마음을 열어 성경을 깨닫게 하시고 또 이르시되 이같이 그리스도가 고난을 받고 제삼일에 죽은 자 가운데서 살아날 것과 또 그의 이름으로 죄 사함을 받게 하는 회개가 예루살렘에서 시작하여 모든 족속에게 전파될 것이 기록되었으니 너희는 이 모든 일의 증인이라. 볼지어다 내가 내 아버지께서 약속

> 하신 것을 너희에게 보내리니 너희는 위로부터 능력으로 입혀질 때까지 이 성에 머물라 하시니라(눅 24:36-49).

이 구절은 예수님이 자신을 제자들에게 계시하시고 제자들은 그분의 증인이므로 명백한 삼위일체적 관점을 지닌다. 성자께서 성부의 약속대로 성령을 보내신다는 말씀은 이 계획과 목적에 관여하시는 삼위 하나님의 상호관계를 드러낸다. 오늘날 우리의 "교회는 죄의 권세에서 구원하는 예수님의 사역을 계속한다."("죄 사함을 받게 하는 회개")[136] 다음 구절은 마가복음이다:

> 그 후에 열한 제자가 음식 먹을 때에 예수께서 그들에게 나타나사 그들의 믿음 없는 것과 마음이 완악한 것을 꾸짖으시니 이는 자기가 살아난 것을 본 자들의 말을 믿지 아니함일러라. 또 이르시되 너희는 온 천하에 다니며 만민에게 복음을 전파하라. 믿고 세례를 받는 사람은 구원을 얻을 것이요 믿지 않는 사람은 정죄를 받으리라. 믿는 자들에게는 이런 표적이 따르리니 곧 그들이 내 이름으로 귀신을 쫓아내며 새 방언을 말하며 뱀을 집어올리며 무슨 독을 마실지라도 해를 받지 아니하며 병든 사람에게 손을 얹은즉 나으리라 하시더라. 주 예수께서 말씀을 마치신 후에 하늘로 올려지사 하나님 우편에 앉으시니라. 제자들이 나가 두루 전파할새 주께서 함께 역사하사 그 따르는 표적으로 말씀을 확실히 증언하시니라(막 16:14-18).

이 구절의 삼위일체적 관점은 이렇다: 성자는 성부 곁에 권위의 자리를 차지하실 것이다. 말씀을 확증하고 주님의 임재를 보여주기 위해 표적이 주어질 것이다. 명시적으로 언급되지는 않았지만, 말씀과 표적은 인간의 역량을 뛰어넘는 성령의 능력의 현시다. 마가는 그의 특징대로 예수님의 마지막 말씀을 간결하게 표현한다. 그러나 이 본문은 예수님의 승천과 성부 옆의 권세를 기록한 19-20절과 분리될 수 없다. 이제 마지막 구절인 사도행전을 살펴보자:

> 그들이 모였을 때에 예수께 여쭈어 이르되 주께서 이스라엘 나라를 회복하심이 이 때니이까 하니 이르시되 때와 시기는 아버지께서 자기의 권한에 두셨으니 너희가 알 바 아니요 오직 성령이 너희에게 임하시면 너희가 권능을 받고 예루살렘과 온 유대와 사마리아와 땅끝까지 이르러 내 증인이 되리라 하시니라(행 1:6-8).

사도행전 전체는 종종 '사도행전'보다 '성령행전'으로 간주된다. 이 본문도 삼위일체적이다: 현장에 임재하시는 성자께서 ('그들이 모였을 때에 예수께 여쭈어') 때와 시기를 정할 권한은 오직 성부에게만 있다고 하시면서, 제자들에게 성령이 임하시면 그들이 권능을 받으리라고 결론지으신다. 성령은 제자들이 "유대와 사마리아와 땅끝의 새로운 곳들로 들어가 현지인들과 합류하여 새로운 백성이 되는" 여정에 그들을 증인으로 만드실 것이다.[137] "땅끝은 하나님의 선교의 궁극적 지평이다."[138] 또한 "지리가 중요하다. 장소는 하나님에게 중요하다. 제자들은 특정 장소로부터 세계로 나아갈 것이다. 장소에서 장소로 이동하는 것은 사람들로부터 사람들에게 이동하는 것이며, 낡은 정체성에서 새로운 정체성으로 이동하는 것이다."[139]

사복음서와 사도행전에 나오는 이 다섯 구절은 주님을 알리고 열방을 제자 삼으라는 주님의 대위임령으로 통합될 수 있다. 하나님의 선교 이해에 핵심적인 이 본문들은 각각 삼위 하나님이 구체적으로 어떻게 언급되는지 보여준다. 각 구절의 삼위일체적 차원을 **표 8**에 요약한다.

본문	삼위 하나님 언급
마 28:18-20	새 제자들에게 세례를 주는 일은 세 분 모두의 이름으로 이뤄진다.
요 20:19-23	성부는 보내시고, 성자는 보냄 받으셨으며, 성령은 임재와 인도와 능력 부여를 위해 계시되신다.
눅 24:26-48	성자는 성부께서 약속하신 대로 성령의 파송을 언급하신다.

막 16:14-18	성자는 성부 곁에 계시며, 표적은 말씀을 확증하고 주님의 임재를 드러낸다. 말씀과 표적은 성령의 능력을 나타낸다.
행 1:6-8	사도들은 성자와 함께 있었고, 성자는 성부를 언급하고 성령을 약속하셨다.

표 8: 대위임령 구절에 나타난 삼위 하나님

요약

그간 우리는 선교적 해석학의 구성 요소들과 사례들을 살펴보았다. 또한 선교학자들이 욥기, 요한복음, 골로새서와 에베소서 등을 어떻게 읽는지 관찰했다. 그들의 연구는 기존의 선교적 관점을 증명하기 위한 특정 성경구절 찾기 방식이 아님을 가르친다. 대신, 우리는 선교적 해석학 매트릭스를 통해 성경을 읽도록 권한다.

끝으로, 우리는 선교신학의 근원이 되는 삼위 하나님의 선교적 마음으로부터 발원하는 선교에 대해 생각해 보았다. 선교는 하나님 나라를 선포하시는 성부에 의해 계획되고, 새 생명을 주시는 성자에 의해 구체화되며, 삼위 하나님의 활동을 증거하시는 성령에 의해 힘을 얻는다. 하나님의 백성은 삼위 하나님의 관계적 본질을 반영하여 각자의 환경과 상황에서 온 세상에 온전한 복음을 전하도록 부름 받았다.

지금까지 확인한 바를 살펴보자:

- 선교는 하나님으로부터 시작된다.
- 선교의 목표는 샬롬, 즉 "하나님의 나라가 임하고 그분의 뜻이 이루어진다"는 예수님의 기도가 성취되는, 온 창조세계의 구속과 쇄신이다. 다시 말해, 하나님의 통치가 온전히 회복되어 하늘과 땅의 만물이 예수님의 주되심 아래 제자리를 찾는 것이다.

- 선교신학은 성경 전체의 서사에서 나온다.
- 선교는 교회 전체의 참여를 요구하는데, 이는 온 교회가 예수 그리스도 안에서 성취된 하나님의 목적과 활동을 증거하도록 부름 받았기 때문이다.
- 모든 선교 조직은 교회와 분리되어 운영되지 말고 교회 전체의 선교 참여를 촉진해야 한다.
- 하나님의 선교에 참여하는 우리의 자세는 경이, 경배, 의존, 기도, 겸손, 축하를 아우른다.

성찰 질문

- 어떻게 선교적 해석학 비교(표 5)의 기준을 적용하여 성경을 선교적으로 읽을 수 있을까?

- 대위임령 구절에 담긴 삼위 하나님의 활동에 대한 관찰이 당신의 선교 참여와 실천에 어떤 영향을 주는가?

미주

1 "Hermeneutics," Dictionary.com.
2 Christopher Wright, *The Mission of God: Unlocking the Bible's Grand Narrative* (Downers Grove: IVP Academic, 2006), 532.
3 Craig Ott, *The Church on Mission: A Biblical Vision for Transformation among All People* (Grand Rapids: Baker Academic, 2019), 52.
4 Simon, 27.
5 Kwon, 22.
6 Wright, 51.
7 Simon, 27.
8 Balia, and Kim, 23.
9 Ott, *The Church on Mission: A Biblical Vision for Transformation among All People*, 54.
10 Ott, *The Church on Mission: A Biblical Vision for Transformation among All People*, 54.
11 Paul Zilonka, and Michael Gorman, *The Bible: A Book, a Library, a Story, an Invitation*, Kindle ed., *Scripture and Its Interpretation* (Grand Rapids: Baker Academic, 2017, Kindle edition), location 580/1234.
12 Michael Goheen, *A History and Introduction to a Missional Reading of the Bible*, Kindle ed., *Reading the Bible Missionally* (Wm. B. Eerdmans Publishing: Grand Rapids, 2016), location 156/7332.
13 Goheen, location 156/7332.
14 Goheen, location 199/7332.
15 Dean Flemming, "A Missional Reading of Colossians," in *Reading the Bible Missionally*, ed. Michael Goheen (Grand Rapids: Wm. B. Eerdmans Publishing, 2016), 213.
16 Flemming, in *Reading the Bible Missionally*, 213.
17 Michael Goheen, *A Light to the Nations: The Missional Church and the Biblical Story* (Grand Rapids: Baker Academic, 2011), 35.
18 Goheen, *A Light to the Nations: The Missional Church and the Biblical Story*, 30, 33, 34.
19 Simon, 28.
20 Simon, 30.
21 Kwon, 18.
22 Kwon, 27.
23 Kwon, 22.
24 Kwon, 188.
25 Flemming, in *Reading the Bible Missionally*, 214.
26 Flemming, in *Reading the Bible Missionally*, 214.
27 Flemming, in *Reading the Bible Missionally*, 214.
28 Flemming, in *Reading the Bible Missionally*, 216.

29 Flemming, in *Reading the Bible Missionally*, 217.
30 Flemming, in *Reading the Bible Missionally*, 222.
31 Flemming, in *Reading the Bible Missionally*, 224.
32 Flemming, in *Reading the Bible Missionally*, 225.
33 Flemming, in *Reading the Bible Missionally*, 226.
34 Flemming, in *Reading the Bible Missionally*, 231.
35 Flemming, in *Reading the Bible Missionally*, 232.
36 Flemming, in *Reading the Bible Missionally*, 238.
37 Simon, 2.
38 Simon, xiv.
39 Simon, xiv.
40 Simon, 3.
41 Simon, 15.
42 Simon, 18.
43 Simon, 44.
44 Simon, 42.
45 Simon, 68.
46 Simon, 95.
47 Simon, 139.
48 Simon, 216.
49 Simon, 44.
50 Simon, 252.
51 Simon, 252.
52 Simon, 252.
53 Kwon, 27.
54 Kwon, 9.
55 Kwon, 173.
56 Kwon, 173.
57 Kwon, 179.
58 Kwon, 60.
59 Kwon, 76.
60 Kwon, 105.
61 Kwon, 129.
62 Kwon, 153.
63 Kwon, 156.
64 Kwon, 166.
65 Kwon, 188.
66 Wright, 48.
67 Wright, 55.
68 Wright, 55.

69 Tim J. Davy, *The Book of Job and the Mission of God: A Missional Reading* (Eugene, OR: Pickwick Publications, 2020), 98.

70 Davy, 131.

71 Davy, 215.

72 Davy, 215.

73 Davy, 215.

74 Davy, 168.

75 Davy, 193.

76 Wright, 39.

77 Wright, 39.

78 Michael Goheen, *The Church and Its Vocation: Lesslie Newbigin's; Missionary Ecclessiology* (Grand Rapids, MI: Baker Academic, 2018), 70.

79 Lalsangkima Pachuau, *God at Work in the World: Theology and Mission in the Global Church* (Grand Rapids, MI: Baker Academic, 2022), 17.

80 Tennent, 67.

81 Tennent, 67.

82 Tennent, 67.

83 Goheen, *The Church and Its Vocation: Lesslie Newbigin's; Missionary Ecclessiology*, 70.

84 Amos Yong, *Beyond the Impasse: Toward a Pneumatological Theology of Religions* (Grand Rapids, MI: Bakder Academic, 2003), 43.

85 Stetzer, and Nation, 8.

86 Stetzer, and Nation, 8.

87 Stetzer, and Nation, 8.

88 John Corrie, *Dictionary of Mission Theology: Evangelical Foundations*, ed. John Corrie (Downers Grove: IVP Academic, 2007), 397.

89 Corrie, 397.

90 Goheen, *The Church and Its Vocation: Lesslie Newbigin's; Missionary Ecclessiology*, 70.

91 Corrie, 397.

92 Corrie, 397.

93 Goheen, *The Church and Its Vocation: Lesslie Newbigin's; Missionary Ecclessiology*, 70.

94 Corrie, 397.

95 Corrie, 397.

96 Corrie, 397.

97 Corrie, 397.

98 Corrie, 397.

99 Corrie, 397.

100 Pachuau, *God at Work in the World: Theology and Mission in the Global Church*, 24.

101 Kenneth Shreve, *Partnership Theology in Creative Access Regions* (Carlisle: Langham Global Library, 2017), 71.

102 Newbigin, 29.

103 Lesslie Newbigin, *The Gospel in a Pluralist Society* (Grand Rapids: Wm. B. Eerdmans Publishing Co., 1989), 118.

104 Newbigin, 118.

105 Shreve, 72.

106 Shreve, 72.

107 Yeh, 20.

108 Balia, and Kim, 129.

109 Cathy Ross, "The Theology of Partnership," *International Bulletin of Missionary Research* 34, no. 3 (2010): 146.

110 Enoch Wan, and Kevin Penman, "The 'Why,' 'How' and 'Who' of Partnership in Christian Missions," *Global Missiology* April (2010): 3.

111 Shreve, 98.

112 John R. Franke, in *Reading the Bible Missionally*, ed. Michael Goheen (Grand Rapids: Wm. B. Eerdmans, 2016, Kindle edition), location 1987/7332.

113 Shreve, 91.

114 Shreve, 92.

115 Ross, 147.

116 Shreve, 92.

117 Goheen, location 240/7332.

118 Goheen, location 240/7332.

119 Shreve, 92.

120 Ross 147.

121 Oborji, *Concepts of Mission: The Evolution of Contemporary Missiology*, 134.

122 Bosch, *Transforming Mission: Paradigm Shifts in Theology of Mission*, 402.

123 Shreve, 32.

124 Shreve, 117.

125 Arthur Glasser, *Announcing the Kingdom* (Grand Rapids: Baker Academic, 2003), 226.

126 Glasser, 325.

127 Oborji, *Concepts of Mission: The Evolution of Contemporary Missiology*, 135.

128 Newbigin, 65.

129 Goheen, *Introducing Christian Mission Today: Scripture, History and Issues*, 26.

130 Goheen, *Introducing Christian Mission Today: Scripture, History and Issues*, 39.

131 Wright, 36.

132 Robert Hunt, *The Gospel among the Nations: A Documentary History of Inculturation* (Maryknoll: Orbis Books, 2010), 83.

133 Goheen, *The Church and Its Vocation: Lesslie Newbigin's; Missionary Ecclessiology*, 96.

134 Goheen, *The Church and Its Vocation: Lesslie Newbigin's; Missionary Ecclessiology*, 128.

135 Kwon, 179.

136 Goheen, *The Church and Its Vocation: Lesslie Newbigin's; Missionary Ecclessiology*, 128.

137 Jennings, 18.

138 Goheen, *The Church and Its Vocation: Lesslie Newbigin's; Missionary Ecclessiology*, 99.

139 Jennings, 16.

7
선교를 표현하는 방식의 중요성

서론

이 장에서는 선교의 정의와 그것이 선교신학과 어떻게 연관되는지 살펴보려 한다. 용어를 주의 깊게 살펴보는 것이 중요하다. 너무 당연한 말로 들릴 수 있겠지만, 언어는 중요하다! 언어는 단순히 우리가 믿는 바를 표현하는 수단이 아니다. 그것은 우리가 믿는 것을 창조하고 형성하며, 확립하고 강화한다. 미디어가 넘쳐나는 세상에서 슬로건은 강력한 힘을 발휘한다. 우리는 선교도 슬로건을 활용해서 소통한다. 우리가 사용하는 몇몇 슬로건들을 떠올려보고, 그 의미와 위력 및 유발하는 감정에 대해 생각해보라. 선교에 관한 슬로건들로 '10/40 창', '미전도 종족집단'(UPG), '성경 없는 종족' 또는 '교회개척운동'(CPM), '과업완수'(FTT) 등을 들 수 있다.

다음 세 슬로건을 생각해보자: (1) 미전도종족집단(UPG)의 경우, 아직 복음을 받지 못한 집단이므로 입양을 권유 받는다. 그렇게 하면 그들에게 복음이 전해질 것이다. 이 잃어버린 집단에 복음을 전하는 데 우리의 실천이 가장 중요한 요소가 되므로 우리가 핵심이다. (2) 과업완수(FTT)는 속도, 규모, 전략에 중점을 두는데, 이는 선교가 본질적으로 수행해야 할 과업이라는 개념을 제시한다. 우리가 완수할 수 있는 유한한 과업이 있는 셈이다. (3) 교회개척운동(CPM)에서 교회 개척이 그리스도의 주되심을 표현하는 제자 삼기보다 우선될 때 문제가 발생한다. 이 세 가지 사례는, 선교가 "사랑의 하나님으로부터 나오는 본질적 관계성"에서 벗어나 어떻게 "거래적인 것이 되는지" 보여준다.[1] 이런 슬로건들은 선교의 복합성을 단순하고 도식적인 접근으로 환원한다.

오라는 초청

마태복음 28:18-20의 대위임령 같은 성경구절은 선교에 관여하시는 삼위 하나님을 이해하는 데 도움이 된다. 지난 200년에 걸친 개신교 타문화권 선교운동은 성경의 다른 어떤 부분보다 이 한 본문을 통해 선교적 영감과 동기를 부여받았고 선교에 대한 이해를 형성해 왔다. 윌리엄 캐리 이후 대부분의 세대에 선교운동을 견인하는 주요 명령은 '가라'였다. 이는 '가는 일'의 선교적 중요성에 대한 성경의 강력한 지지를 고려할 때 이해할 수 있는 일이다.

그러나 대위임령 구절뿐 아니라, 당면한 선교 상황에 적절히 대응하는 데 도움이 될 성경 본문들을 찾을 수 있다. 예를 들어, 사도행전은 우리가 채택한 좁은 방식보다 더 광범위하게 하나님의 선교에 참여하는 교회의 모습을 보여준다. 사도행전 8:2은 박해로 인해 사도들을 제외한 모든 교회가 예루살렘을 떠나 유대 및 사마리아 지역으로 흩어졌다고 기록한다. 종종 그리스도인들은 파송 때문이 아니라 자신의 안전을 위해 떠나야 했다.

박해가 임한 곳에 계속 머물며 선교적 역할을 감당할 준비가 된 유일한 이들은 사도들이었다. 사도행전 13장에서 우리는 성령께서 안디옥의 교회 지도자들에게 말씀하시면서 선교사역을 위해 바나바와 사울(바울)을 구별하여 보내시는 모습을 본다. 가라는 명령 대신 "마케도니아로 와서 우리를 도우라"(행 16:9), 즉 '와서' 하나님께서 이미 하고 계신 일에 동참하라는 다른 패러다임을 보게 된다. 환상을 통한 초대는 하나님이 하신 일이다. 바울은 어떤 마케도니아 남성이 자신을 초대하는 모습을 보는데, 정작 도착했을 때 루디아라는 여성을 만난다. 그 환상은 다름 아닌 주님께서 이미 하고 계신 일에 바울더러 동참하라는 초청이었다. 마케도니아의 한 남성으로 나타나신 주님은 바울이 섬기도록 부름받은 사람들과 자신을 동일시하신다. 주님은 바울에게 "내가 지금 여기서 일하고 있으니 너도 나와 함께 하자!"고 초청하셨다.

오라는 초대는 가라는 명령에 필수적인 대위법이다. 오라는 초대는 무엇보다 제자도의 초대다. 가라는 명령처럼 이 초대 역시 성경을 통해 추적할 수 있다. 예를 들어, 마태복음 4:18-19에서 예수님은 시몬과 베드로와 안드레에게 "나를 따라오라. 내가 너희를 사람을 낚는 어부가 되게 하리라"고 말씀하신다. '오라'가 출발점이다. 예수님은 제자들을 선교로 보내시기 전에 먼저 와서 함께하자고 초대하셨다. 선교적 해석학은 대위임령 본문보다 훨씬 더 많은 내용을 포괄한다.

선교 용어

우리는 *missio Dei*를 시작으로 선교의 전문 용어들에 대해 살펴보았다. 이 주제를 탐구하면서 우리는 관련된 다른 용어들을 주의 깊게 살펴서 선교언어를 더 정확하게 이해하고 사용할 뿐 아니라, 선교신학과 성찰과 실천의 수준을 향상하기 위해 노력한다.

마이클 스트루프는 '선교 언어'가 사용되는 방식을 연구할 포괄적 근거를 제시하면서, "선교에 대한 우리의 이야기는 우리가 누구이며 무엇을 하는지 결정하기 때문에 중요하다. 언어는 정체성을 구축하는데, 이는 언어가 신념과 이상과 선택과 목적을 형성하고 표현하기 때문"이라고 말한다.[2] 뿐만 아니라, 선교 실무자와 이론가 집단 내에서 선교 용어의 혼란과 오용으로 인한 오해가 광범위하게 일어나고 있다. 그리하여 "심각한 혼란을 피하려면, 선교 개념을 사용하는 대부분의 사람들이 그것을 어떻게 이해하는지 설명해야 하는" 상황에 이르렀다.[3]

선교라는 용어는 단순하고 이해하기 쉬워 보이지만, 온갖 종류의 함의가 담겨 있다. 어디에나 존재하지만 신비에 쌓여 있는 개념이다. 스트로프에 따르면, 선교는 "명백하고 뻔한 의미를 지닌 흔해빠진 단어 같지만, 자세히 살펴보면 그 의미가 그리 평범하거나 단순하지 않다. 전문적이고 기술적인 개념으로 폭넓게 사용되는 선교는 복합적이고 종종 당황스럽다."[4]

스트루프는 선교를 "어휘소(語彙素), 즉 의미의 어휘적 단위" 또는 선교들(missions), *missio*, 선교사, 선교적(missional) 등 다른 형태나 변형으로 사용하는 것을 "단수형의 파생어에 지나지 않는다"고 정리한다.[5] 이는 언어학적 측면인데, 그것이 성경적인지 여부에 대한 질문도 있다. 만약 그렇다면 "그것은 무엇을 의미하는가? 그렇지 않다면, 교회는 언제부터 왜 선교 언어를 사용하기 시작했는가? 그리고 성경 외적 출처를 가진 선교라는 단어—[역자 주: 성경에 '선교'라는 단어는 없다]—가 기독교적으로 사용될 때 어떤 함의를 지니는가?"[6]

선교의 정의들

크레이그 오트는 지난 200년 동안 선교에 대한 수많은 복음주의적 가정을 반영하는 통찰을 제공한다. 그가 정리한 기독교 선교는 …

> 하나님이 교회를 세상에 보내신 포괄적 목적이다… '선교'라는 단어는 라틴어의 '보냄'에서 유래했다. 보내시는 선교의 하나님은 선지자와 천사를 그분의 메신저로 보내셨고, 궁극적으로 그분의 아들을 그분의 구속 목적의 시행자로 세상에 보내셨다. 오늘날은 그분의 구속과 회복의 사명(mission) 진전을 위해 성령의 능력 가운데 교회를 그분의 백성으로 보내신다. 참으로 교회는 하나님으로부터 보냄 받은 그분의 선교적 백성이다. 그래서 제자들에게 예수님은 "아버지께서 나를 보내신 것 같이 나도 너희를 보낸다"(요 20:21)고 말씀하셨다.[7]

서구의 복음주의 선교학자들은 선교를 일반적이고 구체적인 차원으로 정의한다:

- 마이클 스트루프: "다양한 행동들을 통해 인간이 처한 상황에 관여하고, 타자를 개종시키며, 기독교 신앙을 전파하려는 노력."[8] 이러한 일반적 관점에서 "선교는 다양한 활동과 강조점을 가리킬 수 있다."[9]
- 크리스토퍼 라이트: "근본적으로 우리의 선교는 (성경에 근거하고 검증된 경우) 하나님의 세계 역사 안에서 하나님의 초청과 명령에 따라 하나님의 창조세계의 구속을 위한 하나님의 선교에 하나님의 백성으로서 헌신적으로 참여하는 것을 의미한다."[10]
- 로버트 갤러거: "하나님께서 세상을 구원하시기 위해 교회에 맡기신 총체적 과업이다. 선교의 최종 결과는, 하나님께서 교회와 교회 밖의 자원을 통해 문화, 언어, 지리, 사상, 종족의 장벽을 넘어 말과 사회적 행동을 통해 복음을 전함으로 사람들을 그리스도께 인도하는 것이다."[11]
- 마크 사이먼: "선교는 선포에 국한돼서는 안 되며, 모든 피조물에 대한 하나님의 구속 계획을 증진하기 위해 다양한 지리적, 인종적, 경제적 경계를 넘어 하나님 백성의 정의로운 행동, 인격, 증거를 총체적으로 포괄해야 한다."[12]
- 마이클 고힌과 짐 멀린스: "창조세계를 회복하시기 위해, 그리고 그 일에 우리가 적극적으로 참여하도록 이끄시는 하나님의 지속적 일하심"[13]
- J. D. 페인의 "선교에 대한 매우 간단한 정의"는 "하나님께서 죄 많은 인간을 구속하시고 우주를 새 하늘과 새 땅으로 재창조하시기 위해 행하셨고 행하고 계시며 행하실 모든 일"이다.[14]

"종교 전문가들에게 선교는 전문 언어를 사용하고 전문적 논의를 하는 실무자들과 학자들의 자체 커뮤니티가 있는 전문 분야 또는 과학으로 간주된다… 그러나 전문가들 사이에서도 선교의 의미는 다양하고 논쟁적이다."[15] 다음은 선교라는 용어 해석의 다양성을 보여주는 몇몇 예시들이다:

- 어떤 이들에게 선교는 "'교회 개척을 지향하는 전도'로 좁게 정의된다… 따라서 선교는 다른 활동이나 중점을 거의 배제할 만큼 전도를 강조한다."[16] ("우리는 교회가 세워질 거라는 기대를 가지고 전도에 임한다.")
- WCC의 "생명을 향한 동행"은 전도를 "온 세상의 온 인류에게 온전한 복음을 전하는 것"이라 규정한다.[17] 그들은 선교를 "이 세상에서 하나님의 구원을 구현하는 교회"[18]를 통해 사람들이 "기독교 공동체의 일원이 되도록 초대받는 것"이라 정의한다.[19]
- 가톨릭 제2차 바티칸공의회의 **아드 겐테스**(*Ad Gentes* 6, 9): "교회가 자신의 사명을 수행하는 활동, 즉 다양한 문화와 민족들 사이에서 복음화와 교회를 개척하는 일."[20]
- 다른 사람들은 선교라는 용어를 "전도의 대안 또는 대위법으로 사용한다… 선교는 전도를 제외한 모든 것으로 긴 목록의 관심사와 활동을 포함한다… 선교는 제자도로부터 노약자 돌보기에 이르기까지 교회가 하는 모든 일을 의미한다."[21]
- "선교에는 정치사회적 활동이나 평화 조성 및 화해, 심지어 교회나 기독교와 무관한 혁명적 활동과 운동도 포함될 수 있다."[22] 교회 및 기독교와 관련 여부를 떠나, 하나님 나라 건설에 기여하는 것으로 여겨지는 모든 것이 선교의 일부가 될 수 있다.
- 랄상키마 파추아우: "하나님의 창조세계를 위한 하나님의 구속 사역 또는 사명"[23]
- 존 스토트: "전도와 사회적 책임을 포함한다."[24]
- 사무엘 에스코바: "선교는 총체적이어야 한다."[25]
- 크리스토퍼 라이트: "모든 피조물에 대한 연민과 돌봄, 회심을 향한 부르심, 질병 문제와 교회 개척을 함께 다루기가 포함된다."[26]

"단어에 담긴 의미의 폭과 그에 따른 문제의 범위"를 조망하기 위해 스트

루프는 선교의 정의들을 다음과 같이 나열한다:

- "일반적이고 공통적인 대리 과업, 또는 개인 과제"
- "집단의 특정 지향 또는 목표"
- "구체적이고 개인적인 삶의 목적 또는 소명"
- "전도와 교회 개척"
- "교회가 하는 모든 형태의 사역"
- "기독교의 확장과 관련된 구조 또는 단체"
- "종종 교회와 거의 또는 전혀 무관하게 세상에서 일어나는 하나님의 활동"[27]

이 개요는 일반적으로나 구체적으로, 그리고 모든 용례에서 선교가 어떻게 정의되어 왔는지 보여준다. 이 용어가 "명확하기보다 모호한 경향이 있다"고 스트루프가 평하는 이유인데, 그는 "선교 용어의 밀림을 시급히 정리할 필요가 있다"고 지적한다.[28]

선교와 그 파생물

선교 용어 정의의 명확성 추구 외에도, 고려해야 할 관련 용어들이 있다.

Missio Dei: 이미 다룬 이 주제를 재정리하자면, 1930–50년대 칼 바르트와 칼 하르텐슈타인의 연구를 통해 이 용어가 에큐메니칼 진영에서 확립되었다. 지난 20년 동안 이 용어는 복음주의 진영을 포함한 교계 전반에서 널리 수용되고 사용되었다. 스트루프는 그 현상을 다음과 같이 설명한다: "대부분의 경우, *missio Dei* 지지자들은 이 용어를 선교의 단수형과 동일시하여 현대 선교의 실천을 삼위 하나님의 선교와 구별하려 한다."[29] "어떤 이들에게 *missio Dei*는 신적 본질(자신 안에 존재하시는 하나님)을 의미하고, 다른 이들에게는 신적 활동(인류 안에서 행하시는 하나님의 일)을 의미한다. 따라서

하나님의 누구와 무엇은 *missio Dei*이고, 교회의 누구와 무엇은 **미시오 에클레시아**(*missio ecclesia*)라고 말할 수 있다."

*Missio Dei*는 선교적 삼위 하나님의 구원 활동이므로 "신적 성품의 필수 요소이자 하나님의 속성"이다.[30] 이것은 "결코 종결될 수 없고 영원히 지속되어야 한다"는 의미다.[31] 예수 그리스도는 십자가의 보혈을 통해 모두를 위한 보편적 구세주로 선포되셨다. 이는 하나님께서 그리스도 안에 있는 새 생명을 통해 모든 사람을 그의 나라의 임재로 초대하신다는 의미다. 그들은 그분의 공동체의 일원이 된다. 언제 어디서나 성령의 인도를 따르는 이 공동체를 향한 하나님의 뜻은 그들을 통해 하나님 나라의 미리보기를 제공하시는 것이다.

선교는 "무엇보다 하나님에 관한 것인데, 세상에서 그분의 구속 목적과 계획에 대한 개념이다."[32] 선교는 교회에서 비롯되거나 교회에 속하지 않으며, 엄밀히 말해서 "교회가 수행하는 어떠한 행동이나 과업 또는 전략이나 계획"과 관련된 것도 아니다.[33] 선교에서 교회의 역할은 "세상을—그곳이 가깝든 멀든—복음에 참여시키는 일"이어야 하는데,[34] 이는 삼위 하나님께서 교회를 자신의 주요 도구로, 즉 광범위한 사역을 통해 전 세계에 걸쳐 그분의 증인이 되는 사명을 수행하도록 교회가 위치한 곳으로부터 '보냄 받은 공동체'(sent community)로 파송하셨기 때문이다. 따라서, 선교는 교회의 파송을 받아 해외에서 다양한 장벽을 넘어 구원의 메시지를 전하는 선교사들의 활동—이것이 선교의 영역에 포함되지만—에만 국한되지 않는다.

선교의 범위는 하나님의 선교의 범주, 즉 그분의 총체적 주되심에 의해 정의된다. 따라서 "우리의 선교는 전도와 더불어 세상에 대한 헌신적 참여가 통합된 모습을 반영해야 한다."[35] 통전적 또는 총체적 선교를 통해, 하나님은 선하지만 망가진 창조세계 안에서 만물을 새롭게 하시는 선하신 창조주로 드러나신다. 하나님은 창조 질서 전체에 화해와 변화를 가져오는 목적을 세우셨고, 우리는 그분의 목적에 동참하도록 부름 받았다.

선교들: 일반적으로 선교를 복수형으로 사용하면 "하나님의 선교를 반영하고 참여하기 위한 교회의 다양한 일들과 활동들"을 의미한다.[36] 간단히 말해서, 하나님의 선교에 참여하는 개별적 수행자들을 가리킨다. 이들은 하나님의 세상에서 그분의 선교를 수행할 임무를 받은 인간 도구들이다. "선교는 신적 활동이지만, 선교들(missions)에는 인간과 교회의 활동이 포함된다."[37] "대문자 선교(Mission)는 신적 활동을 의미하고, 소문자 선교(mission)는 인간의 노력을 가리킨다."[38]

선교적이란 선교와 관련되거나 *missio Dei*의 특징을 반영하는 형용사로, 삼위 하나님의 선교와 온전히 조율될 것을 요구한다. 이 용어는 교회와 단체의 관계와 목적과 정체성, 그리고 *missio Dei* 안에서 그들의 지도력을 설명하는 데 사용된다. 스트루프는 이 단어가 "선교적 교회 또는 선교적 사역 같은 개념을 설명하기 위해 선택된 형용사가 되었다"고 지적한 다음, 대럴 구더의 말을 인용하여 선교적이란 "교회론과 선교학이 하나의 학문으로 통합된 것"을 의미한다고 말한다.[39] (이를 통한 한 가지 긍정적 결과는 삶과 인간 활동, 교회의 활동의 많은 부분이 이제 선교에 대한 이해 안으로 들어왔다는 것이다.)

이상의 용어들은 *missio Dei* 맥락 안의 범주를 따라 활동과 의도를 특징짓는다. **그림 7**은 그 상호관계를 묘사한다.

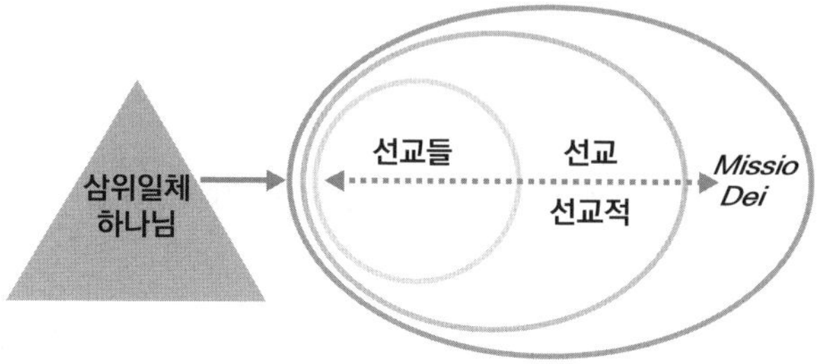

그림 7: *Missio Dei* 용어의 상호관계

스트루프는 "**선교적**이란 *missio Dei*와 연관된 모든 것을 설명하는 형용사로, **선교적** 백성, **선교적** 신학, **선교적** 신학자 … **선교적** 삶, **선교적** 참여 … 그리고 **선교적** 하나님과 같이 다양한 개념을 선교 영역으로 끌어들이는 수단이 되었다"고 지적한다.[40] 스트루프의 우려는 복잡하고 다양한 상황과 문화가 공존하는 세상에서 선교에 동참하는 일의 어려움을 반영한다. 용어를 정의하기보다 설명하는 게 더 나은 방법일 수 있다. 유연성이 요구되는 상황에서 개념을 틀에 가두거나 특정하지 않는 방식이기 때문인데, 새로운 단어나 올바른 용어를 찾는 데 너무 집착하다 보면 초기 원점으로 돌아가버릴 소지가 있다.

- 선교와 관련된 용어의 중요성을 고려할 때, 우리가 사용하는 단어를 형성하는 몇 가지 요소들이 있다. 선교 언어에는 다음과 같은 요소들이 포함되어야 한다:
- 하나님의 선교의 '위대함', 웅장함, 광활한 범위를 반영한다.
- 하나님의 백성이 항상 하나님의 선교에 어떻게 이끌렸는지 폭넓은 성경 인용을 통해 보여준다.
- 우리의 선교 참여가 파송 측면보다 훨씬 더 광범위하다는 것을 보여준다.
- 선교에 지역 신자 공동체—아무리 연약해도(예: 신생 교회, 소수 교인, 핍박 상황 등)—의 중심적 역할을 강조한다.
- 모든 하나님의 백성이 하나님의 선교에서 자기 자리를 찾게 해준다.
- 관계가 우선이고, 관계에서 일이 나온다는 사실을 확인한다.

선교에서 하나님 백성의 다양한 이미지

성경은 하나님의 백성을 묘사하기 위해 다양한 이미지를 사용하며, 이를 통해 선교와 신실한 증거에 대한 다양한 접근 방식에 영감을 주고 힘을 실어준다. 성경의 이미지에 대한 깊은 통찰력을 바탕으로 오늘날 하나님께서 그의 백성과 세계 교회에 일으키시는 단절적 운동에 응답하는 데 도움이 된다. 이 장의 목표는 독자가 이러한 이미지의 관련성에 대해 성찰하고, 자신의 선교적 맥락에 그 통찰력을 보다 철저하게 적용하도록 동기를 부여하는 데 있다.

『선교에서 교회의 이미지』(*Images of the Church in Mission*)에서 존 드라이버는 이미지의 중요성을 설명한다:

> 이미지는 교회의 자기 이해를 소통하는 역할을 하며, 진정한 정체성과 사명감을 형성하는 강력한 힘이기도 하다… 그런데 이미지는 그 형성 배경, 즉 사회적이고 종교적인 탄생 맥락에서 이해되어야 한다. 그래야 하나님의 백성을 그들과 모든 인류를 향한 하나님의 구원 의도의 뿌리로 돌아가도록 소환할 수 있는 강력한 자원이 될 수 있다.[41]

성경의 이미지를 탐구할 무대를 마련하기 위해 회화적 언어를 포함한 다양한 유형의 개념들을 사용하려 하는데, 몇몇 주요 유형들을 살펴보자.

표상(Imagery)은 이미지와 동의어로 "개념이나 상황을 설명하기 위해 책, 영상, 미술 등의 용어나 이미지를 사용하는 것"이다.[42] 성경의 예로는, 계시록 9:11에서 "요한이 요엘의 표상(예: 욜1:6; 2:4-5)을 빌려 메뚜기 재앙의 이미지를 끔찍한 침략으로 증폭시키는" 구절을 들 수 있다.[43]

비유적 언어는 단어의 문자적 의미를 사용하지 않는 창의적 표현 방식이다. 비유는 비교와 과장, 복잡한 개념을 전달할 때 주로 사용된다. 영어의 예로, 긴장한 사람이 "뱃속에 나비가 있다"고 언급할 때 실제로 뱃속에 나비가 있다는 뜻이 아니라, 불안감을 비유적 언어로 표현한 것이다. 요한복음 4:15에서 예수님은 우물가에서 사마리아 여인을 만나신다:

> 물과 우물의 이미지는 고대에 자주 상징적으로 사용되었는데, 요한복음의 다른 등장인물들처럼 그 여인도 예수님이 비유적으로 하신 말씀을 문자적으로 받아들인다. 부유하지 않은 시골 여성들은 보통 가까운 수원지에 가서 물동이나 다른 그릇을 우물에 내려 물을 길은 후 종종 머리에 이고 돌아왔다.[44]

비유적 언어에는 공통적 유형들이 있다:

직유는 '처럼' 또는 '같이'라는 단어를 사용하여 직접적으로 비교한다. 예수님은 하나님 나라가 겨자씨와 같다(막 4:30)는 문학적 장치(직유)를 사용하심으로 구체적인 사물(겨자씨)을 통해 추상적인 개념(하나님 나라)을 이해하도록 도와주셨다.

은유: 조지 레이코프와 마크 존슨은 그들의 저서 『삶으로서의 은유』에서 "은유의 본질은 한 종류의 사물을 다른 종류의 관점에서 이해하고 경험하는 것"이라 말한다.[45] 은유는 비교 대상이 굳이 유사하지 않더라도 독자의 마음속에서 연결하도록 간접적으로 비교한다. 존 드라이버는 "은유적 언어는 추상적 언어보다 더 강력하고 상상력 있게 소통할 수 있다… 이미지는 교회의 자기 이해를 소통하는 역할을 하며, 진정한 정체성과 사명감을 형성하는 강력한 힘이기도 하다."[46] 누가복음 17:1-2의 사례를 생각해보자: "예수께서 제자들에게 말씀하셨다. 걸려 넘어지게 하는 일들이 생기지 않을 수는 없지만, 그러한 일들을 일으키는 사람은 화가 있다"(눅 17:1, 새번역). 크레이그 키너는 "다른 사람을 '걸려 넘어지게'(어떤 역본들은 "죄를 짓게") 하는 사람은 앞의 비유에 나오는 부자처럼 파멸에 이른다"고 해석하면서[47] "'걸려 넘어짐'은 범죄나 참된 믿음을 떠남의 은유적 표현으로 종종 사용되었다"고 말한다.[48] "유대인 교사들은 종종 '걸려 넘어짐'을 죄에 대한 은유로 사용했는데,[49] 다른 사례인 데살로니가전서 4:4에 나오는 '그릇'은 일반적으로 사람의 '몸'에 대한 은유로 사용되었다."[50]

의인화는 신체적 속성('바늘귀')이나 정서적 속성('외로운 구두 한 짝') 또는 인간 행동('바람에 춤추는 나뭇잎')을 포함하여 비인간이나 추상적 존재에 인간의 특성을 부여하는 것이다. 로마서 8:39의 "'높음'과 '깊음'은 단순히 위로는 하늘, 아래로는 음부(죽음의 영역)의 의인화일 수 있는데(시 139:8 참조), 창조세계 전체를 포괄하기 위한 좋은 유대식 방법이다(사 7:11 참조)."[51]

과장은 강조를 위해 정서를 증폭시키는 강력한 도구로 종종 사실의 범위를 넘어선다. 크레이그 키너는 복음서의 예를 들면서, "예수님의 과장된 예화는 일반적으로 듣는 사람의 주의를 끌어 그분의 주장을 진지하게 받아들이게 하기 위함"이라고 말한다.[52] 누가복음 18:25-27의 예수님 말씀은 "불가능한 일(큰 동물의 바늘귀 통과)의 시행에 대한 유대적 비유를 반영한다. 이 과장의 메시지는, 일부 사람들이 종종 오해하는 문이 아니라, 문자적 바늘의 이미지를 사용한다."[53]

암시는 친숙한 인물, 작품, 사건 또는 대중 문화를 언급한다. 암시는 상식에 의존하므로 더 이상의 설명이 필요하지 않다. 예를 들어, 마태복음 17:1-13에는 "하나님께서 시내산에서 모세에게 자신의 영광을 드러내신 것에 대한 많은 암시가 있는데, 대부분의 고대 유대인 독자들은 그 의미를 확실히 알아차렸을 것이다."[54]

유추란 "비슷한 특징을 가진 사물을 비교하는 것으로, 종종 원리나 개념을 설명하는 데 사용된다."[55] 누가복음 4:25-27에서 엘리야와 엘리사는 "죽은 자를 살리시고 음식의 양을 늘리시며 (엘리야가 사르밧 과부에게 한 일과 유사) 나병 환자를 고치시는 등 예수님의 사역에 적절한 유추다."[56]

상징성은 문자적 해석을 넘어 더 깊은 의미를 나타내거나 구현하는 사물, 행동 또는 개념적 상징을 사용한다. 상징은 추상적 아이디어나 감정을 연상적으로 전달하여 여러 층위의 해석을 가능하게 하고 전체적 메시지를 풍부하게 만든다. 누가복음 22:19-20에서 예수님은 빵을 사용하여 자신의 몸을,

포도주를 사용하여 흘리신 피를 상징하신다. 그리스도인들은 성찬식을 통해 이러한 상징성 관행을 이어가고 있다. 크레이그 키너는 계시록에서 요한이 사용한 몇 가지 상징성을 소개한다:

> 구약의 선지서들과 마찬가지로, 요한의 상징적 언어는 대부분 사건에 대한 상세한 문자적 묘사이기보다 특정한 반응을 이끌어내기 위한 연상적 이미지로 사용되었다. 구약성경과 유대 묵시문학에 정통한 독자들은 이러한 해석 방법을 이해했을 것이다. 오래된 상징이 새로운 상황에 다시 적용되는 경우도 동일한 종류의 반응을 불러일으키기 위함이었다. 때로는 상징이 의미하는 바를 요한이 직설적으로 설명하는 경우도 있다(예: 계 1:20). 그렇지 않은 경우에도, 첫 독자들은 책에 나오는 다른 단서나 고대에 그러한 상징들이 어떻게 사용되었는지에 대한 문화적 정보나 지식 때문에 요한과 동일하게 이해했을 것이다. 요한은 독자들이 자신의 말하는 요점을 이해하리라 기대한 게 분명하다(계 1:3, 22:10).[57]

언어 그림(word picture)은 '말로 된 묘사, 특히 비범하게 생생한 묘사'를 가리킨다.[58] 예를 들어, 마태복음 3:11-12에서 세례 요한은 불에 관한 언어 그림을 사용하여 성령의 활동(11절)과 알곡에서 분리한 겨를 태우는 일(12절)을 연결한다.

비유: 예수님은 청중을 자극하고 관심을 끌기 위해 비유 형식으로 많은 이야기와 직유(비교)와 수수께끼를 사용하셨다. 대부분의 신학자들은 복음서에 예수님이 말씀하신 38개의 비유가 있다는 데 동의한다. 일부는 동일한 메시지의 반복이고, 일부는 해석이 다양하며, 일부는 미래를 가리킨다. 예수님의 비유는 그분의 입에서 직접 나온 말씀이기 때문에 독특하다. 예수님의 비유는 청중의 관심을 단번에 사로잡을 만큼 흥미진진했고, 비유에 등장하는 사물과 상황은 사람들이 이해하고 공감할 수 있는 이야기였다. 그리하여

사람들은 예수님의 메시지에 공감할 수 있었고, 진정으로 진리를 추구하는 사람들을 위한 더 깊은 지혜가 숨어 있는 영적 교훈을 파악할 수 있었다. 그들은 비유를 연구하고 숙고하여 그 안에서 지혜를 발견했다.

예를 들어, 한 비유들 묶음에서 예수님은 경각심과 준비성 및 책무를 강조하신다. 신실한 제자들은 예수님의 재림을 대비해 깨어 있어야 한다(막 13:32-37; 눅 12:35-40). 그물 비유(마 13:47-50)와 양과 염소 비유(마 25:31-46)에서 예수님은 다가올 심판과 마지막에 신실한 의인과 불충실한 악인의 분리에 대해 가르치신다. 무화과나무 비유(마 24:32-35; 막 13:28-29; 눅 21:29-31)에서는 자신이 살아가는 시대를 인식하고 예수님의 재림을 준비해야 함을 강조한다.

선교에서 교회의 이미지

지금까지 우리는 성경에서 사용된 다양한 유형의 커뮤니케이션 언어에 초점을 맞추었다. 이를 바탕으로 글로벌 교회의 선교 맥락에서 하나님의 백성에 대한 새로운 통찰력을 제공하는 성경의 이미지를 살펴보자. 유익한 탐구 방법은, 하나님의 백성을 묘사하는 데 사용된 많은 은유와 이미지를 고려하고 이것이 오늘날 교회의 선교적 본질을 이해하는 데 어떤 방식으로 도움을 줄 수 있을지 묻는 것이다.

존 드라이버는 성경이 교회에 대해 거의 100가지의 다른 이미지들을 사용하는 방식에 주목한다.[59] 또한 그는 교회가 신약성경에 의존하기보다 세속 사회의 이미지에서 자기 인식을 형성하는 경향을 관찰한다. 교회는 자신의 정체성과 목적을 설명하기 위해 전통적 이미지를 대부분 유지해 왔지만, 그 이미지들은 원래의 맥락에서 분리되고 의도된 의미로부터 왜곡되었다.[60] 드라이버는 "교회의 성경적 이미지는 이 세상에서 하나님의 대조 사회로 존재하는 데 헌신한 교회라는 급진적 관점으로만 이해될 수 있다"고 말한다.[61] 이를 위해 하나님 나라의 가치와 일치하는 "진정성 있고 의도적인 순진함"으로 성경적 이미지에 접근해야 하는데, 이는 "세상의 뒤집힌 가치 체계의 질식에서 벗어나기 위해 필수적이다."[62]

선교에서 교회의 이미지를 신약성경이 묘사하는 한 사례로 '길'(the way)을 들 수 있다. 드라이버는 이것이 "초기 기독교 공동체의 자기 명칭들 중 하나였을 것"이라 말한다.[63] 몇 가지 사례들: "주의 길을 예비하라"(사 40:3을 참조한 눅 3:4), 두 가지 길에 대한 예수님의 가르침(마 7:13-14), "새로운 살 길"이신 예수님(히 9:8-14; 10:19-25), "길(道)에 속한 사람들"(행 9:1-2), "길(道)에 대해 잘 알고 있던" 벨릭스(행 24:22).[64]

'길'은 구약성경의 다양한 곳에서도 사용된다: 이드로가 모세에게 이스라엘 백성에게 "법령과 지침"을 가르치라고 조언한 것은 "그들이 살아야 할 길과 행동해야 할 방식"을 알게 하기 위해서다(출 18:20). 하나님의 백성은 "가장 좋은 길이 어딘지 물어보고, 그 길로 가라"(렘 6:16)는 명령을 받는다. 지혜로운 사람은 "의로운 길로" 걷는다(잠 8:20). 시편 기자 다윗은 "온전함(integrity)의 길"에 주목한다(시 101:2, 6). 또한 다윗은 "영원한 길로" 하나님의 인도를 받기 원했다(시 139:24).[65]

드라이버는 또한 길 이미지의 배경을 언급한다: 마가복음 1:3에서 "주의 길"은 "새로운 출애굽"(출 3:20)이며, 요한은 "새로운 메시아 시대"를 선포한다.[66] 이사야 40:3에서 선지자는 하나님의 구원을 위한 준비를 촉구한다: "한 소리가 외친다. 광야에 주님께서 오실 길을 닦아라. 사막에 우리의 하나님께서 오실 큰길을 곧게 내어라." 이것은 마가가 메시아의 길을 예비하는 사람으로서 요한의 사역을 소개하는 구절이다. 드라이버는 그 뿌리를 출애굽의 언어에서 찾는다. 예루살렘으로 가는 길에 대한 다양한 언급(예: 마 20:17)에서 그 개념은 "예수께서 그의 추종자들에게 제자도의 의미와 현실을 가르치기 위한" 맥락을 제공한다.[67] 마태복음 7:13-14와 누가복음 13:23-24의 두 길 비유에서 "예수께서는 '좁은 문'으로 들어가고 '어려운 길'로 가라는 초청으로 제자도의 본질을 요약하여 결론을 맺으신다."[68] 예수께서 "내가 곧 길이요"(요 14:6)라고 말씀하셨을 때, 제자들은 "그분이 하나님께로 가는 참된 길"이라는 메시지로 이해했다.[69] 예수님의 순종적 죽음을 통해 옛 언약이 새 언약으로 대체되면서 그분은 "새로운 살 길"이 되셨다(히 9:8-14; 10:19-25).[70] 마지막으로, 그리스도를 따르는 사람들은 "사랑의 길을 걷고"(엡 5:2), 그리스도처럼 살며(요일 2:6), "모든 일에(in every way) 주님께 합당한 삶을 살아 주님을 기쁘시게 하라"(골 1:10)는 격려를 받는다.[71]

'길' 이미지는 십자가의 그늘 아래서 살아가는 교회, 고난을 통해 증거하는 교회에게 중요한 의미를 지닌다. 이러한 측면이 사라지면 이미지 자체의 매혹적인 힘을 잃게 된다.[72]

드라이버가 묘사한 길의 이미지는 체류자와 가난한 자를 포함하는 그의 "순례 이미지" 범주의 한 부분인데, 다른 범주들은 다음과 같다: 하나님 나라와 새 창조 및 새 인류에 관한 "새 질서 이미지", 하나님의 백성과 하나님의 가족 및 목자와 양떼 개념을 포괄하는 "백성됨 이미지", 소금과 빛, 도시, 영적 집, 증거 공동체를 아우르는 "변혁의 이미지"이다.[73]

선교에서 하나님 백성의 이미지

크리스토퍼 라이트는 『하나님 백성의 선교』에서 하나님의 백성으로서 성경 이야기에서 우리 위치를 찾을 때 경험하는 '도전과 책임'에 대해 언급한다.[74] 라이트는 전 세계가 하나님의 선교의 목표이므로 전 세계가 우리 선교의 범위이자 우리가 선교에 참여하는 장(場)임을 지적한다.[75] 라이트는 하나님의 선교와 성경 본문, 그리고 하나님의 백성인 우리의 하나님의 선교 참여를 연결하는 거시적 주제 아래 그의 책 내용을 분류한다. 라이트는 구약과 신약 성경을 통해 그리스도인이 누구이며 무엇을 위해 여기 존재하는지에 대한 통찰을 얻는다. 다음은 하나님의 선교에 참여하는 백성의 특성을 묘사하는 이미지로 라이트의 설명을 재구성한 것이다:

- 배우: "자신이 속한 이야기 알기"—첫 창조에서 새 창조에 이르는 공간에 살고 있음을 인식한다. 그들은 "하나님의 동역자"(고전 3:9)로서 만물을 새롭게 하시는 "하나님의 약속"(계 21:3-5)에 근거하여 "억누를 수 없는 낙관주의"를 갖는다.[76]
- 청지기: "창조세계 돌봄"—"창조는 성경신학의 주요 주제들 중 하나"임을 이해하고, "구속받은 인류"로서 하나님이 위탁하신 것을 청지기와 종으로 관리해야 할 책임이 있음을 인식한다(창 1:26-28). 이것이 인간됨과 하나님의 "생태적 선교"에 동참하는 의미의 일부분이다.[77]
- 축복: "열방에 복이 됨"—아브라함 이래 "모든 민족에게 복을 주시려는"(창 12:1-3) 하나님의 의도를 이해한다. 이는 그들이 "아브라함의 축복을 물려받았음"을 의미하며, 따라서 하나님이 주신 사명은 "가서 다른 사람들에게 … 축복이 되는 것이다."[78]
- "하나님의 길을 걷기"—그들은 "하나님의 길의 윤리적 기준에 따라 사는 공동체" 되기에 헌신하는데, 이는 아브라함 이래(창 18:19) 하나님은 자기 백성이 온전함과 공의와 정의를 구현하며 살도록 부르신 사실을 이해하기 때문이다. 이는 "윤리와 하나님의 선교가 통전적으로 결합됨"을 깨닫고 살아가는 삶의 방식이다.[79]
- 구속받은 자: "구속적 삶을 위해 구속받음"—그들은 "개인의 죄사함이라는 영적 차원과 더불어 사회적, 정치적, 경제적 관심사와 실천을 포함하는 총체적 또는 통전적 선교 이해" 안에서 출애굽기가 "구속받은 사람들의 행동 모델"을 제시한다는 사실을 이해한다.[80]
- 대표하는 자: "세상에게 하나님을 대표함"—그들은 구약성경과 이스라엘 백성에서 시작하여 그 서사가 완성될 때까지 하나님의 이야기 안에서 살아간다. 그들은 하나님 백성의 선교(벧전 2:9-12)가 "과거와 미래 사이, 은혜와 영광 사이, 역사적 구원과 현재 진행 중인 선교 사이, 하나님이 행하신 일과 행하실 일 사이"에 어떻게 놓여 있는지 이해한다.[81]
- 자석: "사람들을 하나님께 끌어당김"—선교에서 하나님의 백성이 된다는 것

은 "하나님을 자신의 존재와 행동의 중심에 둠"(딛 2:9-10)을 의미한다. 이것은 "하나님 자신의 중력이 … 사람들을 그분의 축복의 영역으로 끌어당기는 선교적 자력"의 공간이 된다.[82]

- 확신자: "살아 계신 하나님과 구세주를 앎"—그들은 하나님이 알려지기 원하신다는 것과 "이것이 우리의 선교가 당위일 뿐 아니라 가능한 이유"라는 사실을 이해한다. 선교는 충성심 경쟁의 상황에서 진행되므로 어려운 일이기도 하다. 그러나 그들은 자신들이 전하는 성경과 그리스도의 복음이 "실제 사건에 관한 좋은 소식"임을 확신한다(행 3:15; 4:2, 9-10, 16).[83]
- 증인: "살아 계신 하나님을 증거"—그들은 복음 증거가 자신의 삶의 "복음적 변화"에서 비롯됨을 안다(마 28:19-20). 그들은 "기회 있는 대로 주님을 대변한다." 그들은 "증거하는 행위가… 계속 증거할 … 확신을 낳는다"는 사실을 경험한다(사 43:10).[84]
- 도시에서 외치는 자: "그리스도의 복음 선포"—그들은 "울적할 정도로 **나쁜** 소식이 만연한 세상에 **좋은** 소식을 전하는 것이 하나님 백성의 선교"임을 이해한다. 그들은 복음이 "반드시 들려져야 하고"(엡 1:13), "모든 민족에게 전파되어야" 함을 알기에 복음을 선포한다.[85]
- 계속 이동 중: "보내고 보냄 받음"—그들은 "구원하시는 하나님의 승인과 위임과 보냄의 행위"에 참여한다. 즉, 그들은 삼위 하나님께서 "세상의 구원과 그분의 진리의 계시를 위해 행하셨고 지금도 행하고 계신"(요삼 8) 역동적 "보내심과 보냄 받음"에 붙들려 있다.[86]
- 참여자: "광장에서 살고 일하기"—그들은 어떻게 "일이 하나님의 아이디어"이고, "땅을 다스리고(창 1장) 섬기고 지키는(창 2장) 과업"인지 이해한다. 이를 위해서는 "세상에 **건설적인 참여**"와 "세상과 **용기 있게 맞서기**"가 요구된다. "매일의 일이 중요한데, 그것이 하나님께 중요하기 때문이다." 따라서 그리스도의 제자로 살고 일하는 것 자체가 선교적 영향을 미친다.[87]
- 예배자: "찬양과 기도"—그들은 "하나님께 찬양과 영광을 돌리고 세상 백성들을 동일한 송영(doxology)의 교향악에 참여시키기 위해 창조되었다"(계 5:13)는 사실을 안다. 선교적 측면은, 하나님의 백성이 "아직 하나님을 창조주와 구속주로 알지 못하는 열방 가운데서 … 창조주 하나님께 영광을 돌리는 일"인데, 이는 "예배와 증거가 밀접하게 뒤얽혀 있기 때문이다(시 96장)."[88]

그리스도의 몸 이미지

폴 미니어는 『신약성경에 나타난 교회 이미지』에서 교회의 '부차적 이미지'와 '주요 이미지'를 분류한다. 32가지 부차적 이미지에는 세상의 소금(마 5:13), 그리스도의 편지(고후 3:2-3), 물고기와 그물(막 1:17; 마 4:19; 눅 5:1-11), 배(마 8:23-27), 방주(노아 시대와 비교, 마 24:36-42), 누룩 없는 빵(마 16:6), 한 덩이 빵(고전 10:16-17), 주님의 식탁(고전 10:21), 제단(히 13:10), 주님의 잔(고전 10:16), 포도주(막 2:22), 포도나무 가지(요 15), 포도원(고전 9:7), 무화과나무(눅 13:6-9), 감람나무(롬 11:13-24), 하나님의 식목(고전 3:9), 하나님의 건물(고전 3:9), 반석 위에 건축(마 16:18-19), 기둥과 버팀목(딤전 3:5, 15), 처녀(계 14:1-4; 마 25:1-13), 메시야의 모친(계 12:1-2), 택함 받은 여인(요이 1:1), 그리스도의 신부(고후 11:1f), 혼인 잔치(계 19:9; 막 2:19), 흰옷 입은 자(계 19:7; 마 22:1-14), 옷의 선택(롬 13:14), 시민(엡 2:19; 갈 6:10), 유배자(벧전 1:1; 2:11), 흩어진 자(디아스포라, 약 1:1; 벧전 1:1), 대사(고후 5:18-21), 가난한 자(눅 6:20), 주인과 손님(마 25:31-46) 등이 포함된다.[89]

미니어는 분산 이미지의 예를 다음과 같이 제시한다:

> … 1세기에 이르러 디아스포라는 유대인들 사이에서 고국 밖에서 살고 있던 유대인들을 지칭하는 전문 용어가 된 것으로 보인다. 그리스도인들은 이 용어를 거의 사용하지 않았다. 그러나 메시아가 오실 때까지 충성된 백성들이 흩어질 것이며 그의 구원은 흩어진 양들이 종말적으로 모이는 형태를 취할 거라는, 다소 전문성이 결여된 아이디어가 비록 이견의 여지가 크긴 했지만 훨씬 더 마음에 와닿았다.[90]

미니어는 추가적으로 50가지 주요 이미지를 찾아내서 세 그룹으로 분류한다:

1. “하나님의 백성이라는 교회 개념을 중심으로 작동되는 이미지들.”[91] 이들은 현대 기독교 세대와 역사적 교회를 연결한다. “그들은 하나님의 언약에서 비롯되었고, 하나님의 부르심에 의해 순례의 여정이 지속된” 성경적 공동체다.[92]
2. “신 인류(즉, 새로운 피조물)를 창조하시는 하나님의 활동을 중심으로 작동되는 이미지들.”[93] 이러한 이미지들의 기능은 “하나님의 영원한 영광과 생명의 맥락에서, 따라서 세상 구속의 맥락에서, 기독교 사회의 삶을 보는 것”이다.[94]
3. “믿음 안의 교제라는 교회 개념을 중심으로 작동되는 이미지들.”[95] 이것은 믿음의 교제 안에서 서로 주고받는 상호의존성을 공유하는 하나님 백성의 공동체를 묘사한다.

미니어는 또한 몸, 지체, 머리의 상호 연관된 그림을 통해 ‘그리스도의 몸’과 관련된 일련의 용어들을 식별한다. 사람, 가족, 무리, 시민권 등의 용어는 모두 구약성경에 그 기원을 두지만, 그리스도의 몸이라는 이미지는 신약성경의 바울서신에만 나온다. 미니어는 “‘그리스도의 몸’이라는 문구는 불변의 의미를 지닌 단일 표현이 아니다. 바울의 생각은 매우 유연하고 탄력적”이라고 말한다.[96] 따라서 이런 다양한 용법은 “이 이미지에 대한 하나의 포괄적 정의를 먼저 내려놓고, 다른 구절들의 유추에 담긴 다양한 의미들의 도입을 거부하는 것을 경계해야 한다”고 말한다.[97] 미니어가 인용한 용례의 범위는 다음과 같다: “그리스도의 지체로서 성도의 몸”, “살과 피의 파트너십”, “한 몸 안의 다양한 사역”(예: ‘영적 몸’ 및 ‘몸의 머리’), “우주적 자연 영들의 머리”, “교회의 머리”, “머리의 몸”, “유대인과 이방인의 연합”, “몸의 성장”, “하나님의 충만함”.[98]

미니어의 취지는, 독자가 성경 저자의 원래 의도를 이해하면서 이 모든 이미지의 상호 연결성을 깨닫는 데 있다. 이미지들은 서로 연관되어 하나의 통일된 전체를 형성한다. 이미지들은 서로 겹쳐지기도 하고 교차되기도 한다. 미니어는, “오직 그리스도 안에서 사랑으로 공동체를 하나로 묶어주는 성령의 능력만이 인간의 지식을 뛰어넘는 하나님의 충만한 차원을 알 수 있게 해준다”고 말한다.[99]

선교에서 교회의 이미지

도널드 시니어는 성경이 묘사하는 교회 이미지와 선교 이미지가 밀접히 연결되어 있음을 관찰한다: "선교에 대한 이해는 교회의 존재 의미에 대한 기능적 이해를 형성한다."[100] 시니어는 "특정 이미지를 뒷받침하는 가치와 가정들을 검토하고" 성찰할 것을 주문한다.[101] 이 이미지들은 교회에 "성경적으로 승인된 선교 방식"을 제공한다.[102] 그러나 그것들은 또한 성경이 보여주는 "정체성과 대외 사역, 공동체와 선교, 특수성과 보편성 사이의 역동적 긴장"을 드러내기 때문에, "단순한 공식으로 환원할 수는 없지만" 교회와 선교에 대한 우리의 이해에 "일관성을 부여"하는 데 도움이 된다.[103]

시니어는 "신약성경 자료에서 연결되는 교회와 선교에 대한 세 가지 주요 이미지"를 제시한다:[104]

교회 이미지	선교 이미지	핵심 신론-기독론	목표	본문
I. 보냄 받은 제자 공동체	세계를 순회하며 긴급히 선포되는 복음	주권자 하나님, 승리의 그리스도, 세상의 구원자, 종말론적 역사관	개종과 구원	롬 15:14-21; 막 13장; 마 28:16-20
II. 가시적 증인 공동체	설득과 도전과 회심을 유발하는 개인적, 공동체적 증거	거룩하고 거룩하게 하시는 하나님, 선지자와 스승이신 그리스도	영감, 도전, 변혁	베드로전서; 계시록; 행 2, 4장; 요 13-15장
III. 치유와 화해의 공동체	치유와 용서의 복음 선포	하나되게 하시고 치유/구원하시는 하나님(종말론적)	공동체 세우기, 화해, 하나됨	마 18장; 눅 15장; 요 17장; 엡 2장; 눅 4장; 막 3, 6장

표 8: 신약성경에 나타난 선교하는 교회의 핵심 이미지

시니어는 다음의 범주를 통해 위의 내용을 설명한다:[105]

1) 세계를 순회하며 긴급히 선포되는 복음. 바울의 교회 이미지는, 세상에 긴급하게 복음을 선포하기 위해 기존 공동체의 경계를 넘어 여행하도록 권한을 위임 받아 파송된 제자들로 구성된 그의 선교팀과 겹쳐진다. 초기 그리스도인들은 예수님의 순회적 삶을 본받아 하나님의 급진적인 메시지를 선포하는 데 헌신했다. 이제 교회는 예수님의 훈련을 받아 다양한 문화권의 경계를 넘어 복음을 선포하도록 보냄 받은 제자 공동체로 세상을 섬긴다.

2) 설득과 도전과 회심을 유발하는 개인적, 공동체적 증거. 초기 그리스도인들은 거룩하도록(벧전 1:15), 즉 주변 불신자들의 부도덕한 행동과 구별되도록 부름 받았다(벧전 4:3-4). 새롭게 태어난 그리스도인은 동료에게 거부당하더라도 하나님으로부터 가치를 인정받는다. 공동체는 "산 돌"로 지은 성전에 비유되며, 하나님의 영광을 선포하고 다른 사람들을 어둠에서 이끌어내도록 선택받았다(벧전 2:4-5). 교회는 또한 그들의 믿음을 증거하여 불신자들을 회심에 이르게 하는 사명을 부여받았다. 이 기본 신학은 그리스도인과 교회 공동체가 세상과 구별되는 거룩을 향해 부름 받은 사실을 강조하는데, 그들의 소명은 잠재적으로 적대적인 세상에 사랑과 온전함과 섬김을 통해 하나님의 거룩과 복음의 진리를 증거하는 것이다(벧전 2:9).

3) 치유와 용서의 복음 선포. 공관복음서에 묘사된 예수님의 치유 사역은 선교의 중요한 배경이다. 예수님과 사람들의 만남은 종종 치유, 경계 허물기, 그리고 인간 경험의 다양한 차원을 다루는 일과 연관된다. 에베소서(2:14)에서 예수님의 선교는 유대인과 이방인 사이의 적대감을 허무는 역사적 화해로 묘사된다. 신약성경에서 교회는 성령 안에서 하나님의 거처인 거룩한 성전이다. 교회는 신앙 공동체 안의 삶을 추구하는 외부인을 환영하는 치유와 화해의 공동체다. 교회는 예수님이 중보하신 일치를 반영하는 궁극적 하나됨의 성례전으로 여겨진다. 교회 선교의 목표는 겸손한 섬김과 자기 희생적 사랑을 통해 드러나는, 하나님의 사랑 안에서 구현되는 일치다.

신약성경에 묘사된 교회의 선교 이해에는 세 가지 주요 방식이 있지만, 각각의 이해는 교회가 처한 구체적 상황에 따라 형성되었다는 관찰이 시니어의 중요한 공헌 중 하나다. 오늘날 글로벌 교회는 잡다한 세계관과 종교, 세속주의와 다원주의, 빈부 격차, 상대적 안정과 전쟁, 급격한 기후 변화와 인구 이동 등 매우 다양한 맥락 속에서 존재한다. 지금까지 살펴본 대로, 성경은 하나님 백성의 선교에 대해 비범하게 다양한 이미지를 제공한다. 다른 상황들에 처한 교회가 선교신학을 발전시키는 여정에서, 각각의 상황에 가장 적합한 이미지가 서로 다를 것으로 예상된다. 사도적 선교팀이라는 단일 이미지에 기초한 기독교왕국 선교 패러다임의 시대는 풍부한 성경 서사로부터 길어낸 다양한 선교신학들에게 자리를 내주고 있다. 하나님 백성의 선교에 대한 성경적 이미지의 보고(寶庫)를 선교에 온전히 활용하기 위해 아직 해야 할 일이 남아있다. 글로벌 교회의 더 다양한 공동체들이 그들 고유의 선교신학을 개발하는 데 참여할수록, 하나님의 선교에서 우리의 위치에 대한 우리 모두의 이해가 더 커질 것이다.

요약

우리가 하나님의 선교를 어떻게 설명하는지가 우리의 선교적 정체성과 실천에 영향을 미치므로, 선교 언어의 중요성을 인식해야 한다. 우리가 사용하는 선교 언어는 "믿음과 이상, 선택과 목적을 형성하고 표현한다."[106] 우리는 '선교'라는 용어가 우리 어휘의 여러 곳에서 사용되고 있음을 파악했다. 이 단어 자체와 그 전문적, 기술적 용도를 자세히 살피다 보면 다소 "복합적이고 종종 당황스럽게" 여겨질 수 있다.[107] 이는 우리가 선교와 관련하여 사용하는 모든 용어들(예: 선교적, 선교사, *missio Dei*)에 해당된다. 이 용어들은 거의 모든 선교학적, 신학적 관심사와 이슈가 통과할 수 있을 정도로 광범위하게 사용되는데, 그렇게 되면 의미가 더욱 모호해진다. 그래서 스트루프는 더 깊이 있는 성찰을 주문하는데, 이는 "우리의 선구자적 임무가 선교를 초월하여 예수 그리스도의 복음을 증거하기 위한 신선한 충동과 새로운 비전을 발견하는 것"이기 때문이다.[108] 하나님의 백성과 그분의 교회에 대한 다양한 성경적 이미지와 사례를 살펴봤다. 존 드라이버, 크리스토퍼 라이트, 폴 미니어, 도널드 시니어가 어떻게 선교에 대한 정보와 영감과 격려를 주는 통찰을 제공하는지 관찰했다. 다양한 이미지를 통해 오늘날 글로벌 교회가 처한 다양한 상황에 가장 적합한 증거의 유형이 무엇인지 이해할 수 있게 된다. 지배적 선교 패러다임은 선교를 한 두 가지 접근방식으로 환원하는 경향이 있다. 그러나 하나님의 백성과 교회의 선교에 대한 다양한 성경적 이미지를 통해 우리는 성경이 어떻게 우리의 소명을 훨씬 더 풍부하고 다양하게 이해할 가능성을 열어주는지 알 수 있다.

성찰 질문

- 선교, 선교들, 선교사, 선교적이라는 용어들에는 많은 의미와 함의가 담겨 있다. 이 용어들의 신학적 발전과 현대적 사용을 개관했는데, 특히 눈에 띄는 점이 있다면 무엇인가? 이들 중 사용 방식을 수정할 필요가 있는 용어가 있다면 무엇이고, 어떻게 바꿔야 한다고 생각하는가?

- 성경의 이미지가 주는 어떤 통찰과 함의가 선교 상황에 적용할 때 당신에게 신선한 관점을 제공하는가?

미주

1 Paul Bendor-Samuel, "Challenge and Realignment in the Protestant Cross-Cultural Mission Movement," *Transformation* 34, no. 4 (2017): 272.

2 Stroope, xiii.

3 Stroope, xiii.

4 Stroope, 1.

5 Stroope, xiii, fn1.

6 Stroope, 1.

7 Ott, *The Church on Mission: A Biblical Vision for Transformation among All People*, 2.

8 Stroope, 5.

9 Stroope, 5.

10 Wright, 25.

11 Robert Gallagher, "Missionary Methods: St. Paul's, St. Rolland's, or Ours?," in *Missionary Methods: Research, Reflections, and Realities*, ed. Craig Ott and J. D. Payne (Pasadena, CA: William Carey Library, 2013), 4.

12 Simon, 39.

13 Michael Goheen, and Jim Mullins, *The Symphony of Mission* (Grand Rapids: Baker Academic, 2019), 3.

14 J.D. Payne, "Theology of Mission", Strike the Match with J.D. Payne Podcast, 22 November 2022.

15 Stroope, 5.

16 Stroope, 6.

17 Keum, 29.

18 Keum, 60.

19 Keum, 63.

20 Oborji, *Concepts of Mission: The Evolution of Contemporary Missiology*, 42.

21 Stroope, 7.

22 Stroope, 7.

23 Pachuau, *God at Work in the World: Theology and Mission in the Global Church*, 1.

24 Stroope, 8.

25 Stroope, 8.

26 Stroope, 8.

27 Stroope, 10-11.

28 Stroope, 12.

29 Stroope, 16.

30 John R. Franke, *Missional Theology: An Introduction* (Grand Rapids, MI: Baker Academic, 2020), 8.

31 Franke, *Missional Theology: An Introduction*, 8.

32 Tennent, 54.

33 Tennent, 54.

34 Pachuau, *God at Work in the World: Theology and Mission in the Global Church*, 32.

35 Rose Dowsett, *The Cape Town Commitment Study Edition* (Peabody: Hendrickson Publishers, 2012), 43.

36 Pachuau, *God at Work in the World: Theology and Mission in the Global Church*, 1.

37 Stroope, 14.

38 Stroope, 14.

39 Stroope, 19.

40 Stroope, 20.

41 John Driver, *Images of the Church in Mission* (Scottdale, PA: Herald Press, 1997), 17.

42 "Imagery," https://dictionary.cambridge.org/dictionary/english/imagery.

43 Craig Keener, *The Ivp Bible Background Commentary New Testament*, 2nd ed. (Downers Grove: IVP Academic, 2014), 747.

44 Keener, 259.

45 George Lakoff, and Mark Johson, *Metaphors We Live By* (Chicago, IL: University of Chicago Press, 2003), 5.

46 Driver, 17.

47 Keener, 225.

48 Keener, 225.

49 Keener, 676.

50 Keener, 587.

51 Keener, 442.

52 Keener, 782.

53 Keener, 228.

54 Keener, 88.

55 "Analogy," https://dictionary.cambridge.org/dictionary/english/analogy.

56 Keener, 191.

57 Keener, 726.

58 "Word picture," https://www.dictionary.com/browse/word-picture.

59 Driver, 9.

60 Driver, 18.

61 Driver, 22.

62 Driver, 22.

63 Driver, 46.

64 Driver, 46-47.

65 Driver, 48-49.

66 Driver, 50.

67 Driver, 51.
68 Driver, 52.
69 Driver, 52.
70 Driver, 54.
71 Driver, 54.
72 Driver, 55.
73 Driver, 6-7.
74 Wright, 47.
75 Wright, 26-27.
76 Wright, 35-44.
77 Wright, 62.
78 Wright, 61-84.
79 Wright, 82-95.
80 Wright, 96-113.
81 Wright, 114-27.
82 Wright, 128-47.
83 Wright, 151-62.
84 Wright, 163-78.
85 Wright, 179-200.
86 Wright, 201-21.
87 Wright, 222-43.
88 Wright, 244-62.
89 Paul S. Minear, *Images of the Church in the New Testament* (Philadelphia: Westminster, 1960), 29-65.
90 Minear, 62.
91 Minear, 67.
92 Minear, 67.
93 Minear, 67.
94 Minear, 67.
95 Minear, 67.
96 Minear, 173.
97 Minear, 174.
98 Minear, 178-213.
99 Minear, 220.
100 Senior, 3.
101 Senior, 4.
102 Senior, 4.
103 Senior, 5.
104 Senior, 7.
105 Senior, 7.

106 Senior, 7-15.
107 Stroope, xiii.
108 Stroope, 1.
109 Stroope, 30.

결론

우리는 선교계와 교계의 지도자들과 실무자들에게 도움이 될 만한 책의 필요를 깨닫고 신학과 실천의 연결에 초점을 맞춘 선교신학 입문서를 집필하기 시작했다. 이 책의 상당 부분을 할애해서 선교신학의 기초를 살펴봤다. 선교 용어에 담긴 함축적 의미 중 몇 가지를 다뤘고, 개신교 선교의 관점에서 일련의 역사적, 성경적, 현재적 맥락을 통해 선교를 고찰해보았다. 다학제적 학문인 선교신학은 신학의 주변부가 아니라 모든 신학과 통합되어 있는데, 이는 선교신학이 신학, 성서학, 사회과학 등의 가정들, 즉 역사적-사회학적-상황적 요소들, 신학적 이슈들, 선교 실천의 예측들에 질문을 던지고 규명하는 데 도움을 주기 때문이다.

우리가 살펴본 학문들 중 하나는 선교적 해석학이라는 새로운 분야다. 욥기, 요한복음, 골로새서와 에베소서의 사례들을 관찰하면서, 이 책들을 연구한 신학자들이 선교적 관점으로 성경을 읽는 데 어떤 도움을 주었는지 살펴보았다. 이는 선교에 대한 우리의 기존 관점을 뒷받침하는 증거 성경구절을 찾아내려는 빗나간 방식을 벗어나는 데 꼭 필요하다. 선교신학은 성경 전체의 서사로부터 흘러나오는 것이므로, 우리는 선교적 해석학 매트릭스를 통해 성경을 읽도록 권한다.

삼위 하나님은 선교신학의 원천이시다. 삼위일체의 세 위격은 모두 하나님의 선교에 의도적으로 관여하시고 주도하신다. 삼위 하나님의 선교와 그분의 계획은 만민과 만물을 그리스도의 주권 아래 모으는 것이다. 삼위 하나님의 관계적 본질을 반영하여, 하나님의 백성은 온 세상에 온전한 복음을 전하기 위해 각자의 상황으로부터, 그리고 그 상황 속으로 부름 받았다.

통합적 선교학 매트릭스는 선교의 네 가지 중요한 차원인 성경, 교회, 개인적 순례, 상황을 하나로 통합한다. 이 도구는 사용할 때마다 선교가 다차원적이라는 사실을 상기시켜주기 때문에 어떤 선교 상황에도 유용하다.

이 책에서 *missio Dei* 개념의 신학적 발전과 최근 교회사를 통해 그것이 어떻게 해석되어 왔는지 살폈다.

이 여정은 하나님의 선교에 참여하는 정체성, 신념, 이상을 형성하는 선교 언어에 대한 우려를 제기했다. 우리가 선교에서 사용하는 언어의 잠재적 모호성은, *missio Dei*가 선교와 관련된 거의 모든 이슈들을 끌어들이는 통로가 될 소지가 있음을 의미한다. 선교 언어는 힘을 가지고 있고, 모든 피조물을 구속하시는 삼위 하나님의 의도와 활동에 대한 우리의 이해에 영향을 미친다.

우리는 지난 2,000년 동안의 교회와 선교 역사의 패러다임 여섯 가지를 살펴봤다. 각 패러다임이 등장하여 새로운 표준이 되기까지는 긴 시간, 심지어 수 세기의 기간이 걸렸다. 이 여섯 패러다임은 기독교왕국이 현대 선교에 미친 영향을 더 잘 이해하는 데 도움을 준다. 그러나 더 큰 관심사는 예상치 않은 새로운 지평이 열린 글로벌 선교의 세기이다. 천 년에 걸친 기독교왕국의 영향으로 서구식 기독교가 형성됐는데, 글로벌 기독교 안에서 서구 교회는 지난 200년에 걸친 근대 선교운동의 지배적 위상과 지도력을 잃었다. 역사가 진행되면서, 우리는 종종 선교적 진보에 대한 기독교왕국의 영향력 때문에 교회와 선교단체가 승리하는 것처럼 생각하곤 했다. 그러나 기독교는 예측 가능한 발전의 대상이 아니며, 그 능력은 인간이 아닌 하나님께 속한 것임을 새삼 깨닫게 되었다.

여러 신학자들의 연구를 통해 개발된, 하나님 백성의 선교에 대한 성경적 이미지의 사용은 우리가 성경 본문과 신학 전통 및 선교의 맥락에 어떻게 관여할지에 대한 통찰력을 제공한다. 특히, 그것은 글로벌 교회의 현실을 상상하도록 영감을 준다.

21세기가 진행되면서 글로벌 교회 패러다임은 강력한 기관의 관여 없이 순조롭게 진행되고 있다. 그런 가운데 우리는 기독교왕국과 글로벌 교회라는 두 패러다임 사이의 지속적 격차와 불균형을 목격하고 있다. 전자는 천 년 간 쌓아온 확신과 힘을 가지고 있는데, 후자는 아직 형성 중이어서 상대적으로 청소년기로 인식될 수 있다. 서구 세계는 지난 200년 동안 근현대 선교운동을 주도해 왔다. 따라서 이 두 패러다임 사이의 간극을 극복하기 위한 의도적 노력이 필요하다. 선교는 두 패러다임의 교회나 기관이 아니라 하나님으로부터 시작되기 때문에 이 일은 매우 중요하다. 하나님의 초점은 온 창조세계의 구속과 갱신, 곧 샬롬이 성취되는 그분의 왕국에 맞춰져 있다. 선교는 두 패러다임 모두의 교회가 참여해야 하는데, 이는 예수 그리스도 안에서 성취된 하나님의 목적과 활동을 증거하도록 교회 전체가 부름 받았기 때문이다.

이 책은 하나님의 선교에 참여하고 이끄는 우리 모두가 선교에 대해 더 깊이 있게 생각하고 신학적으로 성찰함으로써 매우 다양하고 역동적이며 급변하는 상황에 성경적으로 대응할 수 있도록 더 잘 준비하자는 우리의 호소다. 변화하는 현장과 지역 및 글로벌 상황은 우정과 파트너십과 관대한 섬김을 강조하면서 우리 선교 방법론의 조정과 변화를 요구한다. 어떤 방법은 수명이 짧고, 어떤 방법은 더 오래 지속될 수 있다. 변화가 필요할 때, 선교 실천가는 성경적 통찰력이나 진정성을 훼손하지 않는 범위 내에서 과감히 조정할 수 있는 용기를 가져야 한다. 선교신학의 모든 풍요로움에 참여함으로써, 우리는 하나님께서 우리의 기여를 요청하시는 모든 지역과 영역에서 선교 이론과 실천을 개선하고 강화하는 더 나은 위치에 서게 될 것이다. 우리는 당신이 하나님의 선교에 참여하면서 진정성, 창의성, 개방성, 그리고 호기심을 포용하는 성찰적 실천가로 계속 성장해가기 바란다.

참고 문헌

Adeney, Miram. "Algeria." In *Evangelical Dictionary of World Missions*. Edited by A. Scott Moreau. Grand Rapids, MI: Baker, 2000.

Aldridge, Boone. *For the Gospel's Sake: The Rise of Wycliffe Bible Translators and the Summer Institute of Linguistics*. Grand Rapids: Wm B. Eerdmans, 2018.

Balia, Daryl, and Kirsteen Kim. *Witnessing to Christ Today*. Oxford: Regnum, 2010.

Bandura, Albert. "Toward an Agentic Theory of the Self." *Advances in Self Research* 3 (2008).

Barrett, David. *God's Word Alone: The Authority of Scripture*. Grand Rapids: Zondervan, 2016.

Bediako, Kwame. "The African Renaissance and Theological Reconstruction: the Challenge of the Twenty-first Century." *Journal of African Christian Thought* 4, no. 2 (2001): 29-33.

Bendor-Samuel, Paul. "Challenge and Realignment in the Protestant Cross-cultural Mission Movement." *Transformation* 34, no. 4 (2017).

Bevans, Stephen, and Roger Schroeder. *Constants in Context: A Theology for Mission Today*. Maryknoll: Orbis, 2004.

Bliese, Richard. "The Mission Matrix: Mapping Out the Complexities of a Missional Ecclesiology." *Word & World* 26, no. 3 (2006).

Bosch, David. *Transforming Mission: Paradigm Shifts in Theology of Mission*. Maryknoll: Orbis, 1991.

__________. *Transforming Mission: Paradigm Shifts in Theology of Mission*. Maryknoll: Orbis Books, 2011.

Burden, Matthew. *Missionary Motivations: Challenges from the Early Church*. Littleton, CO: William Carey Publishing, 2023.

Bush, Luis. "AD2000 and Beyond: Toward a Conceptual Model." In *Working Together with God to Shape the New Millennium: Opportunities & Limitations*. Edited by Gary Corwin and Kenneth Mulholland. Pasadena: William Carey Library, 2000.

Cardoza-Orlandi, Carlos F., and Justo L. Gonzales. *To All Nations, from All Nations: A History of the Christian Missionary Movement*. Nashville: Abingdon Press, 2013.

Carr, Burgess. "The Engagement of Lusaka." *Pro Veritate* June (1974).

Carson, D. A. "Domesticating the Gospel: A Review of Grenz's Renewing the Center." In *Reclaiming the Center: Confronting Evangelical Accommodation: in Postmodern Times*. Edited by Millard J. Erickson, Paul Kjoss Helseth, and Justin Taylor. Wheaton: Crossway, 2004.

Cassidy, Michael. "The Call to Moratorium: Perspective on an Identity Crisis." *Churchman* 90, no. 4 (1976): 265-80. Accessed 29 August 2020. https://churchsociety.org/docs/churchman/090/Cman_090_4_Cassidy.pdf.

Chong, Calvin. "Globalization, Hybrid Worlds, and Emerging Missional Frontiers." In *A Hybrid World: Diaspora, Hybridity, and Missio Dei*. Edited by Sadiri Joy Tira and Juliet Lee Uytanlet. Littleton, CO: William Carey Publishers, 2020.

Corrie, John. *Dictionary of Mission Theology: Evangelical Foundations*, edited by John Corrie. Downers Grove: IVP Academic, 2007.

__________. "Introduction." In *Dictionary of Mission Theology: Evangelical Foundations*. Edited by John Corrie. Downers Grove: IVP Academic, 2007.

Das, Rupen. "What the Majority World Is Saying about Mission Today." *Evangelical Review of Theology* 46, no. 3 (2022).

Davy, Tim J. *The Book of Job and the Mission of God: A Missional Reading*. Eugene, OR: Pickwick Publications, 2020.

Dilley, Andrea Palpant. "The World the Missionaries Made." *Christianity Today* 2014.

Dowsett, Rose. *The Cape Town Commitment Study Edition*. Peabody: Hendrickson Publishers, 2012.

Driver, John. *Images of the Church in Mission*. Scottdale, PA: Herald Press, 1997.

Escobar, Samuel. *The New Global Mission: The Gospel from Everywhere to Everyone*. Downers Grove, IL: InterVarsity Press, 2003.

__________. "Managerial Missiology." In *Dictionary of World Mission*. Edited by John Corrie. Downers Grove, IL: IVP Academic, 2007.

Flemming, Dean. "A Missional Reading of Colossians." In *Reading the Bible Missionally*. Edited by Michael Goheen. Grand Rapids: Wm. B. Eerdmans Publishing, 2016.

Flett, John. *The Witness of God: The Trinity, Missio Dei, Karl Barth, and the Nature of Christian Community*. Grand Rapids: Wm. B. Eerdmands Publishing Co., 2010.

Francis, Pope. *Apostolic Exhortation Evangelii Gaudium*. The Vatican: Vatican Press, 2013.

Franke, John R. In *Reading the Bible Missionally*. Edited by Michael Goheen. Grand Rapids: Wm. B. Eerdmans, 2016, Kindle edition.

__________. *Missional Theology: An Introduction.* Grand Rapids, MI: Baker Academic, 2020.

Franklin, Kirk. *Towards Global Missional Leadership.* Oxford: Regnum Books International, 2017.

__________. "Implications of Identity in Global Mission." *Missiology: An International Review* 51, no. 1 (2023): 74-84. https://dx.doi.org/10.1177/00918296221117709.

__________, and Nelus Niemandt. "Funding God's Mission: Towards a Missiology of Generosity." *Missionalia* 43, no. 3 (2015).

Fung, Patrick. "Mission Partnership in a Polycentric World." In *Majority World Perspectives on Christian Mission.* Edited by Eugene Baron and Nico Botha. Auckland Park: University of Johannesburg Press, 2022.

Gailey, Charles, and Howard Culbertson. *Discovering Missions.* Kansas City: Beacon Hill Press, 2007.

Gallagher, Robert. "Missionary Methods: St. Paul's, St. Rolland's, or Ours?" In *Missionary Methods: Research, Reflections, and Realities.* Edited by Craig Ott and J. D. Payne. Pasadena, CA: William Carey Library, 2013.

Gatũ, John. *Fan into Flame: An Autobiography. Nairobi: Moran Publishers*, 2016.

George, Sam. "Motus Dei (The Move of God)." In *Global Migration & Christian Faith: Implications for Identity and Mission.* Edited by M. Daniel Carroll R. and Vincent E. Bacote. Eugene, OR: Cascade Books, 2021.

__________. "Reimagining GO and SEND Mission Paradigms for an Age of Global Migration and World Christianity." *International Bulletin of Mission Research* 47, no. 2 (2023): 251-61. https://dx.doi.org/10.1177/23969393221120499.

Giddens, Anthony. The Third Way. Cambridge: Polity Press, 1998.

Glasser, Arthur. Announcing the Kingdom. Grand Rapids: Baker Academic, 2003.

Goheen, Michael. *A Light to the Nations: The Missional Church and the Biblical Story.* Grand Rapids: Baker Academic, 2011.

__________. *Introducing Christian Mission Today: Scripture, History and Issues.* Downers Grove: IVP Academic, 2014.

__________. *A History and Introduction to a Missional Reading of the Bible.* Kindle ed. Reading the Bible Missionally. Edited by Michael Goheen. Wm. B. Eerdmans Publishing: Grand Rapids, 2016.

__________. *The Church and Its Vocation: Lesslie Newbigin's; Missionary Ecclessiology.* Grand Rapids, MI: Baker Academic, 2018.

__________, and Jim Mullins. *The Symphony of Mission.* Grand Rapids: Baker Academic, 2019.

Green, Michael. *Evangelism in the Early Church*. Grand Rapids: Wm. B. Eerdmans, 2004.

Guinness, Os. *Fit Bodies, Fat Minds: Why Evangelicals Don't Think, and What to Do about It*. Grand Rapids: Baker, 1994.

Hanciles, Jehu. *Beyond Christendom: Globalization, African Migration, and the Transformation of the West*. Maryknoll: Orbis, 2008.

__________. *Migration and the Making of Global Christianity*. Grand Rapids, MI: Wm. B. Eerdmans Publishing Co., 2021.

Hartch, Todd. *The Rebirth of Latin American Christianity*. Oxford: Oxford University Press, 2014.

Hesselgrave, David. "Preface." In *Missiology and the Social Sciences: Contributions, Cautions and Conclusions*. Edited by Rommen Ed and Gary Corwin. Pasadena: William Carey Library, 1996.

__________. "The Great Commission." In *Evangelical Dictionary of World Missions*. Edited by Scott Moreau. Grand Rapids: Baker Books, 2000.

Hill, Graham, and Grace Ji-Sun Kim. *Healing Our Broken Humanity*. Downers Grove: IVP, 2018.

Hoggarth, Pauline, Fergus Macdonald, Bill Mitchell, and Knud Jørgensen. *Bible in Missio*n. Edited by Pauline Hoggarth. Oxford: Regnum, 2013.

Holland, Tom. *Dominion: The Making of the Western Mind*. London: Little, Brown, 2019.

Hunt, Robert. *The Gospel Among the Nations: A Documentary History of Inculturation*. Maryknoll: Orbis Books, 2010.

Hunter, James Davison. *To Change the World: The Irony, Tragedy, and Possibility of Christianity in the Late Modern World*. New York: Oxford University Press, 2011.

Jacobsen, Douglas. *Global Gospel: an Introduction to Christianity on Five Continents*. Grand Rapids: Baker Academic, 2015.

Jenkins, Philip. *The Next Christendom*. Third ed. New York: Oxford University Press, 2011.

Jennings, Willie James. *Acts. Belief: A Theological Commentary on the Bible*. Louisville, KY: Westminister John Knox Press, 2017.

Johnson, John. *Missing Voices: Learning to Lead Beyond Our Horizons*. Carlisle: Langham Global Library, 2019.

Jørgensen, Knud. "Foreword." In *Mission and Postmodernities*. Edited by Rolv Olsen. Oxford: Regnum Books International, 2011.

Keener, Craig. *The IVP Bible Background Commentary New Testament*. 2nd ed. Downers Grove: IVP Academic, 2014.

Kemper, Thomas. "The *Missio Dei* in Contemporary Context." *International Bulletin of Missionary Research* 38, no. 4 (2014): 188-90.

Kerr, David, and Kenneth Ross. *Edinburgh 2010: Mission Then and Now*. Oxford: Regnum, 2009.

__________. "Introduction." In *Edinburgh 2010: Mission Then and Now*. Edited by David Kerr and Kenneth Ross. Oxford: Regnum, 2009.

Keum, Jooseop. *Together Towards Life: Mission and Evangelism in Changing Landscapes*. Geneva: WCC Publications, 2013.

Kim, Kirsteen. *Joining in with the Spirit: Connecting World Church and Local Mission*. London: Epworth, 2009.

Kirk, Andrew. *What is Mission?* Minneapolis: Fortress Press, 2000.

Kreider, Alan. *The Change of Conversion and the Origin of Christendom*. Eugene, OR: Wipf & Stock, 1999.

__________. *The Patient Ferment of the Early Church: The Improbable Rise of Chris tianity in the Roman Empire*. Grand Rapids: Baker Academic, 2016.

__________, and Eleanor Kreider. *Worship and Mission After Christendom*. Milton Keynes: Paternoster, 2009.

Kuhn, Thomas. *The Structure of Scientific Revolutions*. 50th anniversary ed. Chicago: University of Chicago Press, 2012.

Küng, Hans. *Theology for the Third Millennium*. New York: Anchor Books, 1988.

Kwiyani, Harvey C. "Diaspora, Hybridity and Theology." In *A Hybrid World: Diaspora, Hybridity, and Missio Dei*. Edited by Sadiri Joy Tira and Juliet Lee Uytanlet. Littleton, CO: William Carey Publishing, 2020.

Kwiyani, Harvey C. *Multicultural Kingdom: Ethnic Diversity, Mission and the Church*. London: SCM Press, 2020.

Kwon, Sung Chan. *A Missional Reading of the Fourth Gospel: A Gospel-Driven Theology of Discipleship*. Oxford: Regnum, 2022.

Lakoff, George, and Mark Johson. *Metaphors We Live By*. Chicago, IL: University of Chicago Press, 2003.

Langmead, Ross. "What is Missiology?", *Missiology: An International Review* 42, no. 1 (2013): 67-79.

Laniak, Timothy. *Shepherds After My Own Heart: Pastoral Traditions and Leader-ship in the Bible*. Downers Grove: InterVarsity Press, 2006.

MacMullen. *Corruption and the Decline of Rome*. New York: Yale University Press, 1988.

Matenga, Jay. "A New Era of Missions." Paper presented at the Mission Interlink Conference, Melbourne, VIC, 2022.

McBeth, Leon. *The Baptist Heritage*. Nashville: Broadman, 1987.

McGrath, Alister. *Historical Theology: An Introduction to the History of Christian Thought*. 2nd ed. Oxford: Wiley, 2013.

McGravan, Donald A. *Bridges of God: A Study in the Strategy of Missions*. Eugene, OR: Wipf & Stock Publishers, 2005.

McNeal, Reggie. *Missional Renaissance: Changing the Scorecard for the Church*. San Francisco: Jossey-Bass, 2009.

Minear, Paul S. *Images of the Church in the New Testament*. Philadelphia: Westminister, 1960.

Nations, United. *Urbanization: mega & meta cities, new city states*. New York: United Nations, 2006.

Nehrbass, Kenneth. *Advance Missiology: How to Study Missions in Credible and Useful Ways*. Eugene, OR: Cascade Books, 2021.

Neill, Stephen. Creative Tension: The Duff lectures. London: Edinburgh House Press, 1959.

__________. *A History of Christian Missions*. 2nd ed. London: Penguin, 1986.

Newbigin, Lesslie. *The Gospel in a Pluralist Society*. Grand Rapids: Wm. B. Eerdmans Publishing Co., 1989.

__________. *The Open Secret: An Introduction to the Theology of Mission, revised*. Grand Rapids: Wm. B. Eerdmans, 1995.

Noll, Mark. *Turning Points: Decisive Moments in the History of Christianity*. Third ed. Grand Rapids: Baker Academic, 2012.

Oborji, Francis Anekwe. *Concepts of Mission: The Evolution of Contemporary Missiology*. Maryknoll: Orbis Books, 2006.

__________. *Towards African Missiology: Issues of New Language for African Christianity*. Vol. 1. Bloomington, IN: Xlibris, 2020.

Okesson, Gregg. *A Public Missiology: How Local Churches Witness to a Complex World*. Grand Rapids: Baker Academic, 2020.

Ott, Craig. "Missionary Methods: The Questions that Still Dog Us." In *Missionary Methods: Research, Reflections and Realities*. Edited by Craig Ott and J. D. Payne. Pasadena: William Carey Library, 2013.

__________. *The Church on Mission: A Biblical Vision for Transformation among All People*. Grand Rapids: Baker Academic, 2019.

Pachuau, Lalsangkima. *World Christianity: A Historical and Theological Introduction*. Nashville: Abingdon Press, 2018.

__________. *God at Work in the World: Theology and Mission in the Global Church*. Grand Rapids, MI: Baker Academic, 2022.

Padilla, René. "The Mission of the Church in Light of the Kingdom of God." *Transformation* 1, no. 2 (1984): 16-20.

Payne, J. D. "Introduction." In *Missionary Methods: Research. Reflections and Realities*. Edited by Craig Ott and JD Payne. Pasadena: William Carey Library, 2013.

Pocock, Michael. "Introduction: An Appeal for Balance." In *Missiology and the Social Sciences: Contributions, Cautions and Conclusions*. Edited by Ed Rommen and Gary Corwin. Pasadena: William Carey Library, 1996.

Robert, Dana. *Christian Mission: How Christianity Became a World Religion*. Chichester, UK: Wiley-Blackwell, 2009.

_________. "Cross-cultural Friendship in the Creation of Twentieth-century World Christianity." *IBMR* 35, no. 2 (2011): 100-07.

Rodin, R. Scott. "A Vision for the Generous Life." In *Christ-centered Generosity: Global Perspectives on the Biblical Call to a Generous Life*. Edited by R. Scott Rodin. Colbert: Kiingdom Life Publishers, 2015.

Ross, Cathy. "Introduction: *Taonga*." In *Mission in the 21st Century: Exploring the Five Marks of Global Mission*. Edited by Andrew Walls and Cathy Ross. Maryknoll, NY: Orbis Books, 2008.

_________. "The Theology of Partnership." *International Bulletin of Missionary Research* 34, no. 3 (2010): 145-48.

Ross, Kenneth R. "Understanding Mission Today: Points of Convergence?", *Transformation* 34, no. 4 (2017).

Roy, Kevin. "South Africa." In *Evangelical Dictionary of World Missions*. Edited by Scott Moreau. Grand Rapids: Baker Books, 2000.

Senior, Donald. "Correlating Images of Church and Images of Mission in the New Testament." *Missiology: An International Review* 13, no. 1 (1995).

Shenk, Wilbert. "Henry Venn." In B*iographical Dictionary of Christian Missions*. Edited by G Anderson. Grand Rapids: Eerdmans, 1998.

Shreve, Kenneth. *Partnership Theology in Creative Access Regions*. Carlisle: Langham Global Library, 2017.

Simon, Mark *A. Living to the Praise of God's Glory: A Missional Reading of Ephesians*. Eugene, OR: Wipf & Stock, 2021.

Skreslet, Stanley. *Comprehending Mission: The Questions, Methods, Themes, Problems and Prospects of Missiology*. Maryknoll: Orbis, 2012.

Smith, David. *Mission After Christendom*. London: Darton, Longman and Todd Ltd, 2003.

Smither, Edward. *Christian Mission: A Concise Global History*. Bellingham: Lexham Press, 2019.

Sonea, Cristian. "*Missio Dei* – the contemporary missionary paradigm and its reception in the Eastern Orthodox missionary theology." *Review of Ecumenical Studies* 9, no. 1 (2017). https://dx.doi.org/10.1515/ress-2017-0006.

Stanley, Brian. *The World Missionary Conference, Edinburgh 1910*. Grand Rapids: Wm. B. Eerdmans, 2009.

__________. *Christianity in the Twentieth Century: A World History*. Princeton: Princeton University Press, 2018.

Stark, Rodney. *The Rise of Christianity: A Sociologists Reconsiders History*. Princeton, NJ: Princeton University Press, 1996.

Steele, David. *Bold Reformer: Celebrating Gospel-Centred Convictions of Martin Luther*. Kindle ed. Houston: Lucid Books, 2016.

Stetzer, Ed, and Phil Nation. *The Mission of God: Essays and Letters*. Nashville: LifeWay Press, 2015.

Storti, Craig. *Figuring Foreigners Out: A Practical Guide*. Yarmouth, ME: InterCultural Press, 1999.

Stroope, Michael. *Transcending Mission: The Eclipse of a Modern Tradition*. London: Apollos, 2017.

Sunquist, Scott. *The Unexpected Christian Century*. Grand Rapids: Baker Academic, 2015.

Svelmoe, William. *A New Vision for Missions*. Tuscaloosa: University of Alabama Press, 2008.

Tallman, J. Ray. "Egypt." In *Evangelical Dictionary of World Missions*. Edited by A. Scott Moreau. Grand Rapids, Mi: Baker Books, 2000.

Tennent, Timothy. *Invitation to World Missions: A Trinitarian Missiology of the Twenty-First Century*. Grand Rapids: Kregel Academic & Professional, 2010.

Terry, John Mark, and Robert Gallagher. *Encountering the History of Missions: From the Early Church to Today*. Grand Rapids: Baker Academic, 2017.

Terry, John Mark, Ebbie Smith, and Justice Anderson. *Missiology: An Introduction to the Foundations, History, and Strategies of World Missions*. Nashville, TN: Broadman & Holman Publishers, 1998.

Thacker, J. "'The Whole Church': Statement of the Lausanne Theology Working Group." *Evangelical Review of Theology* 34, no. 1 (2010): 4-13.

Tippett, Alan. *Introduction to Missiology*. Pasadena: William Carey Library, 1987.

Tizon, Al. *Transformation after Lausanne: Radical Evangelical Mission in Global-Local Perspective*. Oxford: Regnum Books, 2008.

Tucker, Ruth. *From Jerusalem to Irian Jaya: A Biographical History of Christian Missions*. 2nd ed. Grand Rapids: Zondervan, 2004.

Tyra, Gary. *A Missional Orthodoxy: Theology and Ministry in a Post-Christian Context*. Downers Grove: IVP Academic, 2013.

van Butselaar, G. Jan. "The Role of Churches in the Peace Process in Africa." In *The Changing Face of Christianity: Africa, the West, and the World*. Edited by Lamin Sanneh and Joel Carpenter. Oxford: Oxford University Press, 2005.

Van Engen, Charles. *Transforming Mission Theology*. Pasadena: William Carey Library, 2017.

Van Wynen, Susan, Dave Crough, and Kirk Franklin. "Foundational Statements of the Wycliffe Global Alliance." 2019. Accessed 7 September, 2020. https://www.wycliffe.net/wp-content/uploads/2020/01/Alliance_Foundational_Statements_2019_09_EN.pdf.

Verkuyl, Johannes. *Contemporary missiology: An introduction*. Grand Rapids: W. B. Eerdmans Pub. Co., 1978.

Walls, Andrew. *The Missionary Movement in Christian History: Studies in the Transmission of Faith*. Maryknoll: Orbis Books, 1996.

__________. "Demographics, Power and the Gospel in the 21st Century." 2002.

__________. "Afterword: Christian Mission in a Five Hundred Year Context." In *Mission in the 21st Century*. Edited by Andrew Walls and Cathy Ross. Maryknoll: Orbis Books, 2008.

__________. *The Cross-Cultural Process in Christian History*. Maryknoll, NY: Orbis Books, 2017.

Wan, Enoch. "The Trinitarian Nature of the Mission of God." In *The Mission of God: Essays and Letters*. Edited by Ed Stetzer and Phil Nation. Nashville: LifeWay Press, 2015.

__________, and Kevin Penman. "The 'Why,' 'How' and 'Who' of Partnership in Christian Missions." *Global Missiology* April (2010).

Whitfield, Keith. "The Triune God: the God of Mission." In *Theology and Practice of Mission: God, the Church, and the Nations*. Edited by Bruce R. Ashford. Nashville: B & H Publishing Group, 2011.

Wild-Wood, Emma, and Peniel Rajkumar. *Foundations for Mission*. Oxford: Regnum, 2013.

Wolterstorff, Nicholas. "Foreword." In *Evangelicals and Empire: Christian Alternatives to the Political Status Quo*. Edited by Bruce Benson and Peter Heltzel. Grand Rapids: Brazos Press, 2008.

Woodberry, Robert D. "The Missionary Roots of Liberal Democracy." *American Political Science Review* 106, no. 2 (2012). https://dx.doi.org/10.1017/S0003055412000093.

Wright, Christopher. *The Mission of God: Unlocking the Bible's Grand Narrative*. Downers Grove: IVP Academic, 2006.

__________. *The Mission of God's People*. Grand Rapids, MI: Zondervan, 2010.

Wrogemann, Henning. *Theologies of Mission*. Translated by Karl E. Bohmer. Intercultural Theology Vol. 2. Downers Grove: IVP Academic, 2018.

Yeh, Allen. *Polycentric Missiology: Twenty-first Century Mission from Everyone to Everywhere*. Downers Grove: IVP Academic, 2016.

Yong, Amos. *Beyond the Impasse: Toward a Pneumatological Theology of Religions*. Grand Rapids, MI: Bakder Academic, 2003.

Zilonka, Paul, and Michael Gorman. *The Bible: A Book, a Library, a Story, an Invitation*. Kindle ed. Scripture and Its Interpretation. Edited by Michael Gorman. Grand Rapids: Baker Academic, 2017, Kindle edition.

Zorgdrager, Heleen. "Moral Guardian or Kenotic Servant? A Theological View of the Role of Churches in Empowering Civil Society in Ukraine." *Occasional Papers on Religion in Eastern Europe* 32, no. 4 (2012): 25-32.

Zurlo, Gina. *Global Christianity: A Guide to the World's Largest Religion from Afghanistan to Zimbabwe*. Grand Rapids, MI: Zondervan Academic, 2022.

성구 색인

구약

신약

주제와 인물 색인

품시리즈

"품"은 출판을 통해서 세계선교를 위한 성찰적인 기능과 새로운 대안을 모색하는 GMF Press의 시리즈 명칭입니다. 사단법인 한국해외선교회(Global Missionary Fellowship: 약칭 GMF)는 1987년에 설립된 초교파 복음주의 선교 공동체이며, 세계 복음화를 위해 한국 교회와 전 세계 교회의 파트너로서 섬기는 일을 다하고 있습니다. GMF 산하에는 다음과 같은 기관이 있습니다.

파송기관: GBT, GMP, HOPE, FMnC
지원기관: KRIM, GMTC, GPTI, GLFocus, MK-Nest, SNS, 법인사무국
품시리즈 위원: 권성찬, 김충희, 김효찬, 이경춘, 홍현철

'품시리즈'는 GMF 감사로 섬겨주신 故최윤호 장로님을 추모하는 기금으로 시작되었습니다.

선교 매트릭스

다양한 선교 지형을 위한 선교신학

초판 1쇄 발행 2026년 1월 8일
지은이 커크 프랭클린 • 폴 벤더-사무엘 • 드보라 크로프
옮긴이 정민영
발행인 양승헌
편집인 홍현철
디자인 윤희정
발행처 한국해외선교회 출판부(GMF Press)
주소 서울 양천구 목동중앙본로18길 78, 4층
전화 (02)2654-1006
이메일 krim@krim.org
등록번호 제21-196호
등록일 1990년 9월 28일